KGA, KPGA, KLPGA, USGTF 등 각종 골프시험(필기 및 구술) 완벽대비

문무를 겸비한 스마트한 골퍼가 되자

골프문제집 500제

김선웅·이근춘·서아람·임진한

이 학(골프규칙 감수)

dcb
대경북스

골프문제집 500제

초판인쇄/2011년 8월 20일
초판발행/2011년 8월 25일
발행인/민유정
발행처/대경북스
ISBN/978-89-5676-344-6

본 『골프문제집 500제』에 수록된 각 문항의 저작권은 출제자에게 있습니다. 또한 이 책은 저작권법에 따라 보호받는 저작물이므로 무단전재와 복제를 금지하며, 책 내용의 전부 또는 일부를 이용하려면 반드시 저작권자와 대경북스의 동의를 받아야 합니다.

등록번호 제 1-1003호
서울시 강동구 성내동 409-5 서림빌딩 2F
전화: 02) 485-1988, 485-2586~87 · 팩스: 02) 485-1488
e-mail: dkbooks@chol.com · http://www.dkbooks.co.kr

머리말

나누고 싶은 이야기

골프가 우리나라에 처음으로 소개되어 골프코스를 군자리(현 서울 어린이대공원)에 만들어 제대로 된 첫 경기를 시작한 것은 1930년대이다. 그 후로부터 약 80여 년의 세월이 흐르면서 2011년 현재 골프인구는 약 300여만 명, 3,000여 개의 스크린 골프를 포함하여 연인원 2,000여만 명이며, 약 400여 개의 골프코스에, 골프방송국은 놀랍게도 2개씩이나 생겼고, 골프 관련 산업은 연간 매출 3.5~4조원으로 이 짧은 기간에 세계 4위로 도약 하였다.

그와 더불어 우리의 남녀 골프 선수들은 PGA와 LPGA 등에서의 눈부신 활약으로 국위를 떨치고 있다. 언론을 통해 승전보가 전해질 때는 잠을 설쳐도 좋았고, 뿌듯한 마음으로 하루를, 또 한 주를 보냈다. 최근에는 모든 신문·방송에서 하루도 빠지지 않고 우리 골프선수들의 일거수 일투족을 생생하게 전하고 있다. 그 뉴스를 보며 우리는 기분 좋아했고 때로는 아쉬워하며,

몸을 비틀어 흉내를 내며 아쉬움을 떨쳐보곤 한다. 그들이 있기에 우리는 힘들어도 힘들지 않았고 때론 절망 속에서도 희망을 잃지 않았다. 그들은 우리에게 희망이고, 장래의 밝은 빛이었고, 우리들의 영원한 위안자들이다.

눈물을 닦아주자!

그들이 보내는 승전보는 우리를 즐겁게 하지만 그 이면에는 남모르게 흘리는 그들만의 피와 땀과 눈물이 있었을 것이다. 몇몇 선수들은 이렇게 이야기한다. "나는 밥 먹고 잠자는 것 이외에는 골프밖에 몰랐다. 독일 전차처럼 앞으로만 내달렸다." 어떤 선수는 한때 하루에 3,000~4,000여 개의 연습볼을 친다고 한다. 일반적으로 골프선수들도 하루에 8~9시간을 연습한다고 한다. 그들은 골프를 하기 위해 만들어진 기계인가? 그들에게도 그들만의 아름다운 인생이 있다. 그들도 친구들과 의기투합해서 우정도 다지고 여행도 하고 밤이 새는 줄도 모르고 인생의 철학을 논해야 한다. LPGA 100승을 이룬 우리의 자랑스러운 태극낭자들도 떡볶이를 먹으며 입가에 고추장이 묻은 채로 친구들과 재잘거리며 사랑을 논할 수 있어야 한다.

그러나 지금과 같은 분위기에서 골프문화는 계속해서 질적·양적으로 성장해갈 수 있을까? 최근에 불거지고 있는 한국골프의 위기론은 무엇 때문인가? 골프가 대중과 친화될 수 있는 조건은 갖추어졌는가? 우리에게 필요한 과학적 자료는 축적되어 있는가? 우리는 벙커를 스스로 파고 있지는 않은지?

그렇다면 어떻게 하여야 하는가? 그들을 지도할 준비가 되어있는가?

　우리나라의 골프역사 80여 년 동안 우리는 무엇을 했는가? 한때는 헝그리 정신으로 무장해서 배고픔을 참아가며 노력만이 성공할 수 있는 유일한 길이라고 생각했기에 수많은 곤욕과 어려움을 이겨낼 수 있었다. 그렇기에 그들이 더욱 사랑스럽고 자랑스러웠다. 진정 너희가 대한민국의 애국자이며 영웅들이다. 너희가 그토록 힘든 줄 몰랐다. 미안하다. 그리고 또 미안하다. 지식인들이라는 우리는 보고 즐길 줄만 알았고, 우승 후에 그들이 받는 보상을 부러워하기만 했다. 이들을 위해 우리는 무엇을 했는가?

　물론 일부 지도자들은 남모르게 수많은 노력을 기울였을 것이다. 그래서 인가 시중는 800여 종 이상의 골프서적이 출간되어 팔리고 있다. 전 세계적으로 골프관련 서적은 1,600여 종에 이른다. 이들은 지마다 과학적인 골프책을 표방하지만 과연 몇 종의 서적이 그렇게 과학적인가? 책마다 다양한 스윙자세를 선 보이며 제각기 올바르다고 이야기한다. 퍼트방법은 골퍼마다 왜 이리도 서로 다른지? 도무지 이해할 수가 없다. 과학에서 원리는 하나다. 둘이 아니다. 답은 결코 여러 개일 수 없다.

　어떠한 형태의 스윙이나 퍼트라도 객관적으로 관찰하면 분명히 공통점이 있을 것이다. 즉 스윙 혹은 퍼트의 기본이 과학적 합리성이 있다면 그것은 분명히 과학적이다. '과학적'이란 말은 최소의 에너지로 최대의 효과를 거두는 것으로 에너지 효율을 극대화하는 것이다. 이와 같은 현상은 역학적으로 분명히 해석을 할 수 있다.

　이러한 생각을 바탕으로 필자들은 국내 최초, 아니 세계 최초로 골프규칙과 룰에 국한되지 않고 골프 전반에 걸쳐 원리와 실기를 종합한 과학적 골프문제집을

내놓게 되었다.

아는 것과 모르는 것

$E = \frac{1}{2} I_{sw} \cdot \omega^2, \leftarrow I_{sw} = mr^2$

놀라웠다. "PGA와 LPGA가 정확히 각각 무엇의 약자인가?"라고 물었을 때 의외로 상당수가 틀린 대답을 했다. 그것도 골프를 10~20년 이상 해온 골프가 직업인 분들과 선수들이 말이다. 이것이 현실인가? 혹시 우리는 뜬구름 속을 헤매고 있지는 않은가? 뿌연 안갯속을 걷고 있지는 않는가? 원리도 모르고 무작정 선진국에서 그렇게 하니까 그대로 따라만 하지 않았는지?

과연 우리는 무엇을 모르고 무엇을 알고 있는가? 문제의 답은 하나다. 분명하다. 혹자는 본 문제집이 어렵다고 할 수 있다. 어려운 것이 아니라 배운 적이 없는 것이다. 어려운 것이 아니라 모르는 것이다. 모르는 것은 수치가 아니다. 안 배웠는데 어떻게 알 수 있는가? 우리는 천재가 아니며, 천재라 하더라도 배워야 한다. 배우면 된다. 배우는 데 남녀가 있고 노소가 있는가? 죽을 때까지 배우는 것이다. 알면 즐겁고 모르면 불편하다.

본 문제집의 원리부분은 일반적인 이공계 대학생이 1학년 1학기 중에서

첫 2주간 6시간 정도 배우는 내용이다. 골프는 과학이다. 기초적인 과학을 모르면서 어떻게 골프를 논하고 운동을 논하는가?

일반 골퍼들도 차분하게 보면서 쉽게 이해할 수 있도록 하였다. 문제마다 난이도(難易度)를 나눠 각 문제 초입 단계에 기호로 표시하였다. 각자의 사정에 따라 선택하면 된다. 지난 과거의 경험에만 의존하지 말고 꾸준히 노력하고 배우고 또 익히자. 자전거는 달리기를 멈추면 넘어지지만 지속적으로 달리면 넘어지지 않고 멀리 갈 수 있다. 고인 물은 썩기 마련이고 흐르는 물만이 늘 새로운 물이 되어 모든 것을 받아들인다. 사람 역시 지속적으로 변화해야만 건강과 싱싱함을 유지할 수 있으며, 모든 이로부터 오랫동안 사랑을 받는 것이다. 그 과정에서 골프문화는 더욱 발전하고 한 단계 도약하게 되는 것이다.

『골프문제집 500제』의 특성

그런 의미에서 본 『골프문제집 500제』는 각 영역의 전문가가 각 부분에서 골프에 꼭 필요한 부분 골프역사에서부터 골프역학, 피팅 및 골프코스에서의 규칙 등 15개 분야를 선정해서 짧고 간략하게 또는 문제를 풀면서 그 이유를 알 수 있게 했고, 그것으로 부족하다 생각되면 답안과 해설에서 추가적으로 설명했다. 제1장 골프의 역사에서부터 제10장 런치모니터에 이르는 골프의 원리와 과학에 대한 350문항은 김선웅 교수가 출제하고, 제11장 티잉그라운드에서 제15장 퍼팅그린에 이르는 골프규칙과 에티켓에 대한 150문항은

　이근춘, 서아람, 임진한 프로가 공동으로 출제하고, 원아시아 경기분과위원장이신 이학 님이 골프규칙 부분의 감수를 맡아주셨다. 지도 교사나 전공학생들, 골프에 관심을 가지고 있는 모든 이에게 분명하고 선명한 교재가 될 것이다. 그 구성은 일반 골프 마스터 교재같이 했다.

　원리를 알고 골프를 하면 시간과 비용을 대폭 줄일 수 있다. 이제는 그 어려웠던 시대의 헝그리정신이 아닌 즐기는 골프로 인생의 아름다움도 찾자. 아무쪼록 본 『골프문제집 500제』가 잡힐 듯하면서도 잡히지 않는 보기(bogey)처럼 추상적이지 않고, 선명하고 간단명료한 문제집으로 많은 이에게 확실한 도움이 되길 바란다.

　그리고 좋은 책의 출판을 위해 애써주신 대경북스의 민유정 사장님과 언제나 스마일인 김영대 전무님, 우정으로 똘똘 뭉쳐진 편집부 여러분께 다시 한 번 저자들의 고마움과 감사를 드린다. 대경북스가 더욱 발전하길 기원하면서….

2011년 6월이 저무는 길목에서
글쓴이 김선웅, 이근춘, 서아람, 임진한

차 례

01 골프의 역사: 20문항(4.0%) ·· 11
02 골프용어: 40문항(8.0%) ·· 17
    02-1. 물리용어: 20문항(4.0%) ··· 17
    02-2. 일반용어: 20문항(4.0%) ··· 23
03 골프볼: 31문항(6.2%) ·· 29
04 골프클럽: 116문항(23.2%) ··· 39
    04-1. 골프클럽: 46문항(9.2%) ··· 39
    04-2. 샤프트: 31문항(6.2%) ·· 59
    04-3. 로프트각과 런치각: 10문항(2.0%) ······························ 75
    04-4. 어택각: 11문항(2.2%) ·· 79
    04-5. 스핀: 18문항(3.6%) ·· 85
05 스　윙: 20문항(4.0%) ·· 93
06 골프볼 탄도: 31문항(6.2%) ··· 105
07 클럽 피팅: 46문항(9.2%) ·· 121
08 볼 피팅: 8문항(1.6%) ·· 137
09 환경(바람, 온도 및 고도): 22문항(4.4%) ······························ 141

10 런치 모니터: 16문항(3.2%) ………………………… 151
11 티잉 그라운드: 20문항(4.0%) ………………………… 159
12 스루 더 그린: 65문항(13%) …………………………… 171
13 벙   커: 25문항(5.0%) ………………………………… 203
14 워터해저드: 10문항(2.0%) …………………………… 217
15 퍼팅그린: 30문항(6.0%) ……………………………… 225

부 록 ……………………………………………………… 241
   1. 단위 ……………………………………………… 243
   2. 힘과 운동량 …………………………………… 246
   3. 토크 ……………………………………………… 250

정답 및 해설 ……………………………………………… 253

01 골프의 역사

20문항(4.0%)

난이도 예
쉬움
보통
어려움

문제 001   난이도

골프는 대략 서기 몇 연도부터 시작되었나?

① 1500년경   ② 1600년경
③ 1700년경   ④ 1800년경

문제 002   난이도

골프의 유래가 시작된 것으로 보편적으로 받아들이는 나라는 어디인가?

① 미국   ② 영국
③ 스코틀랜드   ④ 프랑스

문제 003   난이도

캐디피(caddie fee) 제도가 도입된 연도는 언제인가?

① 1851년   ② 1871년
③ 1891년   ④ 1901년

11

문제 004

구타페르카(Gutta Percha)라는 골프볼이 처음 등장한 연도는 언제인가?

① 1848년　　　　　② 1855년
③ 1865년　　　　　④ 1902년

문제 005

제1회 브리티시 오픈(The British Open)이 창설된 연도는 언제인가?

① 1457년　　　　　② 1754년
③ 1848년　　　　　④ 1860년

문제 006

세인트앤드루스의 왕립 골프클럽에서 홀의 크기를 4.25인치(약 108mm)로 정한 연도는 언제인가?

① 1880년　　　　　② 1891년
③ 1895년　　　　　④ 1900년

문제 007

US오픈골프대회에서 미국의 무명선수인 위멧(F. Ouimet : 1889~1967)이 당대 최고의 골프 영웅인 영국의 바든(H. Vardon : 1870~1937)을 제치고 우승하면서 골프 산업이 영국에서 미국으로 건너가 급격히 발전하기 시작한 연도는 언제인가?

① 1880년　　　　　② 1891년
③ 1901년　　　　　④ 1913년

01. 골프의 역사

문제 008 난이도

일본의 '다까하다'가 헤드커버를 처음 사용한 연도는?

① 1916년　　　② 1917년
③ 1918년　　　④ 1919년

문제 009 난이도

스틸 샤프트(steel shaft)의 등장으로 골프 대중화가 시작된 연도는 언제인가?

① 1920년경　　　② 1930년경
③ 1940년경　　　④ 1950년경

문제 010 난이도

티페그(tee peg)가 처음 사용되기 시작한 연도는 언제인가?

① 1900년　　　② 1910년
③ 1922년　　　④ 1932년

문제 011 난이도

영국왕립골프협회(R&A)와 미국골프협회(USGA)가 휴대클럽 수를 14개로 제한하기로 한 연도는 언제인가?

① 1830년　　　② 1920년
③ 1922년　　　④ 1938년

문제 012

난이도 ●●●

잭 니클라우스(Jack Nicklaus)가 메이저 타이틀 20승 위업을 달성한 해는 언제인가?

① 1836년 ② 1986년
③ 1990년 ④ 2000년

문제 013

난이도 ●●●

타이거 우즈(Tiger Woods)가 4차례 메이저대회 우승으로 그랜드슬램을 달성한 해는 언제인가?

① 1985년 ② 1990년
③ 1995년 ④ 2000년

문제 014

난이도 ●●●

우리나라 최초의 골프장은 군자리(현재 서울의 어린이 대공원) 골프장인데, 이것은 몇 연도에 만들어졌는가? 그 이듬해 6월 22일에는 정식경기를 가졌다.

① 1920년 ② 1929년
③ 1938년 ④ 1959년

문제 015

난이도 ●●●

아시아골프연맹이 창설된 해는 언제인가?

① 1950년 ② 1955년
③ 1963년 ④ 1973년

01. 골프의 역사

문제 016

난이도 ●●●

최경주 선수가 미국 PGA 투어 크라이슬러클래식에서 우승한 해는 언제인가?

① 2003년 ② 2004년
③ 2005년 ④ 2006년

문제 017

난이도 ●●●

박세리 선수가 아시아인으로는 최초로 미국 LPGA투어 명예의 전당에 이름을 올린 해는 언제인가?

① 2006년 ② 2007년
③ 2008년 ④ 2009년

문제 018

난이도 ●●●

양용은 선수가 동양인 최초로 PGA 챔피언십에서 우승한 해는 언제인가?

① 2006년 ② 2007년
③ 2008년 ④ 2009년

문제 019

난이도 ●●●

버디(Birdie)란 어원의 본래 뜻은 무엇인가?
(   )

문제 020

난이도 ●●●

보기(Bogey)와 파(Par)의 본래의 뜻은 무엇인가?
(   )

가장 큰 철칙 : 골프의 가장 큰 철칙이면서 가장 지켜지지 않는 철칙은 "눈을 볼에서 떼지 마라."이다. (그랜트랜드 라이스, 프로골퍼)

갤러리가 좋아하는 샷 : 갤러리 대부분은 결국 프로들의 미스 샷을 즐긴다 (짐 마래, 프로골퍼)

경타 : 강타(强打)를 하려면 경타(輕打)를 하라(한장상, 프로골퍼)

공격 : 볼을 어떻게 칠 것인가가 아니라 홀을 어떻게 공격할 것인가가 이기는 조건이 된다(잭 니클로스, 미국의 명 프로골퍼).

02 골프용어

난이도 예
쉬움
보통
어려움

40문항(8.0%)

02-1. 물리용어: 20문항(4.0%)

물리용어 부분에서는 속력과 속도를 구분해서 사용했다. 그 밖에 다른 부분에서는 가능한 한 속력으로 통일해서 사용했다.

문제 021

난이도

속력(speed)과 방향까지 고려하는 속도(velocity)는 약간 의미가 다르다. 다음 중 속도를 바르게 표현한 것은 어느 것인가?

① 자동차가 100mph로 달리고 있다.
② 기차가 300km/h 달리고 있다.
③ 오토바이가 3m/s로 달리고 있다.
④ 마라톤선수가 결승점을 향해 7m/s로 달리고 있다.

문제 022

난이도

속력(speed)과 방향까지 고려하는 속도(velocity)는 약간 의미가 다르다. 다음 중 속도를 바르게 표현한 것은 어느 것인가?

① 자전거가 일정한 속력으로 달리고 있다.
② 기차가 300km/h로 부산을 향해 달리고 있다.
③ 오토바이가 3m/s로 달리고 있다.
④ 마라톤선수가 7m/s로 달리고 있다.

문제 023 난이도

다음 중 가속도(acceleration)를 바르게 표현한 것은?

① 속력이 점점 빨라지는 경우만이다.
② 속력이 점점 느려지는 것이다.
③ 속력이 점점 빨라지거나 느려지는 것 모두 다.
④ 속력이 일정한 경우이다.

문제 024 난이도

다음 중 가속도(acceleration)를 가장 바르게 표현한 것은?

① 속력이 점점 빨라지는 경우
② 속력이 점점 느려지는 경우
③ 속력이 일정한 경우
④ 속력이 변하거나 혹은 속력이 일정한 경우라도 곡선운동을 하는 경우

문제 025 난이도

각속도(angular velocity)란 회전에서 어떤 물체가 1초 동안 쓸고 지나간 각도를 말한다. 다음 중 각속도가 가장 큰 것은? π(파이)=3.14 rad(래디안으로 읽는다)

① 720도/초=4π rad/s   ② 360도/초=2π rad/s
③ 180도/초=π rad/s   ④ 90도/초=½π rad/s

문제 026 난이도

어느 골퍼의 드라이버가 백스윙 탑에서 볼 임팩트까지 걸린 시간이 다음과 같다면 가장 빠른 각속도(angular velocity: ω)를 가진 골퍼는 누구인가?

① 0.40초   ② 0.35초
③ 0.30초   ④ 0.25초

02. 골프용어

문제 027

난이도

1초 동안 쓸고 지나간 각도를 의미하는 각속도(angular velocity)의 단위는 무엇인가?

① m/s ② 도
③ rad/s ④ mph

문제 028

난이도

아래 그림에서 두 골퍼 1번과 2번의 회전축에서부터 클럽 헤드까지의 거리는 각각 r_1과 r_2이다. 그런데 두 골퍼의 각속도(angular velocity: ω)가 같다면 헤드의 속도는 누가 클까? 각속도란 1초 동안 쓸고 지나간 각도를 의미한다.

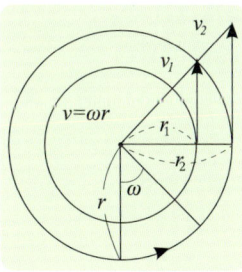

① 1번 2번 모두 같다.
② 1번이 크다.
③ 2번이 크다.
④ 각속도와 무관하다.

문제 029

난이도

아래 그림에서 두 골퍼 1번과 2번의 회전축으로부터 클럽 헤드까지의 거리는 각각 r_1과 r_2이다. 그런데 선속도(헤드속도(v)) = 각속도(ω) × 반경(r)으로 구할 수 있다. 각속도(angular velocity)가 일정하다면 무엇을 크게 해야 헤드속도가 증가하게 될까? 각속도란 1초 동안 쓸고 지나간 각도를 의미한다.

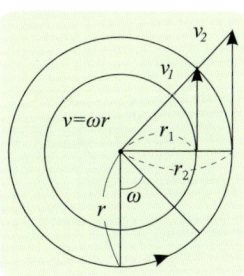

① 회전축의 반경을 크게 한다.
② 반경과 관계가 없다.
③ 각속도를 크게 해야 한다.
④ 헤드속도를 크게 한다.

문제 030

난이도 ●●●

다음 중 무게(weight)와 질량(mass)을 바르게 설명한 것은? 여기서 '중'은 지구의 중력가속도($9.8m/s^2$)를 의미한다.

① 같은 것이다.
② 무게와 질량은 단위가 같다.
③ 무게의 단위는 kg이고 질량의 단위는 kg·중이다.
④ 무게의 단위는 kg·중이고 질량의 단위는 kg이다.

문제 031

난이도 ●●●

다음 중 중력의 크기에 따라 변하는 무게(weight)와 질량(mass)을 바르게 설명한 것은?

① 무게는 불변이고 질량은 변한다.
② 중력이 0이면 무게도 0이 되나 질량은 불변이다.
③ 무게나 질량이나 다 변한다.
④ 무게나 질량이나 다 불변이다.

문제 032

난이도 ●●●

달에 가서 무게(weight)와 질량(mass)을 측정한다면?

① 무게는 불변이고 질량은 변한다.
② 무게 및 질량 모두 불변이다.
③ 무게는 약간 변하고 질량은 불변이다.
④ 무게는 약 1/6로 줄고 질량은 불변이다.

문제 033

난이도 ●●●

어떤 물체의 운동량(momentum)에 대한 설명 중 올바른 것은?

① 2시간 운동한 것이 1시간 운동한 것보다 운동량이 많다.
② 정지상태에 있어도 운동량은 있다.
③ 질량에 속도를 곱한 양을 운동량이라 한다.
④ 운동량의 단위는 kg·m이다.

02. 골프용어

문제 034

난이도 ●○○

어떤 물체의 운동량(momentum)에 대한 설명 중 잘못된 것은?

① 질량이 같더라도 속도가 크면 운동량이 크다고 한다.
② 운동량은 속도와 무관하다.
③ 운동량의 단위는 kg · m/s이다.
④ 속도가 같더라도 질량이 크면 운동량이 크다.

문제 035

난이도 ○●●

어떤 물체와의 충격력(impulsive force)에 대한 설명 중 올바르지 않은 것은?

① 어떤 짧은 시간 동안 운동량의 변화이다.
② 충격력을 크게 하려면 충돌시간을 짧게 해야 한다.
③ 충격력의 단위는 N(뉴턴) 혹은 dyne(다인)이다.
④ 두 물체가 부딪쳐 생기는 속도의 변화이다.

문제 036

난이도 ●●●

어떤 물체와의 충격량(impulse)에 대한 설명 중 올바르지 않은 것은?

① 충돌에 의한 운동량의 변화에 충돌시간을 곱한 값이다.
② 충돌시간이 길면 충격량은 크지만, 충격력은 작을 수 있다.
③ 충격량 단위는 N · s(뉴턴 · 초)이다.
④ 충격량이나 충격력은 결국 같은 물리량이다.

문제 037

난이도

질량(m) 0.2kg인 드라이버헤드가 초속(v) 50m/s로 골프볼을 타격(impact)했다면, 이때 에너지(E: energy)에 관한 설명 중 올바르지 않은 것은? $E=(1/2)mv^2$의 관계가 있다.

① 이때 헤드의 운동에너지는 $0.5 \times 0.2 \times 50^2 = 250$줄(joule)이다.
② 타격을 받아 날아가는 골프볼의 에너지는 헤드의 에너지와 같다.
③ 이때 헤드의 에너지는 $0.5 \times 200 \times 5000^2 = 2.5 \times 10^9$ erg(에르그)이다.
④ 헤드속도가 같다면 헤드의 질량이 클수록 헤드의 에너지는 증가한다.

문제 038

난이도

클럽헤드와 골프볼이 충돌(collision)할 때에 관한 설명 중 올바르지 않은 것은?

① 헤드의 에너지는 에너지보존법칙에 의해 100% 골프볼에 전달된다.
② 헤드의 에너지는 일부만 골프볼에 전달된다.
③ 헤드의 에너지는 충돌 때 진동, 소리, 찌그러짐 등에 의해 소모된다.
④ 볼이 헤드의 스위트스폿과 타격될 때 에너지 전달이 가장 크다.

문제 039

난이도

클럽헤드와 골프볼이 충돌(collision)할 때에 관한 설명 중 올바르지 않은 것은?

① 헤드와 볼의 고유진동수가 같을 때 볼의 비거리가 최대가 된다.
② 볼이 헤드의 스위트스폿과 타격될 때 에너지 전달이 가장 크다.
③ 헤드와 볼의 고유진동수가 같을 때 에너지 전달이 가장 크다.
④ 헤드와 볼의 고유진동수는 비거리에 거의 영향이 없다.

02. 골프용어

문제 040

난이도

물체의 회전에서 토크(torque)에 관한 설명 중 올바르지 않은 것은?

① 토크는 회전력과 유사하다.
② 토크가 크다는 것은 회전시키기가 쉽다는 뜻이다.
③ 토크는 직선운동에서도 일어난다.
④ 토크의 단위는 회전할 때 힘의 크기에 회전반경을 곱한 값이나 샤프트에서는 각도의 단위를 사용한다.

02-2. 일반용어: 20문항(4.0%)

문제 041

난이도

미국의 PGA(Professional Golfers' Association)를 설명한 것 중 잘못된 것은?

① PGA 투어
② 클럽 프로와 레슨 프로를 포함한 프로골퍼들의 모임
③ 미국 PGA는 프로골프협회이다.
④ PGA 투어와 PGA는 다르다.

문제 042

난이도

매 홀 티샷을 하는 곳 전체를 뜻하는 올바른 용어는?

① 티 박스(tee box)
② 티잉 그라운드(teeing ground)
③ 그린 박스(green box)
④ 티잉 박스(teeing box)

문제 043

난이도

골퍼들이 라이(lie)를 봐달라고 하는 것 중 잘못된 표현은?

① 브레이크(brake) 라이를 봐달라
② 경사도 라이를 봐달라
③ 그린 거칠기를 봐달라
④ 그린의 경사나 혹은 공이 굴러갈 길을 봐달라

문제 044

난이도

가장 먼저 티샷을 하는 사람을 무어라고 부르나?

① 오너(owner)　　② 아너(honor)
③ 첫 타자　　　　④ 첫 오너

문제 045

난이도

1916년에 창설된 PGA와 1950년에 창설된 LPGA는 각각 무엇의 약자인가?

① Professional Golfers' Association
　Ladies Professional Golfers' Association
② Professional Golfers Association
　Ladies Professional Golfer Association
③ Professional Golfers' Association
　Ladies Professional Golf Association
④ Professional Golf Association
　Ladies Professional Golf Association

02. 골프용어

문제 046

난이도

R&A는 무엇의 약자인가?

① The Royal and Ancient(Golf Club of St. Andrews)
② Royal and Ancient(Golf Club of St. Andrews)
③ The Royal and Asia(Golf Club of St. Andrews)
④ Royal and Asia(Golf Club of St. Andrews)

문제 047

난이도

USGA(미국골프협회)는 무엇의 약자인가?

① The United States Golf Association
② The United States Golf Associated
③ United State Golf Association
④ United States Golfer Associated

문제 048

난이도

KPGA 및 KLPGA는 무엇의 정식 약자인가?

① Korea Professional Golfers' Association
　Korea Ladies Professional Golf Association
② Korean Professional Golfer's Association
　Korean Ladies Professional Golf Association
③ Korea Professional Golf Association
　Korea Ladies Professional Golf Association
④ Korea Professional Golfer Association
　Korea Ladies Professional Golf Association

문제 049 난이도 ●●●

세계적인 4대 골프대회는 무엇무엇이며 창설연도는?

① (　　　　　　) (　　　년)
② (　　　　　　) (　　　년)
③ (　　　　　　) (　　　년)
④ (　　　　　　) (　　　년)

문제 050 난이도 ●●●

타격된 볼이 공중으로 날아간 직선거리를 무엇이라고 하는가?

(　　　　　　　　)

문제 051 난이도 ●●●

볼을 타격(impact)할 때 목표가 안 보이는 홀을 무엇이라고 하는가?

(　　　　　　　　)

문제 052 난이도 ●●●

매치플레이(match play)에서 남아 있는 홀과 이긴 홀수가 같거나 남아 있는 홀수가 적은 경우를 무엇이라고 하는가?

(　　　　　　　　)

문제 053 난이도 ●●●

처음에는 의도한 방향으로 가다가 마지막에 약간 오른쪽으로 휘는 볼을 무엇이라고 하는가?

(　　　　　　　　)

02. 골프용어

문제 054

난이도 ●●●

퍼팅그린에서 볼의 위치가 홀에 가까워 퍼팅스트로크 없이 볼이 홀에 들어 갔다고 인정하는 것을 무엇이라고 하는가?

(   )

문제 055

난이도 ●●●

친목을 목적으로 하는 경기에서 타격된 볼이 마음에 안 들 때 한 번 더 시도하는 것을 말하며, 주로 첫 번째 홀에서만 허용한다. 이것을 무엇이라고 하는가?

(   )

문제 056

난이도 ●●●

볼을 똑바로 보내기 위해 볼의 타깃(표적)을 약 1m 앞으로 정하는 방법을 무엇이라고 하는가?

(   )

문제 057

난이도 ●●●

미국남자프로 대표와 유럽남자프로 대표 간에 펼치는 대회명칭을 무엇이라고 하며, 몇 년마다 개최되는가?

(   )

27

문제 058   난이도

주로 그린 주변에서 타격한 볼이 클럽의 목 부위에 맞아 엉뚱한 방향으로 날아가는 것을 무엇이라고 하는가?
(   )

문제 059   난이도

퍼터를 그린이 아닌 지역에서 사용할 때 쓰는 것을 무엇이라고 하는가?
(   )

문제 060   난이도

마시(mashie or mashy), 니블릭(niblick) 및 스푼(spoon)이란 각각 무엇의 다른 이름인가?

① 마시(mashie or mashy) (   )
② 니블릭(niblick)   (   )
③ 스푼(spoon)   (   )

골프의 명인이 되기까지 : 다른 사람들로부터 인정을 받으려면 꾸준히 노력하는 것 이외에 다른 방법이 없다. 타고난 재능이란 인간이 만들어 낸 허구에 불과하다. (타이거 우즈, 미국의 명 프로골퍼).

골프의 목적 : 골퍼의 목적은 사람을 놀라게 하는 샷이 아니라 미스를 착실하게 줄이는 데 두어야 한다. (J. H. 테일러, 프로골퍼)

03 골프볼

31문항(6.2%)

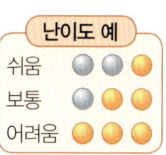

문제 061 난이도 🔘🔘🟡

골프볼이 발전한 순서가 제대로 된 것은?

① 깃털형–쿠타형–햄머드쿠타형–브램블형–딤플형
② 쿠타형–깃털형–햄머드쿠타형–브램블형–딤플형
③ 햄머드쿠타형–깃털형–쿠타형–브램블형–딤플형
④ 브램블형–깃털형–쿠타형–햄머드쿠타형–딤플형

문제 062 난이도 🔘🔘🟡

골프볼의 구조(structure)는 몇 겹으로 되어 있나?

① 1겹
② 2겹
③ 3겹
④ 볼 종류에 따라 여러 겹으로 되어 있다.

문제 063 난이도 🔘🔘🟡

골프볼의 무게(weight)에 대해 설명이 올바른 것은?

① 반드시 1.62온스(약 46g)이어야 한다.
② 1.62온스(약 46g)보다 무거워서는 안 된다.
③ 1.62온스(약 46g) 이하이어야 한다.
④ 무게는 관계가 없다.

문제 064

난이도 🟠🟠🟠

골프볼의 지름(radius)에 대해 설명이 올바른 것은? 단, 이때 온도는 섭씨 23±1도에서이다.

① 1.68인치(약 4.3cm)보다 커야 한다.
② 반드시 1.68인치(약 4.3cm)이어야 한다.
③ 1.68인치(약 4.3cm) 이상이어야 한다.
④ 1.78인치(약 4.5cm) 이상이어야 한다.

문제 065

난이도 🟡🟠🟠

골프볼의 딤플(dimple) 모양에 대한 설명 중 올바른 것은? 공인된 골프볼은 내부 및 외부의 모양도 대칭이 되어야 한다.

① 딤플의 모양에 대한 규정은 없다.
② 딤플의 모양은 원형만을 사용해야 한다.
③ 딤플의 모양은 원형, 오각형만을 사용해야 한다.
④ 딤플의 모양은 원형, 오각형, 육각형만을 사용해야 한다.

문제 066

난이도 🟡🟠🟠

골프볼의 딤플(dimple) 크기에 대한 설명 중 올바른 것은? 공인된 골프볼은 내부 및 외부의 모양도 대칭이되어야 한다.

① 딤플의 지름 및 깊이에 대한 규정은 엄격하다.
② 딤플의 지름 및 깊이에 대한 규정은 USGA 규정을 따른다.
③ 딤플의 지름 및 깊이에 대한 규정은 R&A 규정을 따른다.
④ 딤플의 지름 및 깊이에 대한 규정은 없다.

04. 골프볼

문제 067　　　　　　　　　　　　　　　난이도

골프볼 딤플(dimple)의 개수에 대한 설명 중 맞는 것은?

① 딤플의 개수는 300개를 넘지 못한다.
② 딤플의 개수는 400개를 넘지 못한다.
③ 딤플의 개수는 300~500개 사이에 있어야 한다.
④ 딤플의 개수는 정해져 있지 않다.

문제 068　　　　　　　　　　　　　　　난이도

골프볼의 딤플(dimple)에 관한 설명 중 가장 적합한 것은?

① 골프볼의 저항을 적게 한다.
② 골프볼의 공기저항을 적게 하고, 위로 많이 뜨게 한다.
③ 골프볼의 백스핀을 증가시킨다.
④ 골프볼을 높이 뜨게 한다.

문제 069　　　　　　　　　　　　　　　난이도

골프볼에 딤플(dimple)이 없다면 골프볼의 비거리는 어떻게 될까?

① 드라이버 비거리는 약 절반 이하로 줄어든다.
② 드라이버 비거리는 1/3만 줄어든다.
③ 드라이버 비거리는 1/4만 줄어든다.
④ 드라이버 비거리는 별로 줄어들지 않는다.

난이도 ●●●

딤플(dimple)이 있는 골프볼이 공기 중으로 날아갈 때 공기에 의한 저항과 상승이 같이 작용한다. 이때 상승력을 저항력으로 나눈 값이 클수록 비거리는 어떻게 될까?

① 비거리가 획기적으로 증가한다.
② 비거리가 별로 변화가 없다.
③ 비거리가 감소한다.
④ 비거리가 증가한다.

문제 071

난이도 ●●●

딤플(dimple)이 있는 골프볼이 딤플이 없는 골프볼보다 멀리 날아갈 수 있는 이유를 설명하는 과학적 원리는 무엇인가?

① 파스칼(Blaise Pascal, 프랑스: 1623~1662)의 원리
② 뉴턴(Isaac Newton, 영국: 1642~1727)의 운동원리
③ 베르누이(Jacob Bernoulli, 스위스: 1654~1705)의 원리
④ 아인슈타인(Albert Einstein, 독일: 1879~1955)의 상대성 원리

문제 072

난이도 ●●●

골프볼의 딤플(dimple)을 처음 고안한 과학자는 누구인가?

① 뉴턴(Isaac Newton, 영국: 1642~1727)
② 베르누이(Jacob Bernoulli, 스위스: 1654~1705)
③ 마그누스(Heinrich Gustav Magnus, 독일: 1802~1870)
④ 테이트(Peter Guthrie Tait, 스코틀랜드: 1831~1901)

04. 골프볼

문제 073 난이도

딤플(dimple)이 있는 골프볼이 멀리 날아가게 하기 위한 회전방향으로 올바른 설명은?

① 백스핀을 해야 한다.
② 탑스핀을 해야 한다.
③ 백스핀과 사이드스핀을 혼합해야 한다.
④ 스핀과 비거리는 관계가 없다.

문제 074 난이도

딤플(dimple)이 있는 골프볼을 탑스핀(실제로는 매우 어렵다)이 되게 타격했다면 비거리는 어떻게 될까?

① 비거리는 매우 증가한다.
② 비거리는 약간 증가한다.
③ 비거리의 변화가 없다.
④ 비거리는 스핀이 없을 때보다 짧다.

문제 075 난이도

딤플(dimple)이 있는 골프볼과 딤플이 없는 골프볼을 공기가 없는 달(Moon)에서 타격했다면 비거리는 어떻게 될까?

① 역시 딤플이 있는 골프볼이 멀리 날아간다.
② 딤플이 있거나 없거나 차이가 거의 없다.
③ 딤플이 없는 볼이 더 멀리 날아간다.
④ 두 경우 모두 날아가지 못한다.

문제 076 난이도

딤플(dimple)이 있는 골프볼은 딤플이 없는 골프볼보다 공기의 저항이 약 얼마나 감소할까?

① 1/2   ② 1/3
③ 1/4   ④ 1/5

문제 077

난이도 ●●●

딤플(dimple)이 있는 골프볼은 딤플이 없는 볼보다 볼을 위로 뜨게 하는 힘은 약 몇 배나 될까? 드라이버의 경우라고 가정한다.

① 약 1배　　　　　② 약 2배
③ 약 3배　　　　　④ 약 4배

문제 078

난이도 ●○○

원형, 오각형, 육각형, 팔각형 딤플(dimple)의 골프볼 중에 비거리에 더 효과적인 것은 어떤 형일까?

① 원형　　　　　　② 오각형
③ 육각형　　　　　④ 팔각형

문제 079

난이도 ●○○

딤플(dimple)이 있는 골프볼이 날아가면서 높이 뜨는 이유는 골프볼 위쪽에서는 공기의 흐름이 빨라지고 볼 아래쪽에서는 공기의 흐름이 느려져서 볼을 위로 밀어올리려는 힘이 만들어지기 때문이다. 이러한 원리를 설명하고 이에 대한 실험을 많이 한 과학자는 누구인가?

① 갈릴레오(Galilei Galileo, 이탈리아: 1564~1642)
② 뉴턴(Isaac Newton, 영국: 1642~1727)
③ 마그누스(Heinrich Gustav Magnus, 독일: 1802~1870)
④ 다윈(Charles Darwin, 영국: 1809~1882)

04. 골프볼

문제 080

난이도

딤플(dimple)의 원리가 아닌 것은?

① 물고기비늘 ② 새의 날개깃털
③ 전신수영복 ④ 사이클의 자전거 바퀴

문제 081

난이도

다음 스포츠의 용구 중에서 딤플(dimple)의 원리를 이용하지 않는 것은?

① 야구공의 실밥 ② 사이클의 자전거 바퀴
③ 축구공의 조각 ④ 전신수영복

문제 082

난이도

USGA의 표준 골프스윙 로봇(standard golf swing robot)을 이용한 골프볼의 반발력 혹은 반발계수(coefficient of restitution)에 대한 설명 중 올바른 것은?

① 반발계수는 0.83이다.
② 반발계수는 0.83보다 크다.
③ 반발계수는 0.83보다 작다.
④ 일반적으로 반발계수로 정의하지 않고 비거리로 정의한다.

문제 083

난이도 🟢 ⚪ ⚪

USGA의 표준 골프스윙 로봇(standard golf swing robot)을 이용한 골프볼의 반발력(repulsive force)에 대한 설명 중 올바른 것은?

① 드라이버의 헤드속력이 100mph이었을 때의 볼의 비거리로 제한한다.
② 드라이버의 헤드속력이 110mph이었을 때의 볼의 비거리로 제한한다.
③ 드라이버의 헤드속력이 120mph이었을 때의 볼의 비거리로 제한한다.
④ 드라이버의 헤드속력이 130mph이었을 때의 볼의 비거리로 제한한다.

문제 084

난이도 🟢 ⚪ ⚪

USGA의 표준 골프스윙 로봇(standard golf swing robot)을 이용한 골프볼의 비거리 제한에 대한 설명 중 올바른 것은?

① 최대비거리는 317+3야드(오차범위)로 제한한다.
② 최대비거리는 317−3야드(오차범위)로 제한한다.
③ 최대비거리는 317±3야드(오차범위)로 제한한다.
④ 최대비거리는 317±0야드(오차범위)로 제한한다.

문제 085

난이도 🟢 ⚪ ⚪

헤드속력과 골프볼 반발력(repulsive force)의 설명 중 올바른 것은?

① 헤드속력이 클수록 볼의 반발력이 작아진다.
② 헤드속력이 클수록 볼의 반발력은 커진다.
③ 헤드속력과 볼의 반발력은 무관하다.
④ 헤드속력과 볼의 반발력은 관계가 일정하지 않다.

04. 골프볼

문제 086 난이도

온도와 골프볼 반발력(repulsive force)에 대한 설명 중 올바른 것은?

① 온도가 올라갈수록 볼의 반발력은 감소한다.
② 온도가 올라가도 볼의 반발력은 변하지 않는다.
③ 온도에 따라 볼의 반발력은 약간 증가한다.
④ 온도와 볼의 종류에 따라 반발력은 달라진다.

문제 087 난이도

USGA 및 R&A는 골프볼의 반발력(repulsive force)을 반발계수(coefficient of restitution)로 정의하고 있지는 않지만, 간접적으로 골프볼의 반발계수(e)를 측정할 수 있다. 반발계수는 충돌하는 물체 및 속도에 따라 다르지만, 골프볼을 일정한 높이(h_1)에서 자유낙하시킬 때 다른 물체와 속도 v_1으로 충돌하고, 그 후 골프볼은 위로 v_2의 속도으로 높이 h_2만큼에 올라갔다면 이때 골프볼의 반발계수 e는 어떻게 표현되나?

① $e=(v_2/v_1)=(h_2/h_1)^{1/2}$ ② $e=(v_2/v_1)=(h_2/h_1)^{1/3}$
③ $e=(v_2/v_1)=(h_2/h_1)^{1/4}$ ④ $e=(v_2/v_1)=(h_2/h_1)^{1/5}$

문제 088 난이도

다층(multilayer)의 골프볼에 대한 설명 중 올바른 것은?

① 딱딱한 다층(3~4층)의 볼이 일반적으로 멀리 날아간다.
② 딱딱한 2겹 층의 볼이 멀리 날아간다.
③ 딱딱한 3겹 층의 볼이 멀리 날아간다.
④ 다층 골프볼과 비거리는 관계가 없고 느낌에만 관계한다.

문제 089

난이도 ● ● ○

다음 중 골프볼의 설명 중 옳지 않은 것은?

① 일반적으로 육각형 딤플볼이 좋다.
② 일반적으로 다층 골프볼이 좋다.
③ 일반적으로 다층 딱딱한 볼이 좋다.
④ 일반적으로 비싼 골프볼이 좋다.

문제 090

난이도 ● ● ●

다음 골프볼에 대한 설명 중 옳지 않은 것은?

① 여러 번 사용한 골프볼이라도 상처가 없으면 계속 사용한다.
② 오래된 골프볼은 교체한다.
③ 물에 빠졌던 볼은 교체한다.
④ 제품이 검증되지 않은 볼은 사용하지 않는다.

문제 091

난이도 ● ● ●

다음 중 가장 좋은 골프볼이란?

① 최고 상표의 골프볼
② 가장 비싼 골프볼
③ 클럽헤드 진동수와 가장 유사한 진동수를 갖는 골프볼
④ 프로가 추천하는 골프볼

04 골프클럽

116문항(23.2%)

난이도 예
쉬움 ●●●
보통 ●●●
어려움 ●●●

04-1. 골프클럽: 46문항(9.2%)

문제 092 난이도 ●●●

골프클럽(golf club)은 일반적으로 5개로 구성이 되어 있다. 5개의 이름을 나열하시오.
(   )

문제 093 난이도 ●●●

아래 그림에서 각 클럽(golf club)의 명칭을 쓰시오.

① _____   ②  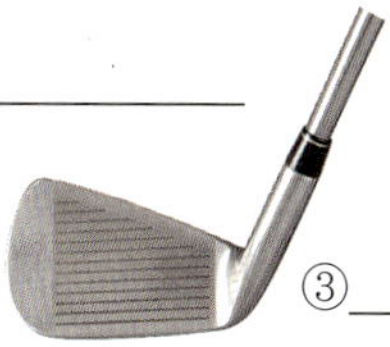 _____   ③ _____

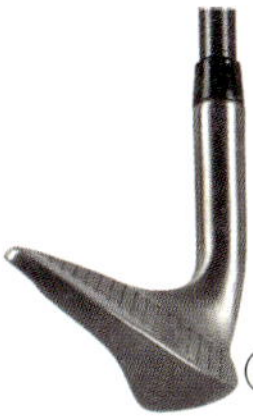

④ 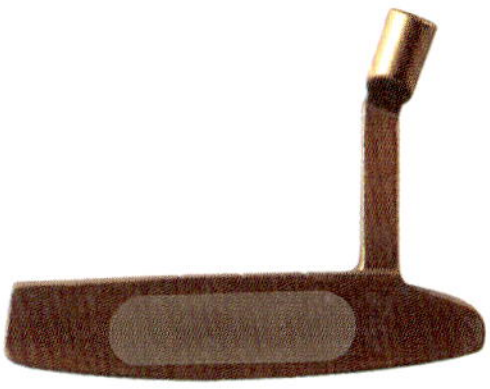 _____   ⑤ _____

39

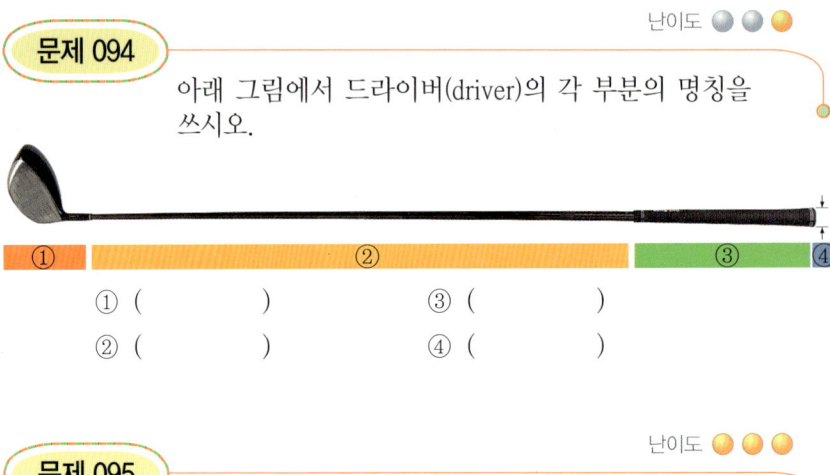

문제 094

난이도 ●●●

아래 그림에서 드라이버(driver)의 각 부분의 명칭을 쓰시오.

① (   )   ③ (   )
② (   )   ④ (   )

문제 095

난이도 ●●●

아래 그림에서 각 부분의 명칭을 쓰시오.

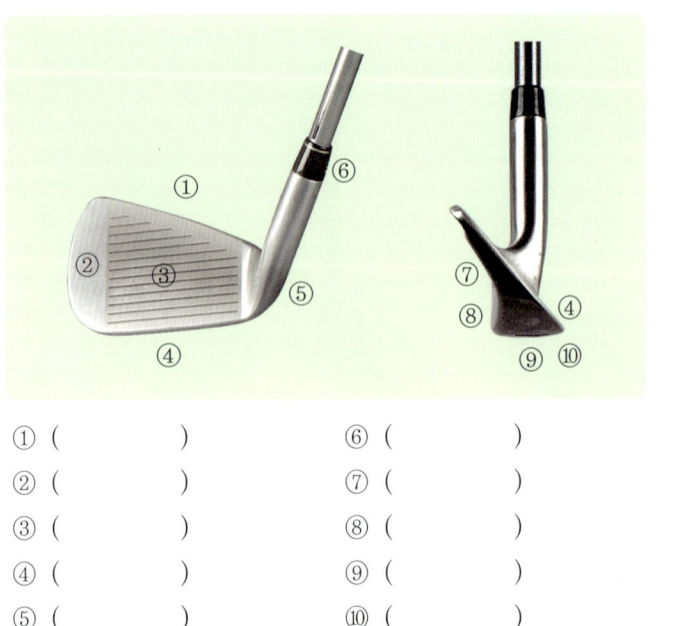

① (   )   ⑥ (   )
② (   )   ⑦ (   )
③ (   )   ⑧ (   )
④ (   )   ⑨ (   )
⑤ (   )   ⑩ (   )

04. 골프클럽

문제 096

난이도 ●●○

아이언(iron)은 헤드 내부가 채워져 있는지 비어 있는지 즉 헤드 구조에 따라 단조 아이언(forged iron) 헤드와 주조 아이언(casted iron) 헤드로 나눈다. 아래 그림은 둘 중에 어떤 아이언인가?   (   )

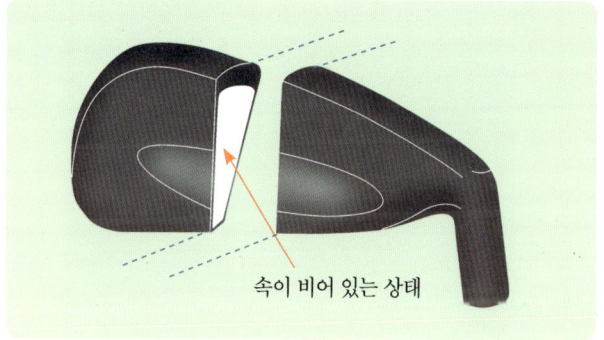

속이 비어 있는 상태

문제 097

난이도 ●●○

아이언(iron)은 헤드 내부가 채워져 있는지 비어 있는지 즉 헤드 구조에 따라 단조 아이언(forged iron) 헤드와 주조 아이언(casted iron) 헤드와 나눈다. 아래 그림은 둘 중에 어떤 아이언인가?   (   )

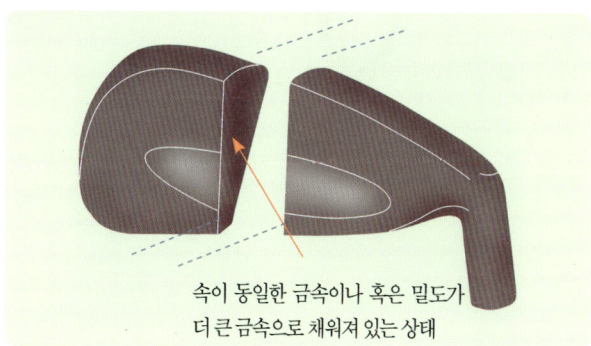

속이 동일한 금속이나 혹은 밀도가
더 큰 금속으로 채워져 있는 상태

문제 098

난이도

다음 단조 아이언(forged iron)헤드와 주조 아이언(casted iron)헤드를 설명한 것 중에 잘못된 것은?

① 일반적으로 단조 아이언헤드의 스위트스폿의 면적이 크다.
② 일반적으로 단조 아이언헤드의 스위트스폿의 면적이 작다.
③ 일반적으로 단조 아이언헤드의 골프볼 방향성이 좋다.
④ 일반적으로 주조 아이언헤드의 골프볼 비거리가 약간 크다.

문제 099

난이도

아래 그림에서 각 부분의 명칭을 쓰시오.

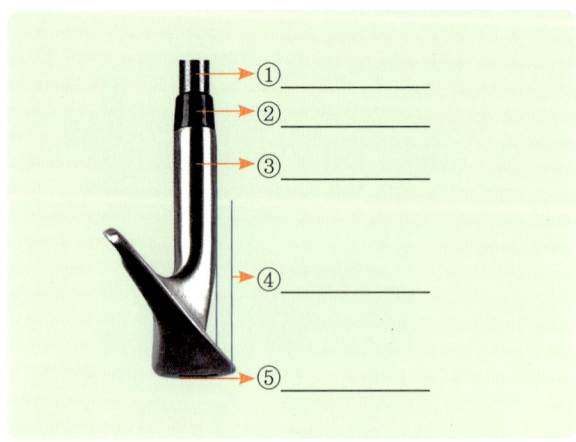

① _____
② _____
③ _____
④ _____
⑤ _____

문제 100

난이도 ●●●

아래 그림에서 ① 부분의 명칭을 쓰시오.

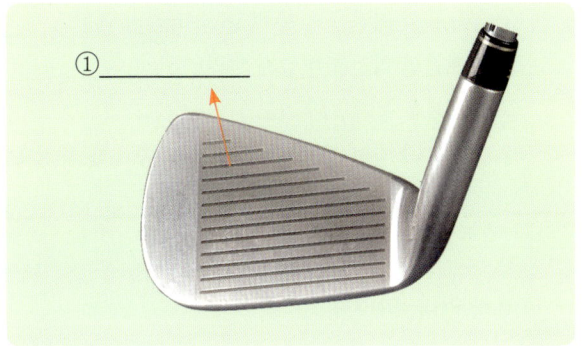

문제 101

난이도 ●●●

아래 그림은 USGA 및 R&A에서 2010년부터 새롭게 적용시키는 그루브(groove)의 형태이다. 이렇게 새롭게 바뀐 이유는? 적용은 주로 로프트각이 25도 이상(5번 아이언~웨지)에 해당된다.

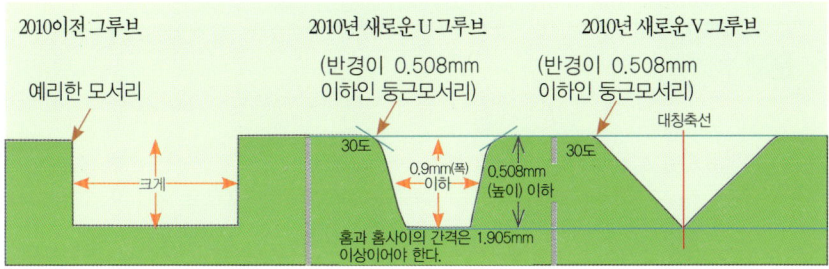

① 골프볼의 회전수를 줄여서 어프로치를 어렵게 하려고
② 골프볼의 회전수를 줄여서 어프로치를 쉽게 하려고
③ 골프볼의 회전수를 늘려서 어프로치를 어렵게 하려고
④ 골프볼의 회전수를 늘려서 어프로치를 쉽게 하려고

문제 102

난이도

아이언(iron)헤드에 그루브(groove)를 만든 이유는?

① 골프볼의 회전을 쉽게 하고 물 빠짐의 역할도 하려고
② 골프볼의 회전을 어렵게 하려고
③ 골프볼을 높게 띄우려고
④ 골프볼이 지면에 떨어지고서 많이 구르게 하려고

문제 103

난이도

최근에는 드라이버헤드(driver head)에 그루브(groove)가 거의 없다. 그 이유는?

① 로프트각이 작은 경우에는 볼의 회전효과가 작아 그루브를 만들게 되면 헤드면의 금속을 얇게 만들어 반발력을 크게 하기가 어렵기 때문
② 그루브를 만들게 되면 헤드면의 금속을 얇게 만들기가 어렵기 때문
③ 헤드면에 그루브를 만들기 어렵기 때문
④ 드라이버 헤드는 볼의 회전이 거의 필요 없기 때문

문제 104

난이도

아래 그림에서 각 부분의 명칭을 쓰시오.

① (   )
② (   )

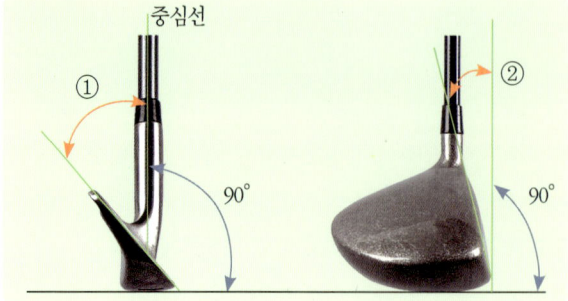

04. 골프클럽

문제 105

난이도

일반적으로 드라이버(driver)의 실제 로프트각(loft angle)은 표시된 로프트각과 어떻게 다른가? 가장 잘 설명이 된 것은?

① 표시된 각보다 보통 1도 크다.
② 표시된 각보다 보통 2도 크다.
③ 표시된 각보다 보통 1~2도 크다.
④ 표시된 각과 실제 각은 같다.

문제 106

난이도

아래 그림에서 ① 부분은 무엇이라고 하는가?
(   )

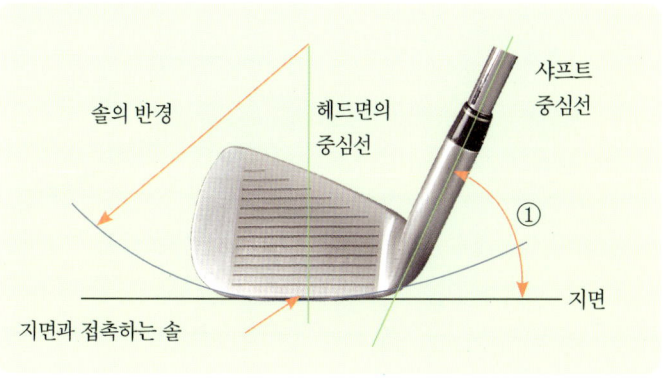

45

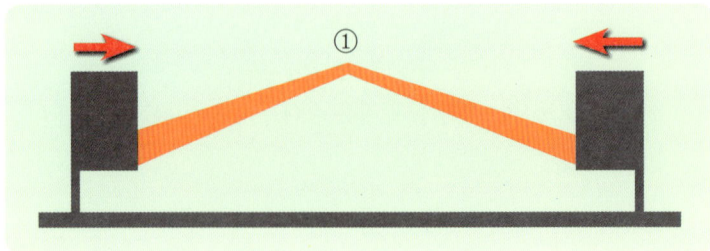

문제 107

난이도 ●●●

아래 그림은 샤프트(shaft)의 양쪽에서 힘을 가하면 구부러지는 부분이다. 이 부분을 무엇이라고 하는가?
(   )

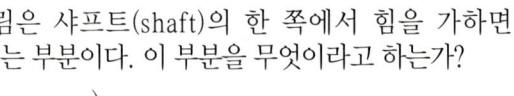

문제 108

난이도 ●●●

아래 그림은 샤프트(shaft)의 한 쪽에서 힘을 가하면 구부러지는 부분이다. 이 부분을 무엇이라고 하는가?
(   )

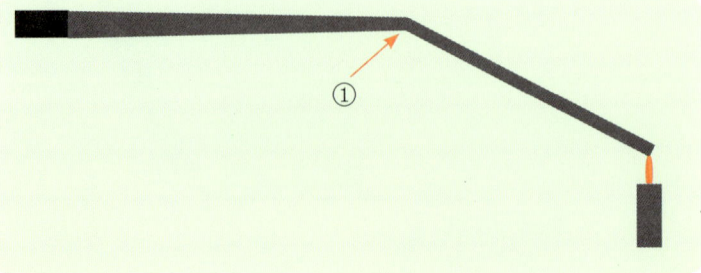

04. 골프클럽

문제 109

난이도 ●●●

아래 그림에서 ① 부분을 무엇이라고 하는가?
(　　　　)

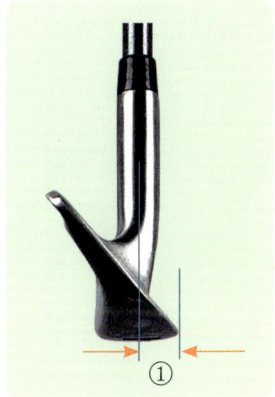

문제 110

난이도 ●●●

아래 그림에서 ①과 ②를 무엇이라고 하는가?

① (　　　　)
② (　　　　)

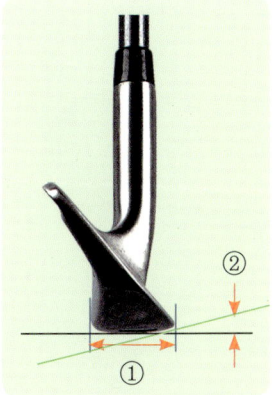

문제 111

난이도 ●●●

아래 그림은 무엇을 설명하는 그림인가?
(   )

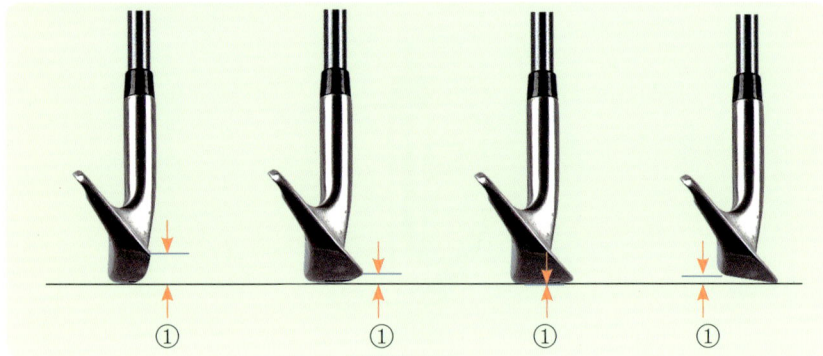

문제 112

난이도 ●●●

아래 그림은 드라이버(driver)가 골프볼을 타격하는 순간 페이스(face)가 열리고(open) 닫히고(close) 직각(square)인 경우를 보여주고 있다. 각각은 어떤 경우인가를 번호에 맞게 쓰시오.

① (   ) ② (   ) ③ (   )

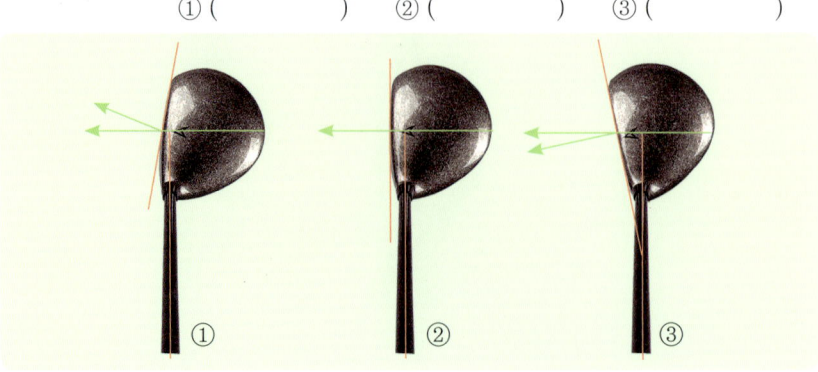

04. 골프클럽

문제 113   난이도 ●●○

아래 그림에서 드라이버(driver)의 ①과 ②의 곡률(curvature)을 무엇이라고 하는가를 번호에 맞게 쓰고, ③에는 헤드면을 볼록하게 만드는 이유를 쓰시오.

① (   )   ② (   )
③ (   )

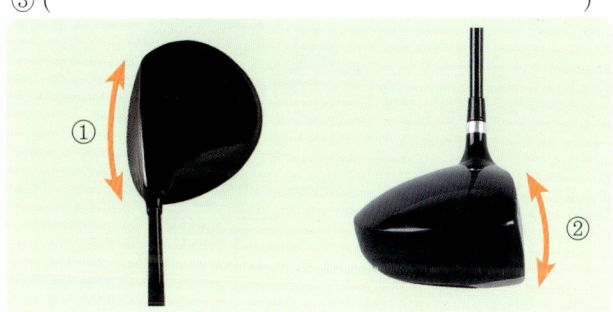

문제 114   난이도 ○○●

아래 그림에서 ①을 무엇이라고 하는가?
(   )

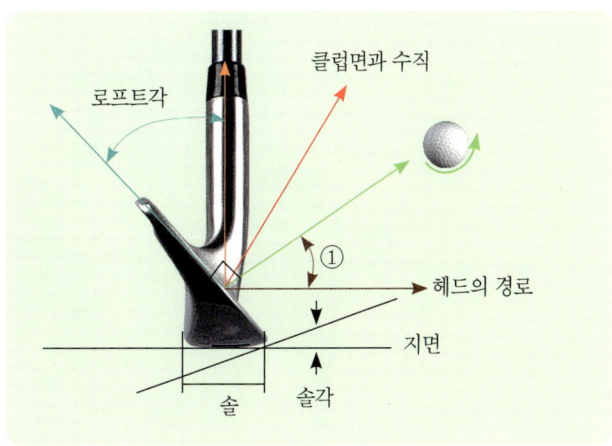

문제 115   난이도 ●○○

아래는 드라이버(driver)헤드의 기어효과(gear effect)를 설명하는 그림이다. 목표가 드라이버헤드와 직각이 되는 12시 방향에 있다면 골프볼은 12시 방향에서 멀어질까? 혹은 가까워질까? (   )

문제 116   난이도 ●●○

아래는 드라이버(driver)헤드의 기어효과(gear effect)를 설명하는 그림이다. 골프볼은 헤드의 무게중심(center of weight)과 일치한 스위트스폿(sweet spot)에 의해 타격될 때 골프볼의 속력이 가장 크다. 그러나 아래 그림과 같이 골프볼이 서로 다른 위치에서 헤드와 충돌할 때 ①과 ②에서 어느 경우에 골프볼의 속력이 더 클까? 회전방향도 다르다. (   )

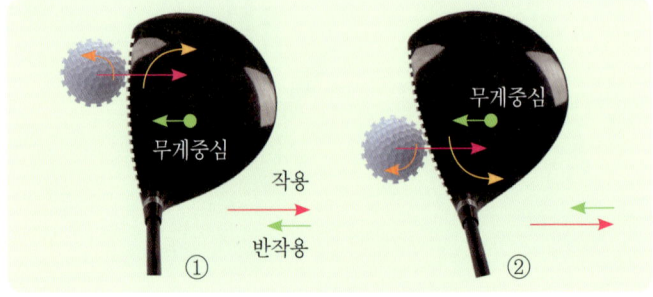

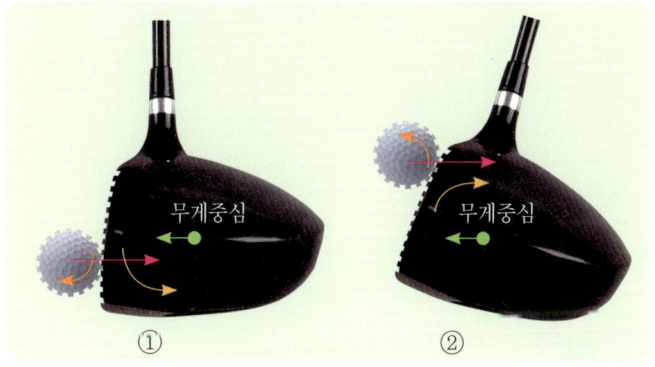

문제 117

난이도 🟠🟠⚪

아래는 드라이버(driver)헤드의 기어효과(gear effect)를 설명하는 그림이다. ①과 ② 중에 어느 골프볼의 백스핀 회전수가 클까? 회전방향도 다르다. (   )

문제 118

난이도 🟠⚪🟠

아래의 그림은 드라이버(driver)헤드의 무엇을 설명하는 것인가? (   )

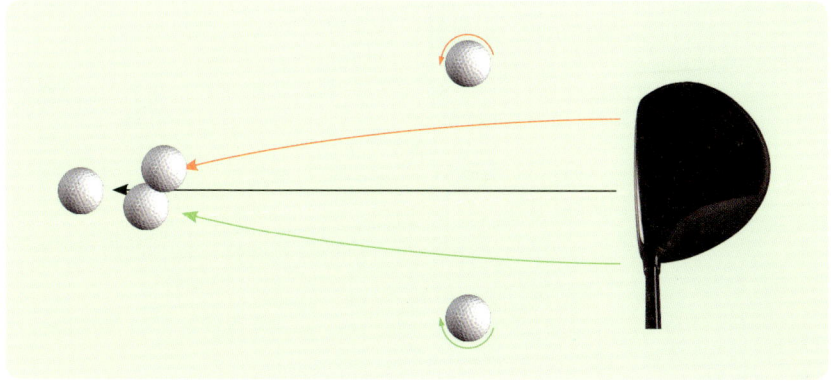

51

문제 119

난이도

다음 중 기어효과(gear effect)에 대한 설명 중 맞는 것은?

① 주로 드라이버와 우드의 경우에 발생한다.
② 주로 드라이버에만 발생한다.
③ 주로 우드의 경우에만 발생한다.
④ 아이언도 기어 효과가 심하게 나타난다.

문제 120

난이도

다음 중 기어효과(gear effect)에 대한 설명 중 맞는 것은?

① 모든 샤프트는 발생한다.
② 샤프트의 토크가 약 2.7도 이상이면 기어효과가 많이 발생한다.
③ 샤프트의 토크가 작을수록 많이 발생한다.
④ 아이언 샤프트에서도 발생한다.

문제 121

난이도

드라이버헤드의 체적을 USGA는 얼마로 제한하는가?

① 440cc이나 10cc의 제조공차를 허용하므로 이론적으로는 450cc이다.
② 450cc이나 10cc의 제조공차를 허용하므로 이론적으로는 460cc이다.
③ 460cc이나 10cc의 제조공차를 허용하므로 이론적으로는 470cc이다.
④ 470cc이나 10cc의 제조공차를 허용하므로 이론적으로는 480cc이다.

04. 골프클럽

문제 122

난이도 ●●●

다음 중 클럽헤드의 스위트스폿(sweet spot)에 대한 설명으로 가장 적합한 것은?

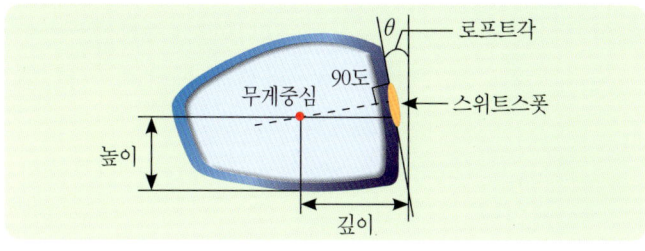

① 무게중심과 스위트스폿은 헤드면에서 직각으로 만나야 한다.
② 무게중심과 스위트스폿은 헤드면에서의 각도와 상관 없다.
③ 스위트스폿은 헤드면에 있기만 하면 된다.
④ 스위트스폿은 헤드면에서 여러 각으로 만날 수 있다.

문제 123

난이도 ●●●

다음 중 클럽헤드의 스위트스폿(sweet spot)에 대한 설명으로 적합한 설명이 아닌 것은?

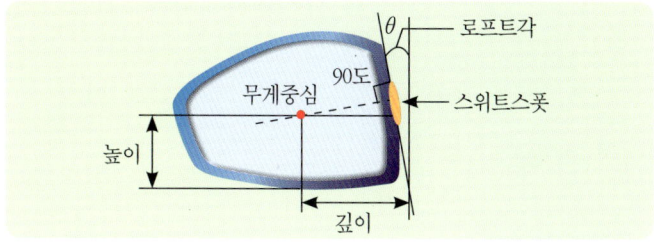

① 스위트스폿은 점(면적이 없는)이다.
② 스위트스폿은 실제로 일정한 크기의 면적을 가지고 있다.
③ 스위트스폿은 실제로 지름이 10~20mm이기도 한다.
④ 스위트스폿은 골프볼의 속력이 최대의 약 1% 변하는 위치로 정의하는 학자도 있다.

53

문제 124

다음 중 클럽헤드의 스위트스폿(sweet spot)에 대한 설명으로 적합한 설명인 것은?

① 무게중심으로부터 타구면에 수직선을 내려 만나는 점
② 무게중심으로부터 선이 타구면과 만나는 점
③ 타구면의 중앙
④ 타구면의 중앙에서 약 0.5인치 아랫부분

문제 125

클럽의 번호가 커질수록 헤드속력(head speed)은 일반적으로 어떻게 되나?

① 증가한다.　　　　　② 감소한다.
③ 감소하다가 증가한다.　④ 변하지 않는다.

문제 126

드라이버헤드(약 200g)가 골프볼을 타격하고 난 후 볼의 속력은 초기 헤드속력의 약 몇 배나 되나?

① 0.5배　　　　　② 1.0배
③ 1.5배　　　　　④ 2.0배

문제 127

드라이버헤드(약 200g)가 골프볼을 타격하고 난 후 헤드속력은 초기 헤드속력의 약 몇 배가 되나?

① 0.5배(50% 감소)　　② 0.7배(30% 감소)
③ 0.9배(10% 감소)　　④ 1.1배(10% 증가)

04. 골프클럽

문제 128

난이도 ●●●

클럽헤드의 반발계수(COR: coefficient of restitution)에 대해 USGA 및 R&A는 2004년부터 진자시험기(pendulum tester)를 이용한 헤드와 강구 추의 접촉시간간격인 특성시간(CT: characteristic time)에 대한 설명한 것으로 올바른 것은?

① CT가 245μs, COR(0.825)을 넘지 않도록 한다.
② CT가 257μs, COR(0.830) 이하로 한다.
③ CT가 285μs, COR(0.842)을 넘지 않도록 한다.
④ CT가 305μs, COR(0.851)을 넘지 않도록 한다.

문제 129

난이도 ●●●

클럽의 번호가 커질수록 헤드의 로프트각(loft angle)은 일반적으로 어떻게 되나?

① 감소한다.　　② 증가한다.
③ 변하지 않는다.　　④ 아이언만 증가한다.

문제 130

난이도 ●●●

클럽의 번호가 커질수록 헤드의 런치각(launch angle)은 일반적으로 어떻게 되나?

① 감소한다.　　② 증가한다.
③ 변하지 않는다.　　④ 아이언만 증가한다.

문제 131

난이도

클럽의 번호가 커질수록 타격된 골프볼의 지연계수(drag coefficient)는 일반적으로 어떻게 되나?

① 감소한다.
② 증가한다.
③ 변하지 않는다.
④ 아이언의 경우만 증가한다.

문제 132

난이도

클럽의 번호가 커질수록 타격된 골프볼이 상승하려는 힘(lifting force)은 상대적으로 어떻게 되나?

① 감소한다.   ② 증가한다.
③ 변하지 않는다.   ④ 아이언의 경우만 증가한다.

문제 133

난이도

클럽의 번호가 커질수록 타격된 골프볼의 회전수(back spin)는 어떻게 되나?

① 감소한다.   ② 증가한다.
③ 변하지 않는다.   ④ 아이언의 경우만 증가한다.

04. 골프클럽

문제 134

난이도 ●●●

아래 그림에서는 오른손잡이 골퍼(right handed golfer)가 그립(grip)을 잡을 때 약지의 끝부분이 손바닥에 닿는 모양을 보여주고 있다. 최적의 조건은 어느 경우일까?

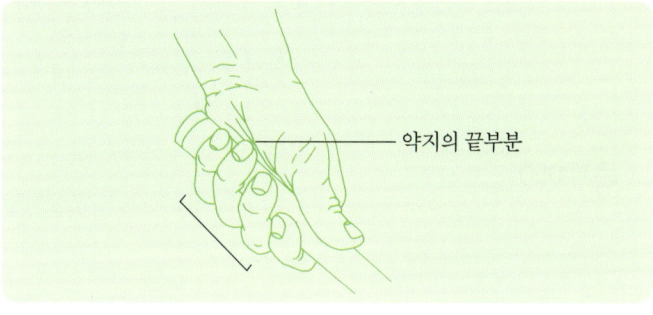

① 약지끝이 손바닥에 충분히 닿도록 한다.
② 약지끝이 손바닥에 약간 부족하게(짧게) 닿도록 한다.
③ 약지끝이 손바닥에 가볍게 닿도록 한다.
④ 약지끝이 손바닥에 닿는 것은 아무 상관이 없다.

문제 135

난이도 ●●●

아래 그림에서는 오른손잡이 골퍼(right handed golfer)가 그립(grip)을 잡을 때 약지의 끝부분이 손바닥에 닿는 모양을 보여주고 있다. 손의 크기에 비해 그립의 굵기가 너무 굵으면 어떻게 될까?

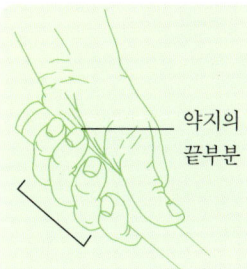

① 골프볼이 후크형태가 될 가능성이 있다.
② 골프볼이 직선으로 날아간다.
③ 그립의 굴기와는 아무런 관계가 없다.
④ 골프볼이 슬라이스가 될 가능성이 있다.

57

문제 136

난이도 ●●●

아래 그림에서는 오른손잡이 골퍼(right handed golfer)가 그립(grip)을 잡을 때 약지의 끝부분이 손바닥에 닿는 모양을 보여주고 있다. 손의 크기에 비해 그립의 굵기가 너무 가늘면 어떻게 될까?

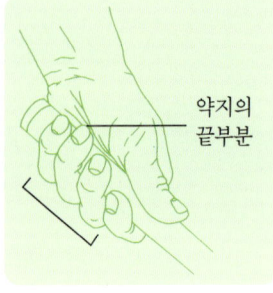
약지의 끝부분

① 골프볼이 후크형태가 될 가능성이 있다.
② 골프볼이 직선으로 날아간다.
③ 그립의 굵기와는 아무런 관계가 없다.
④ 골프볼이 슬라이스가 될 가능성이 있다.

문제 137

난이도 ●●●

아래 그림에서는 오른손잡이 골퍼(right handed golfer)가 그립(grip)을 잡을 때 약지의 끝부분이 손바닥에 닿는 모양을 보여주고 있다. 이때 그립의 약 0.5인치 정도가 새끼손가락 뒤로 나와 있도록 그립을 잡는 것이 좋다. 테니스나 야구에서도 유사하다. 그 이유는?

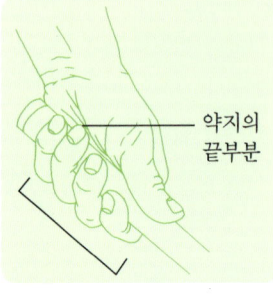
약지의 끝부분

① 골프볼을 타격할 때 편하게 하려고
② 골프볼을 타격할 때 진동에 의한 손의 충격을 줄이려고
③ 골프볼을 타격할 때 볼을 멀리 보내려고
④ 골프볼에 스핀(회전)을 많이 주려고

04-2. 샤프트: 31문항(6.2%)

문제 138

난이도 ●●●

아래 그림에서 ①, ② 및 ③은 각각 무엇을 뜻하는가?

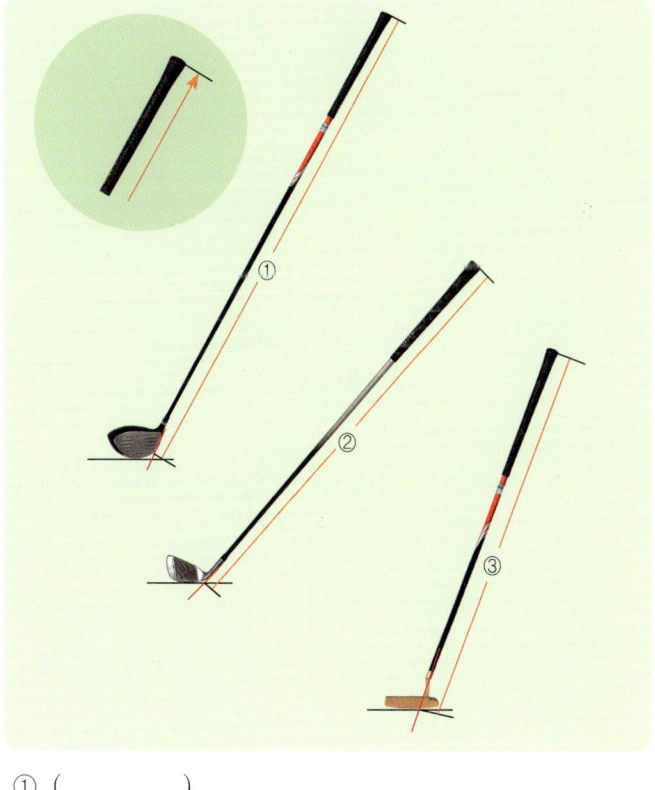

① (   )
② (   )
③ (   )

문제 139

난이도 ●●●

아래 그림에서 드라이버(driver)의 길이는 ①과 ② 중 어느 것인가?

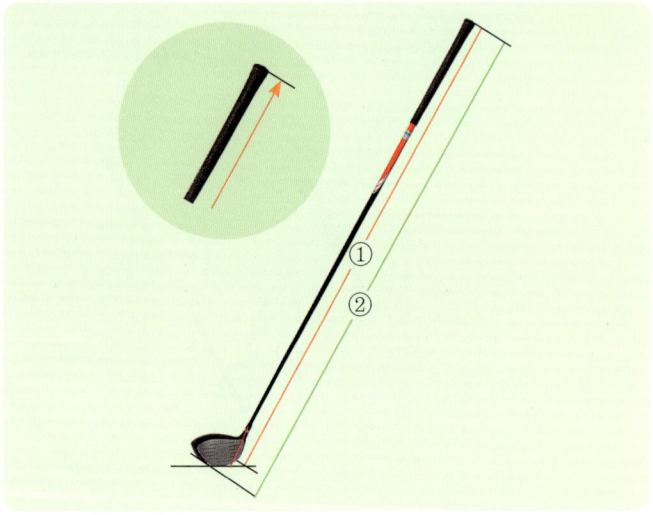

문제 140

난이도 ●●●

드라이버(driver)로 골프볼을 타격하기 위해 백스윙(back swing)을 하는 순간 아래 그림과 같이 휘는 것을 약간 과장해서 그렸다. 다음 설명 중 가장 적합한 설명은?

① 초기에 샤프트가 굳어져 있어서
② 샤프트의 관성모멘트가 헤드의 관성모멘트보다 크기 때문에
③ 헤드의 관성모멘트가 샤프트의 관성모멘트보다 크기 때문에
④ 샤프트가 원래 그렇게 만들어져서

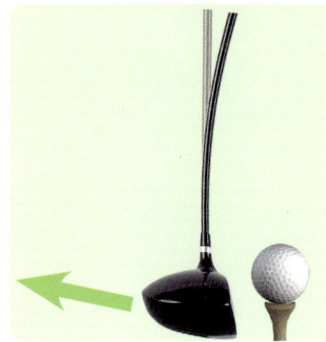

04. 골프클럽

문제 141

난이도 ●●●

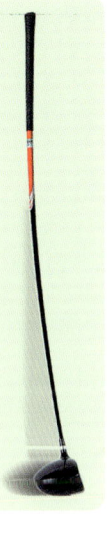

정상적일 때 골프볼과 충돌(collision)하기 직전의 헤드는 샤프트(shaft)보다 앞서게 되므로 샤프트가 약 1인치 정도 늦어짐에 따라 클럽표면은 그림과 같이 약 2도 닫히게 된다. 그 이유로 가장 적합한 것은?

① 샤프트의 속력이 헤드의 속력보다 빠르므로
② 헤드속력이 샤프트의 속력보다 빠르므로(회전 관성모멘트가 커서)
③ 헤드의 에너지가 더 커서
④ 샤프트의 탄성 때문에

문제 142

난이도 ●●●

아래 그림은 골프볼을 타격하기 직전의 상태를 과장해서 그린 것이다. 이렇게 샤프트(shaft)가 휘어지는 가장 적절한 이유는?

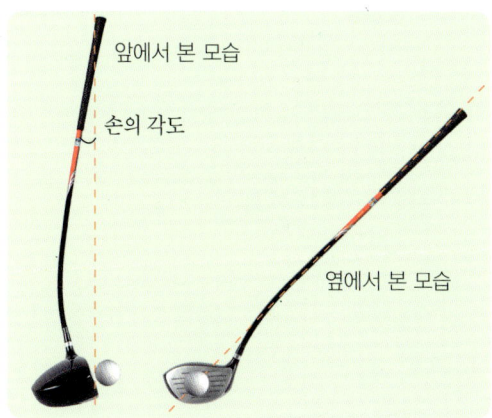

① 샤프트가 가늘어서
② 헤드가 무거워서
③ 샤프트의 관성모멘트가 헤드보다 커서
④ 클럽헤드에 의한 회전 관성 모멘트가 커서

문제 143

난이도

아래 그림과 같이 다운스윙(down swing)을 할 때 클럽은 지면방향으로 휘어지기 때문에 헤드면이 지면과 수평하도록 골프볼을 타격해야 한다. 이렇게 샤프트(shaft)가 휘어지는 설명으로 가장 적절한 것은?

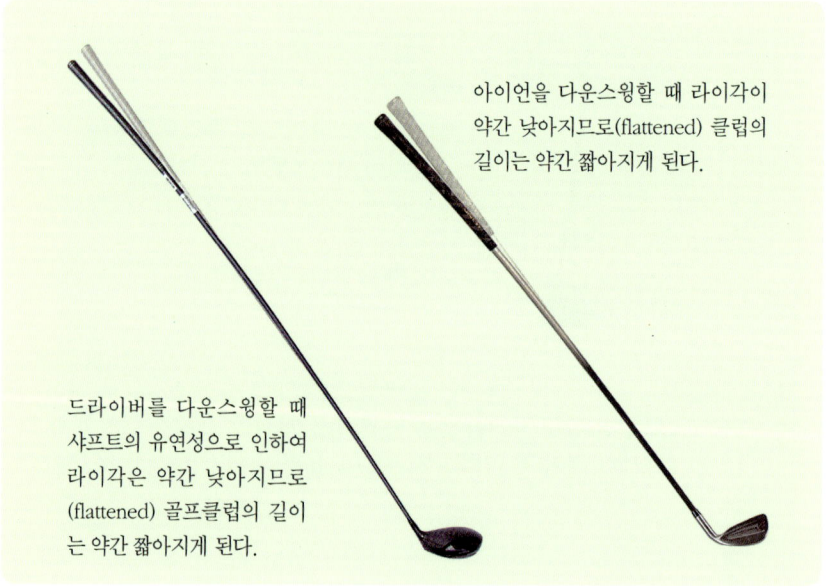

아이언을 다운스윙할 때 라이각이 약간 낮아지므로(flattened) 클럽의 길이는 약간 짧아지게 된다.

드라이버를 다운스윙할 때 샤프트의 유연성으로 인하여 라이각은 약간 낮아지므로 (flattened) 골프클럽의 길이는 약간 짧아지게 된다.

① 클럽헤드에 의한 회전 관성모멘트(swing inertia moment)가 커서
② 샤프트의 관성모멘트가 헤드보다 커서
③ 헤드가 무거워서
④ 샤프트가 가늘어서

04. 골프클럽

문제 144

난이도 ●●○

샤프트(shaft)의 휘어지는 정도를 알려면 일반적으로 몇 kg(ⓐ)의 무게(weight)를 기준으로 측정하는가? 여기서는 무게와 질량을 같은 것으로 한다.

① 0.5kg
② 1.0kg
③ 2.0kg
④ 3.0kg

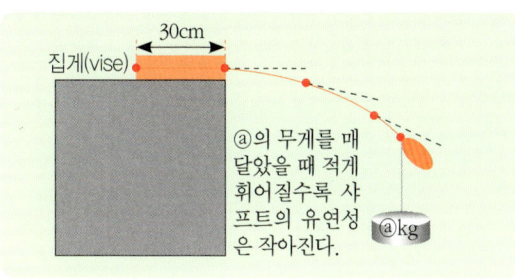

문제 145

난이도 ●●●

아래 그림은 샤프트(shaft)의 유연성(flexibility)을 X, S, R(M), A 및 L로 구분한 것이다. 다음 중 알맞게 짝이 지어진 것은?

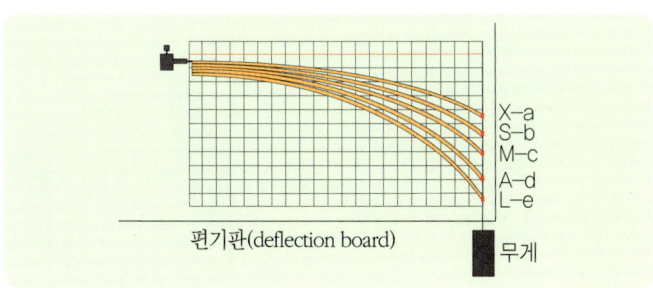

① 부드러움(a)-매우 강함(b)-강함(c)-중간 유연함(d)-유연함(e)
② 유연함(a)-부드러움(b)-매우 강함(c)-강함(d)-중간 유연함(e)
③ 중간 유연함(a)-유연함(b)-부드러움(c)-매우 강함(d)-강함(e)
④ 강함(a)-중간 유연함(b)-유연함(c)-부드러움(d)-매우 강함(e)
⑤ 매우 강함(a)-강함(b)-중간 유연함(c)-유연함(d)-부드러움(e)

63

문제 146

난이도 ●●●

샤프트(shaft)의 유연성(flexibility)을 X, S, R(M), A 및 L로 처음으로 분류한 사람은 누구인가?

① 톰 위슨(Tom Wishon)　② 제프 시트(Jeff Sheets)
③ 톰 그루너(Tom Grundner)　④ 타이거 우즈(Tiger Woods)

문제 147

난이도 ●●●

아래 그림은 샤프트(shaft)의 토크(torque)를 측정하는 방법이다. 이 경우 토크의 단위에 대해 잘 설명한 것은?

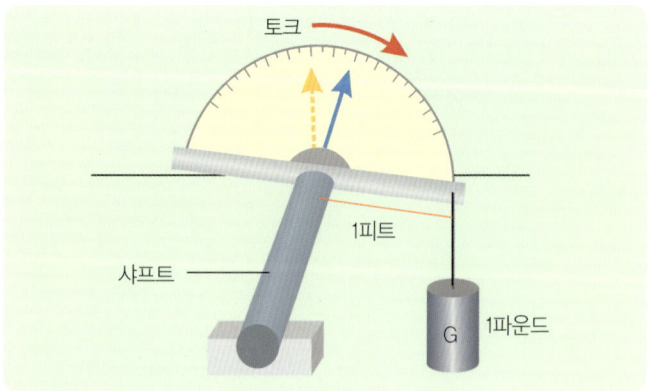

① 원래의 단위가 각도이다.
② 원래의 단위는 미터(m)이나 편의상 각도의 단위를 사용한다.
③ 원래의 단위는 뉴턴(N)이나 편의상 각도의 단위를 사용한다.
④ 원래의 단위는 뉴턴·미터(N·m)이나 편의상 각도(deg)의 단위를 사용한다.

04. 골프클럽

문제 148

난이도 ●●●

아래 그림은 드라이버헤드의 진동수(frequency)와 반발계수(COR: coefficient of restitution)에 관한 실험 결과 그래프이다. 이 그림의 설명이 잘못된 것은?

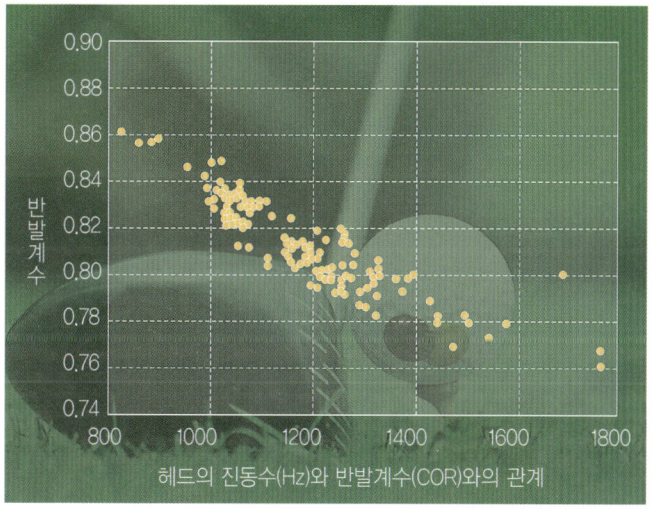

헤드의 진동수(Hz)와 반발계수(COR)와의 관계

① 진동수와 반발계수는 비례한다.
② 진동수와 반발계수는 반비례한다.
③ 진동수가 증가함에 따라 반발계수는 감소한다.
④ 진동수와 반발계수는 밀접한 관계가 있다.

교훈 : 골프는 멋진 교훈을 주는 게임이다. 그 첫째는 자제, 즉 어떠한 불운도 감수하는 미덕이다(프란시스 위멧, 미국의 프로골퍼, 영화 「지상 최고의 게임」의 주인공).

귀담아 두자 : 항상 자기의 한계를 고려하여 명인들의 충고를 들어라. (캐리 미들호프, 프로골퍼)

문제 149

난이도 ◐ ◯ ◯

아래 그림은 드라이버 헤드면(head face)의 금속두께에 따른 반발계수(COR: coefficient of restitution)와 진동수(frequency)에 관한 그래프이다. 이 그림으로부터 알 수 있는 것은?

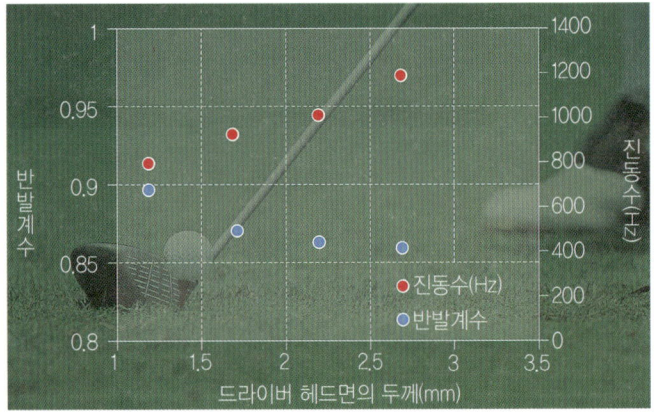

① 금속의 두께가 두꺼워지면서 반발계수는 감소하고 진동수는 증가한다.
② 금속의 두께가 두꺼워지면서 반발계수는 증가하고 진동수는 감소한다.
③ 금속의 두께는 반발계수와 진동수에 무관하다.
④ 금속의 두께가 두꺼워져도 반발계수와 진동수는 불변이다.

금기사항 3C : 골프에서 금기시해야 할 것은 Confusion(혼란) Complain(불평) Consolation(자위) 3C다.

04. 골프클럽

문제 150 난이도 ●●○

일반적으로 샤프트의 진동수(frequency)는 드라이버부터 PW까지 클럽번호의 증가에 따라 진동수도 같이 증가한다. 다음 중 설명이 잘못된 것은?

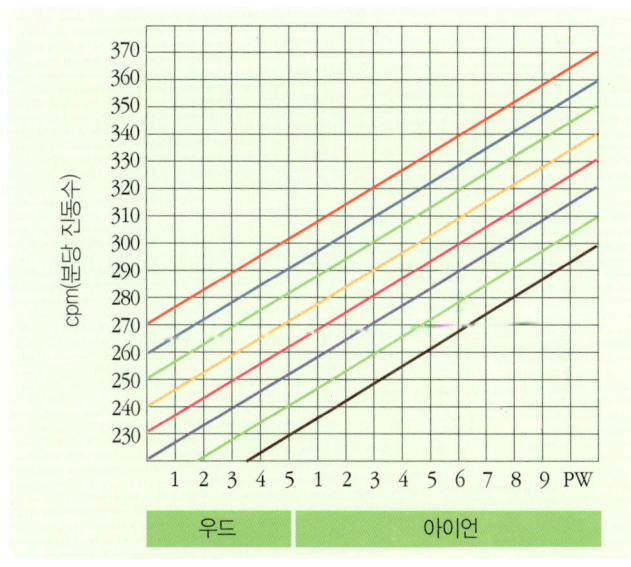

① 모든 클럽은 위의 그림과 유사한 진동수를 유지해야 한다.
② 모든 클럽은 제조회사에 따라 진동수가 다르다.
③ 진동수가 작다는 것은 쉽게 휘어진다는 뜻이다.
④ 일반적으로 금속샤프트가 그래파이트보다 진동수가 크다.

기도가 안 먹혀 : 내 기도가 전혀 먹히지 않는 곳이 바로 골프장이다. (빌리 그래함, 미국의 목사)

문제 151

난이도 ●●●

아래 표는 어느 회사의 광고에 나오는 골프클럽 우드(wood)에 대한 각종 규격이다. 그 규격에서 헤드에 대한 규격은 3, 5 및 7번과 같이 구분하여 설명하는데, 샤프트(shaft)는 구분되어 있지 않은 것이 통례이다. 이때 샤프트의 규격에 대해 설명이 올바른 것은?

우드	헤드(head)		
	3번 우드	5번 우드	7번 우드
로프트각(deg)	15	18	21
라이각(deg)	58.5	59	59.5
헤드의 체적(CC)	167	144	127
길이(인치)	43	42.5	42

	샤프트(shaft)	
유연성	S	R
클럽무게(g)	318	315
토크(deg)	4.8	4.9
밸런스	D1	D0
킥 포인트	중간지점	

① 3번 우드를 기준으로 설명한 것이다.
② 5번 우드를 기준으로 설명한 것이다.
③ 7번 우드를 기준으로 설명한 것이다.
④ 3, 5 및 7번 우드 모두에 적용되는 기준이다.

기복 없는 골퍼의 조건 3C : 기복 없는 플레이를 하려면 두 가지 3C를 갖춰야 한다. Confidence(자신) Concentration(집중) Control(자제)의 3C와 Consistence(견실) Composure(침착) Courage(용기)의 3C다.

04. 골프클럽

문제 152

난이도

아래 표는 어느 회사의 광고에 나오는 골프클럽의 아이언에 대한 각종 자료이다. 그 자료에는 헤드에 대한 규격을 3번부터 샌드웨지(sand wedge)까지 구분하여 설명하는데, 샤프트(shaft)는 구분되어 있지 않은 것이 통례이다. 이때 샤프트의 규격에 대해 설명이 올바른 것은?

헤드(head)									
아이언	#3	#4	#5	#6	#7	#8	#9	PW	AW	SW
로프트각(deg)	19	22	25	28	32	36	40	44	49	54
라이각(deg)	61	61.5	62	62.5	63	63.5	64	64.5	64.5	64.5
길이(인치)	39	38.5	38	37.5	37	36.5	36	37.5	37.5	37.5

샤프트(shaft)			
성별	남성용		여성용
유연성	S	R	L
클럽무게(g)	366	354	341
토크(deg)	3.2	3.2	3.6
밸런스	C9	C9	C0
킥포인트		낮은위치	

① 5번 아이언을 기준으로 설명한 것이다.
② 7번 아이언을 기준으로 설명한 것이다.
③ 9번 아이언을 기준으로 설명한 것이다.
④ 모든 아이언을 기준으로 설명한 것이다.

기술과 과학과 영감: 드라이버는 기술(Art), 아이언은 과학(Science), 퍼팅은 영감(Inspiration)이라고 한다. 항상 이것을 생각하며 매 샷에 임하자. 그러면 실수는 현재보다 반감될 것이며 골프가 더욱 더 즐거워질 것이다.

문제 153

샤프트(shaft)의 토크(torque), 즉 뒤틀리려는 경향에 대한 설명 중 가장 적합한 것은?

① 일반적으로 토크는 아이언보다 그래파이트 샤프트가 더 크다.
② 일반적으로 토크는 그래파이트보다 아이언 샤프트가 더 크다.
③ 일반적으로 토크는 그래파이트나 아이언 샤프트와 같다.
④ 샤프트의 토크는 스윙에 크게 영향을 주지 않는다.

문제 154

다음 중 샤프트(shaft)의 유연성 (flexibility) X, S, R(M), A 및 L에 대한 설명 중 가장 맞는 말은?

① 같은 X, S, R(M), A 및 L이라도 제작회사마다 유연성은 같다.
② 같은 X, S, R(M), A 및 L이라도 제작회사마다 유연성은 다르다.
③ 같은 X, S, R(M), A 및 L이라도 나라마다 유연성은 다르다.
④ 같은 X, S, R(M), A 및 L이라도 미국과 유럽은 서로 유연성이 다르다.

문제 155

일반적으로 PGA 급 프로선수들은 샤프트(shaft)의 진동수(frequency)를 상대적으로 표시해주는 X, S, R(M), A 및 L 중 어느 것을 주로 사용하나?

① L   ② A
③ R(M)   ④ S
⑤ X

04. 골프클럽

문제 156   난이도

일반적으로 초보 아마추어나 여성들은 샤프트(shaft)의 진동수(frequency)를 상대적으로 표시해주는 X, S, R(M), A 및 L 중 어느 것을 주로 사용하나?

① L
② A
③ R(M)
④ S
⑤ X

문제 157   난이도

다음의 샤프트(shaft) 진동수(frequency) 표시의 상대성에 대한 설명 중 올바른 것은?

① 한 제조회사 유연성 X가 다른 회사에서는 R이 되어야 한다.
② 한 제조회사 유연성 X가 다른 회사에서는 S가 되어야 한다.
③ 한 제조회사 유연성 X가 다른 회사에서도 X가 된다.
④ 한 제조회사 유연성 X가 다른 회사에서는 S 혹은 R이 될 수도 있다.

문제 158   난이도

초기에는 토마스 호스 버그(Thomas Hors Burgh)에 의해 가느다란 속이 채워진 샤프트가 만들어졌고, 1910년에는 아더 백작(Arthur Knight)에 의해 튜브형의 금속으로 된 샤프트가 만들어졌고, 1927년에는 미국 포크 앤 호 회사의 점점 좁아지는 층계가 있는 튜브형 금속으로 된 샤프트가 만들어졌다. 토마스 호스 버그가 오늘날과 같은 샤프트를 제작한 연도는?

① 1784년
② 1894년
③ 1994년
④ 2004년

71

문제 159

난이도 ●○○

라필 프로닥트사(Lafiell Products)에서 최초로 알루미늄으로 된 가벼운 샤프트를 제작한 연도는?

① 1935년　　　　　② 1945년
③ 1955년　　　　　④ 1965년

문제 160

난이도 ●●○

감촉이 더욱 좋고 골프볼의 탄도 역시 일관성이 좋으며 골프볼의 비거리도 더욱 좋아진 그래파이트 샤프트가 등장하게 된 후, 1980년대에 들어서서는 금속 샤프트 및 그래파이트 샤프트들이 표준 샤프트 3종류, 가벼운 샤프트 3종류, 매우 가벼운 샤프트 3종류 등으로 나누어져 개발됐다. 그 결과 오늘날 여러 등급 내지 여러 종류의 다양한 샤프트들이 등장하게 되었다. 그래파이트 샤프트가 등장한 연도는?

① 1950년대　　　　② 1960년대
③ 1970년대　　　　④ 1980년대

문제 161

난이도 ●●●

아래 그림은 클럽을 탑에서 다운스윙할 때 샤프트의 진동 모습을 약간 과장해서 그린 것이다. 아래 설명 중 잘못된 것은?

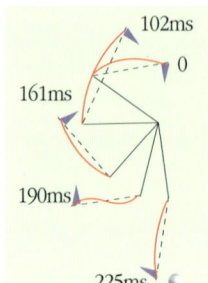

① 테니스라켓도 마찬가지로 진동한다.
② 샤프트가 앞으로 휘어지는 것이 정상이다.
③ 야구배트로 마찬가지로 진동한다.
④ 야구배트는 진동하지 않는다.

04. 골프클럽

문제 162 난이도 ●●●

다음은 다운스윙할 때 샤프트(shaft)가 진동하는 모습을 과장해서 그린 그림이다. ①과 ②중에서 이상적인 것은?

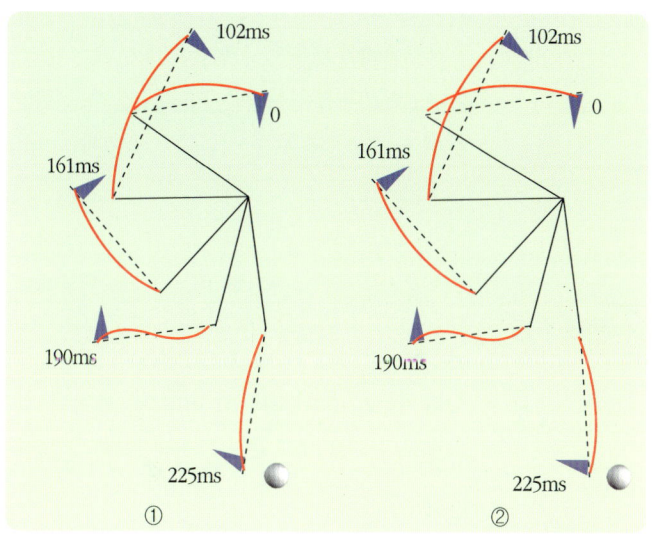

문제 163 난이도 ●●●

다운스윙 중에 볼 수 있는 샤프트(shaft)의 특성에 대하여 올바르게 설명한 것은?

① 샤프트는 다운스윙에서 회초리처럼 에너지를 축적해두었다가 골프볼을 타격할 때 발산한다.

② 샤프트는 다운스윙에서 회초리처럼 에너지를 축적해두었다가 골프볼을 타격할 때 발산하지는 않는다.

③ 샤프트는 다운스윙에서 회초리처럼 에너지를 축적해두었다가 골프볼을 타격할 때 약 2배로 에너지를 발산한다.

④ 샤프트는 다운스윙에서 회초리처럼 에너지를 축적해두었다가 골프볼을 타격할 때 약 3배로 에너지를 발산한다.

문제 164

난이도 🟡⚪⚪

다음의 샤프트(shaft)에 대한 설명 중 헤드속력에 따른 샤프트의 유연성(flexibility)에 대해 올바르게 설명한 것은?

① 헤드속력이 매우 큰 사람은 항상 X급 샤프트를 사용해야 한다.
② 헤드속력이 매우 큰 사람은 반드시 S급 샤프트를 사용해야 한다.
③ 헤드속력이 작은 사람은 반드시 L급 샤프트를 사용해야 한다.
④ 헤드속력이 매우 큰 사람도 스윙형태에 따라 R(M)급을 사용할 수 있다.

문제 165

난이도 🟡⚪⚪

샤프트(shaft)가 너무 부드러우면 후크성 볼이 되고 강하면 슬라이스성 볼이 된다고 하는데, 올바른 것은?

① 둘 다 사실과 다르다. 맞는 경우도 있고 틀린 경우도 있다.
② 맞는다.
③ 샤프트가 부드러울 때만 맞는다.
④ 샤프트가 강할 때만 맞는다.

문제 166

난이도 🟡⚪⚪

그래파이트(graphite)는 아이언 샤프트(shaft)보다 볼을 더 멀리 보낸다고 하는데, 다음 중 가장 적합한 것은?

① 비거리는 헤드체적에 주로 의존한다.
② 비거리는 헤드속력에 주로 의존한다.
③ 그래파이트가 볼을 항상 더 멀리 보낸다.
④ 아이언이 볼을 더 멀리 보낸다.

04. 골프클럽

문제 167

난이도 ●●●

샤프트(shaft)의 진동수(frequency)에 관한 다음 설명 중 올바른 것은?

① 진동수는 샤프트의 굵기에 반비례한다.
② 일반적으로 진동수의 차이는 별로 없다.
③ 일반적으로 아이언 샤프트의 진동수가 많다.
④ 일반적으로 그래파이트 샤프트의 진동수가 많다.

문제 168

난이도 ●●●

샤프트(shaft)의 진동수 (frequency)에 관한 다음 설명 중 올바른 것은?

① 같은 재질의 샤프트라면 클럽번호가 클수록 진동수는 가변이다.
② 같은 재질의 샤프트라면 클럽번호가 클수록 진동수는 불변이다.
③ 같은 재질의 샤프트라면 클럽번호가 클수록 진동수는 적다.
④ 같은 재질의 샤프트라면 클럽번호가 클수록 진동수는 많다.

04-3. 로프트각과 런치각: 10문항(2.0%)

문제 169

난이도 ●●●

골프클럽의 번호가 커질수록 로프트각(loft angle)은 증가한다. 로프트각의 역할 중 가장 중요한 한 가지만을 고른다면?

① 볼속력의 변화   ② 백스핀의 변화
③ 런치각의 변화   ④ 페이스각의 변화

문제 170

난이도 ●●○

골프클럽의 번호가 커질수록 로프트각(loft angle)은 증가한다. 로프트각이 증가함으로써 생기는 중요한 3가지를 고른다면?

① 볼속력의 감소–백스핀의 증가–런치각의 감소
② 볼속력의 감소–백스핀의 증가–런치각의 증가
③ 볼속력의 감소–백스핀의 감소–런치각의 증가
④ 볼속력의 증가–백스핀의 증가–런치각의 증가

문제 171

난이도 ●●○

골프클럽은 번호가 커질수록 로프트각(loft angle)이 증가하여 볼속력은 감소하고, 백스핀은 증가하고, 런치각(launch angle)도 증가한다. 그밖에 달라지는 중요한 것은 무엇인가?

① 볼의 백스핀과 높이
② 볼의 높이와 사이드스핀
③ 볼의 궤도와 볼의 높이
④ 볼의 궤도와 백스핀 감소

문제 172

난이도 ●●●

골프클럽의 번호가 커질수록 로프트각(loft angle)은 증가한다. 로프트각과 런치각(launch angle)은 어떤 관계인가?

① 로프트각과 런치각은 같을 때도 있고 다를 때도 있다.
② 로프트각과 런치각은 항상 같다.
③ 런치각이 항상 크다.
④ 로프트각이 항상 크다.

04. 골프클럽

문제 173

골프클럽의 런치각(launch angle)은 항상 로프트각(loft angle)보다 작다. 그 이유 중 적합하지 않은 것은?

① 비탄성충돌(inelastic collision)로 에너지가 소모되기 때문이다.
② 골프볼의 반발계수가 '0.83'이 아니기 때문이다.
③ 헤드와 볼과의 반발계수가 100%, 즉 '1'이 아니기 때문이다.
④ 볼이 헤드와 충돌하면서 찌그러지고 미끄러지면서 에너지를 많이 잃기 때문이다.

문제 174

다음의 로프트각(loft angle)과 런치각(launch angle)에 대한 설명 중 잘못된 것은?

① 로프트각이 같으면 런치각은 항상 같다.
② 로프트각이 같더라도 타격하는 조건에 따라 런치각은 달라진다.
③ 골프볼이 놓인 상태에 따라 런치각은 달라진다.
④ 골프볼이 헤드와 충돌하는 위치에 따라 런치각은 달라진다.

문제 175

골프볼이 놓인 상태가 같고 어택각(attack angle, 공격각)이 같은 경우 헤드속력이 증가하면 런치각(launch angle)은 어떻게 되나?

① 헤드속력이 100mph 이상은 증가하고 100mph 이하는 감소한다.
② 런치각은 감소한다.
③ 런치각은 증가한다.
④ 런치각은 항상 같다.

문제 176

난이도

드라이버헤드의 로프트각(loft angle)이 10도라면 다음 중 틀린 것은?

① 헤드면의 중앙(sweet spot)에서 측정했을 때 10도이다.
② 헤드면의 모든 부분에서 10도이다.
③ 헤드면의 중앙 윗부분에서 측정하면 10도보다 크다.
④ 헤드면의 중앙 아랫부분에서 측정하면 10도보다 작다.

문제 177

난이도

헤드의 로프트각(loft angle)이 10도인 클럽의 골프볼 런치각(launch angle)이 8.9도라면 다음 중 틀린 것은?

① 골프볼이 헤드면의 어느 부분에 충돌해도 런치각은 8.9도이다.
② 골프볼이 헤드면의 중앙에 충돌했을 때 런치각은 8.9도이다.
③ 골프볼이 헤드면의 윗부분에 충돌하면 런치각은 8.9도보다 크다.
④ 골프볼이 헤드면의 아랫부분에 충돌하면 런치각은 8.9도보다 작다.

문제 178

난이도

헤드의 로프트각(loft angle)이 10도인 클럽으로 똑바로 최대비거리를 내려면 어떻게 해야 하나?

① 골프볼을 헤드면의 중앙(sweet spot)에 충돌하도록 해야 한다.
② 골프볼을 헤드면의 중앙 위에 충돌하도록 해야 한다.
③ 골프볼을 헤드면의 중앙 아래에 충돌하도록 해야 한다.
④ 골프볼을 헤드면의 토우(toe) 쪽에 충돌하도록 해야 한다.

04-4. 어택각: 11문항(2.2%)

문제 179

난이도 ●○○

아래 그림은 드라이버의 어택각(attack angle, 공격각)을 설명하는 것이다. 왼쪽부터 순서대로 가장 올바르게 표현한 것은?

ⓐ　　　　　　　ⓑ

ⓒ

① ⓐ 오르막 어택각(+) – ⓑ 평행 어택각(0) – ⓒ 내리막 어택각(–)
② ⓐ 내리막 어택각(–) – ⓑ 오르막 어택각(+) – ⓒ 평행 어택각(0)
③ ⓐ 평행 어택각(0) – ⓑ 내리막 어택각(–) – ⓒ 오르막 어택각(+)
④ ⓐ 평행 어택각(0) – ⓑ 쓸어치기 어택각(–) – ⓒ 올려치기 어택각(+)

문제 180

아래 그림은 아이언의 어택각(attack angle, 공격각)을 설명하는 것이다. 왼쪽부터 설명 및 표현이 가장 올바른 것은?

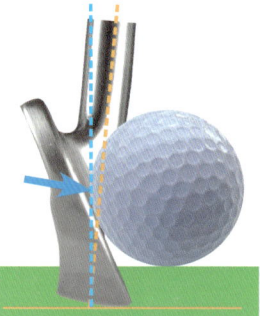
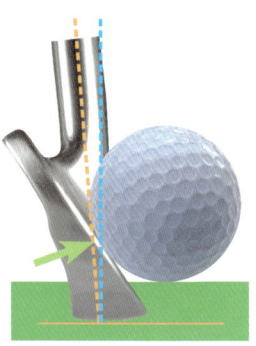

① 평행 어택각–내리막 어택각(–)–오르막 어택각(+)
② 내리막 어택각(–)–오르막 어택각(+)–평행 어택각
③ 오르막 어택각(+)–평행 어택각–내리막 어택각(–)
④ 평행 어택각(0)–쓸어치기 어택각(–)–올려치기 어택각(+)

문제 181

아래 그림은 드라이버의 어택각(attack angle, 공격각)을 설명하는 것이다. 설명이 가장 올바른 것은?

어택각 – 0.7°

① 평행 어택각
② 내리막 어택각
③ 오르막 어택각
④ 내리막 런치각

04. 골프클럽

문제 182

난이도 ●●●

아래 그림에서 로프트각이 10도인 드라이버가 어택각 0도(수평 어택각)로 골프볼을 타격한 경우이다. 어택각(attack angle, 공격각)이 각각 +5도, -5도인 경우 a 및 b의 런치각(launch angle)으로 올바르게 짝이 지어진 것은?

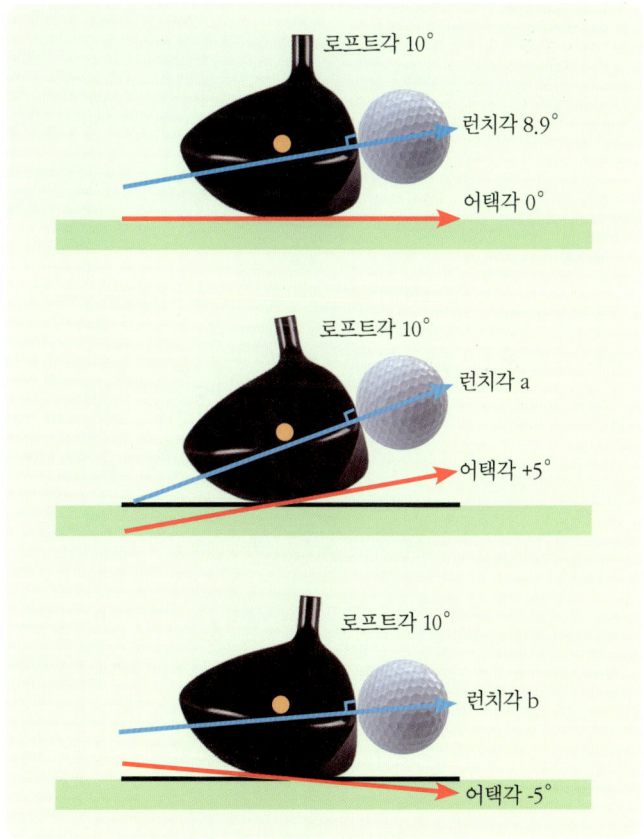

① a=10 및 b=8.9도　② a=8.9 및 b=13.9도
③ a=3.9 및 b=13.9도　④ a=13.9 및 b=3.9도

문제 183

난이도

어택각(attack angle, 공격각)이 0도인 경우를 전제로 할 때 헤드의 로프트각이 결정되면 런치각(launch angle)은 일반적으로 결정되지만 0도가 아닌 어택각에 따라 이 런치각은 다시 달라진다. 그렇다면 어택각이 0도인 경우를 기준으로 어택각이 +a 및 -a도로 달라지면 최종 런치각은 어떻게 되나?

① 어택각이 0도인 경우 런치각±1a= 최종 런치각
② 어택각이 0도인 경우 런치각±2a= 최종 런치각
③ 어택각이 0도인 경우 런치각±3a= 최종 런치각
④ 어택각이 0도인 경우 런치각±4a= 최종 런치각

문제 184

난이도

드라이버헤드로 골프볼을 타격할 때 어택각(attack angle, 공격각)과 런치각(launch angle)은 어떤 관계에 있나?

① 일차적인 관계가 있다. 즉 어택각의 증가는 런치각의 증가를 의미한다.
② 어택각의 증가는 런치각의 증가를 의미하지는 않는다.
③ 어택각의 감소는 런치각의 증가를 가져온다.
④ 어택각과 런치각은 거의 관계가 없다.

문제 185

난이도

골프볼을 타격하는 우드의 어택각(attack angle, 공격각) 0도를 기준으로 해서 어택각이 변화면 골프볼의 백스핀이 어떻게 되나?

① 백스핀은 +어택각은 증가한다.
② 백스핀은 -어택각은 감소한다.
③ 백스핀은 어느 경우나 약 10% 증가한다.
④ 백스핀은 거의 변하지 않는다.

04. 골프클럽

문제 186

난이도 ◉ ◉ ◉

일반적으로 드라이버로 골프볼을 타격할 때 어택각(attack angle, 공격각)이 약 ±5도인 범위에서 골프볼의 비거리는 어택각과 어떤 관계가 있나?

① 어택각이 증가하면 비거리는 감소한다.
② 어택각의 증가 및 감소에 따라 비거리는 증가 및 감소한다.
③ 어택각이 감소하면 비거리는 증가한다.
④ 어택각과 비거리는 관계가 없다.

문제 187

난이도

헤드속력이 100mph인 골퍼의 골프볼 어택각(attack angle, 공격각)은 -2도이다. 비거리를 증가시키려면 어택각을 어떻게 변화시켜야 하나?

① 어택각을 약 +4~ +5도로 증가시켜야 한다.
② 어택각을 약 -4~ -5도로 감소시켜야 한다.
③ 어택각을 0도로 해야 한다.
④ 어택각이 변화해도 비거리는 증가하지 않는다.

문제 188

난이도 ◉ ◉ ◉

일반적으로 아이언의 비거리를 늘리려면 어택각(attack angle, 공격각)을 어떻게 해야 하나?

① 어택각을 0도로 해야 한다.
② 어택각은 관계가 없다.
③ +(positive) 어택각으로 골프볼을 타격해야 한다.
④ -(negative) 어택각으로 골프볼을 타격해야 한다.

문제 189

난이도 ●●●

아래 그림은 드라이버의 라이각(lie angle)이 작은 경우와 큰 경우를 보여주고 있다. 라이각이 너무 작거나(가) 크면(나) 골프볼이 똑바로 날아가지 않고 그림과 같이 왼쪽과 오른쪽으로 날아간다. 이때 골프볼의 회전을 아래의 a 와 b, (가)와 (나) 중에 가장 잘 설명할 수 있는 것은?

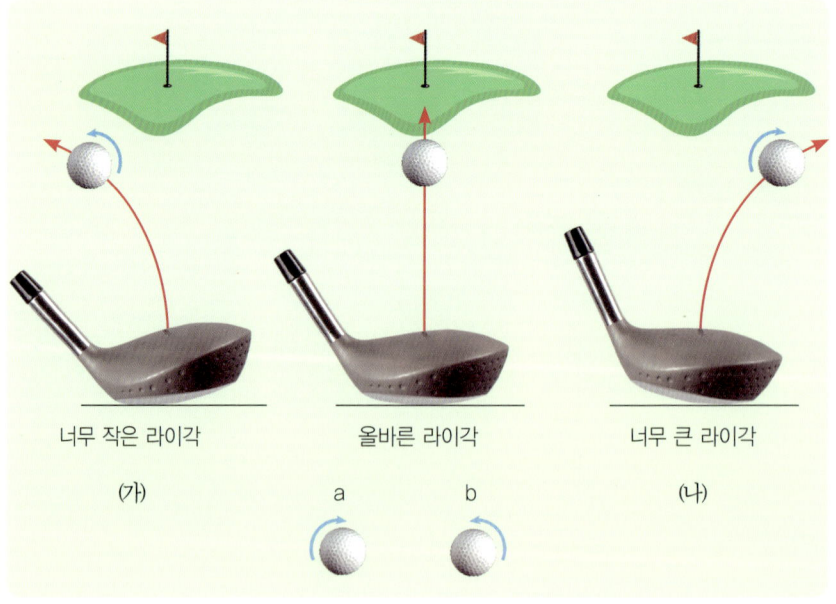

① (가)=b, (나)=a   ② (가)=a, (나)=b
③ (가)=a, (나)=a   ④ (가)=b, (나)=b

기술과 스코어 : 연습장은 기술을 닦는 곳, 코스는 스코어를 내는 방법을 배우는 곳이다. (진 리틀러, 프로골퍼)

04-5. 스핀: 18문항(3.6%)

문제 190

난이도 ●○○

골프볼의 백스핀(back spin)을 결정짓는 요소가 아닌 것은?

① 헤드속력 및 로프트각
② 헤드표면의 경도(딱딱한 정도)
③ 골프볼의 지름
④ 골프볼의 무게(=질량)

문제 191

난이도 ●○○

골프볼의 백스핀(back spin)을 결정짓는 중요한 요소가 아닌 것은?

① 로프트각
② 런치각
③ 헤드속력
④ 골프볼의 지름

문제 192

난이도 ●○○

일반적으로 아이언에 의한 골프볼의 백스핀(back spin)을 결정짓는 것으로 헤드속력과 로프트각 이외의 중요한 요소에 대한 설명이다. 다음 중 맞는 것은?

① 헤드의 어택각이 클수록 백스핀의 값은 작아진다.
② 골프볼 표면의 경도(딱딱하기)가 클수록 백스핀의 값은 작아진다.
③ 헤드의 무게가 증가할수록 백스핀의 값은 커진다.
④ 헤드의 표면이 두꺼울수록 백스핀의 값은 커진다.

문제 193

난이도 ●○○

골프클럽의 번호가 커질수록 골프볼의 백스핀(back spin)은 증가한다. 다음 중 백스핀을 증가시키는 가장 중요한 요소는 무엇인가?

① 로프트각
② 헤드속력
③ 골프볼의 지름
④ 골프볼의 무게(질량)

문제 194

난이도 ●●●

골프볼의 스핀 관성모멘트가 클수록 드라이버헤드와 충돌한 후 날아가면서 볼의 백스핀(back spin)은 어떻게 되는가?

① 스핀의 감소율이 작다.   ② 스핀은 증가한다.
③ 스핀은 불변이다.   ④ 스핀과는 관계가 전혀 없다.

문제 195

난이도 ●●●

다음 중 백스핀(back spin)을 감소시키는 요소는 무엇인가?

① 헤드속력의 증가   ② 골프볼 지름 증가
③ 로프트각의 증가   ④ 런치각의 증가

문제 196

난이도 ●●●

골프볼의 백스핀(back spin) 양의 크기에 대한 설명 중 올바른 것은?

① 헤드속력과 런치각에 비례하고 골프볼지름에 반비례한다.
② 헤드속력과 런치각에 반비례하고 골프볼지름에 비례한다.
③ 헤드속력과 로프트각에 비례하고 골프볼지름에 반비례한다.
④ 헤드속력과 로프트각에 반비례하고 골프볼지름에 비례한다.

문제 197

난이도 ●●●

골프볼의 백스핀(back spin)에 대한 설명 중 올바른 것은?

① 백스핀은 비거리에 매우 큰 영향을 준다.
② 백스핀은 비거리에 매우 큰 영향이 없다.
③ 백스핀은 비거리보다 방향에 영향을 준다.
④ 사이드스핀은 비거리 증가에 매우 큰 영향을 준다.

04. 골프클럽

문제 198

난이도 ● ● ●

골프볼의 사이드스핀(side spin)에 대한 설명 중 올바른 것은?

① 사이드스핀은 거리에 영향을 많이 준다.
② 사이드스핀은 방향에 영향을 많이 준다.
③ 사이드스핀은 골프볼이 지면에서 구르는데 영향을 많이 준다.
④ 골프볼이 헤드의 중앙에 직각으로 충돌해도 사이드스핀은 발생한다.

문제 199

난이도 ● ● ●

골프볼은 일반적으로 백스핀(back spin)이 주로 이루어지지만, 탑스핀이 꼭 필요할 수가 있다. 어느 경우인가?

① 드라이버로 골프볼을 낮게 타격할 경우
② 벙커에서
③ 어프로치인 경우
④ 퍼트를 하는 경우

문제 200

난이도 ● ● ●

아래 그림의 a, b 및 c 중에서 골프볼의 사이드스핀(side spin)을 큰 순서대로 나열한 것은? 방향은 고려하지 않는다.

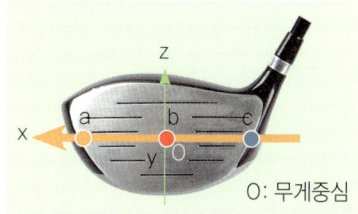

O: 무게중심

① a, b, c
② b, c, a
③ c, a, b
④ b, a=c

문제 201

난이도 ● ● ○

아래 그림에서 a 및 c는 골프볼의 사이드스핀(side spin)을 보여주는데, a 및 c 중에서 어느 하나는 후크 방향의 스핀으로, 다른 하나는 슬라이스 방향의 기어 효과인 경우로 스핀방향이 각각 다르다. 올바른 것은?

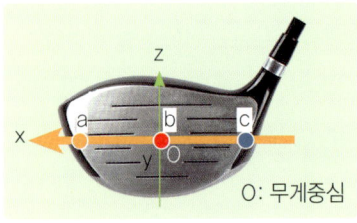

① a=후크 방향, c=슬라이스 방향
② a=슬라이스 방향, c=후크 방향
③ a 및 c=슬라이스 방향, b=후크 방향
④ a, b 및 c=슬라이스 방향

문제 202

난이도 ● ● ○

아래의 a, b 및 c에서 골프볼의 백스핀(back spin)이 큰 순서로 나열된 것은? (기어효과인 경우이다)

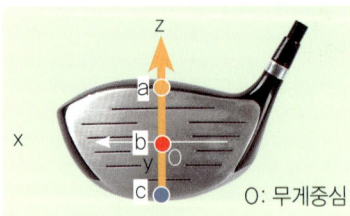

① b, a=c
② a, b, c
③ b, c, a
④ c, b, a

문제 203

난이도 ● ● ●

골프볼의 백스핀(back spin)이 최적의 값보다 증가하면 아이언의 비거리는 일반적으로 어떻게 되는가?

① 증가한다.
② 감소한다.
③ 6,000rpm까지는 증가하고 그 이상 스핀에서는 감소한다.
④ 변화가 없다.

04. 골프클럽

문제 204 난이도 ●●●

골프볼의 스핀(spin)에 관한 설명 중 가장 올바른 것은?

① 골프볼은 일반적으로 탑스핀을 하면서 날아간다.
② 골프볼은 전혀 스핀이 없이 날아간다.
③ 골프볼은 사이드스핀만으로 날아간다.
④ 골프볼은 백스핀과 사이드스핀의 합성으로 날아간다.

문제 205 난이도 ●○○

아래 그림은 스핀(spin)이 없을 때 골프볼의 방향이 a였다가 어떤 종류의 스핀에 의해 골프볼의 방향은 b가 되어 골프볼을 위로 뜨게 되는 힘이 작용한다. 어떤 스핀인가?

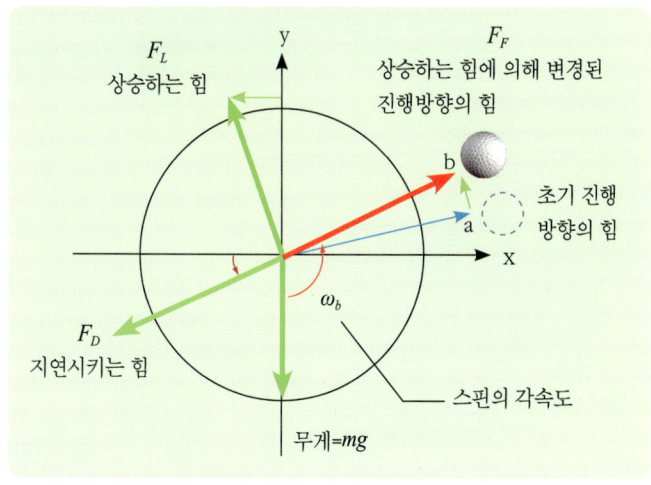

① 백스핀   ② 탑스핀
③ 사이드스핀   ④ 스핀이 없음

89

문제 206

난이도 ●●●

아래 그림은 스핀(spin)이 없을 때는 골프볼의 방향이 a였다가 어떤 종류 스핀에 의해 골프볼의 방향은 b가 되어 골프볼을 아래로 내리누르는 힘이 작용한다. 어떤 스핀인가? 사실 이 경우는 매우 드물다.

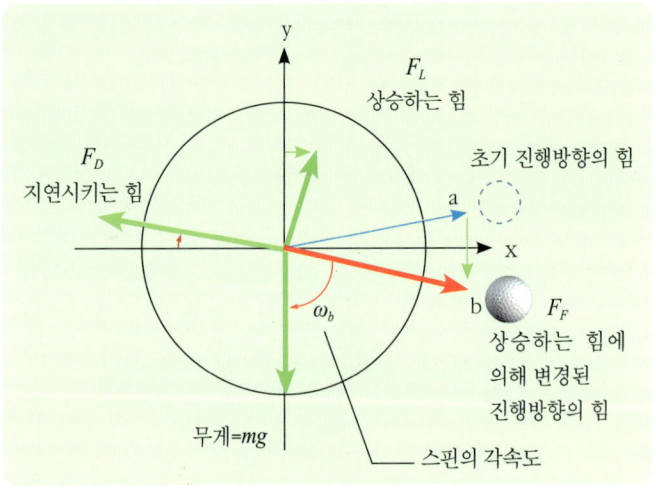

① 백스핀　　　　　② 탑스핀
③ 사이드스핀　　　④ 스핀이 없음

기초를 튼튼히 : 바닥부터 제대로 배우고 익혀야 할 텐데 다들 너무 급해요. 하루아침에 이루려 하고, 번쩍하면 스타가 되는 것으로 착각해요. 그 계산서는 나중에 다 온다는 걸 모르고 말이에요. (송해, 국민 MC)

나쁜 샷을 적게 : 골프에서 승리는 제일 멀리 친 사람이나, 가장 멋진 샷을 친 사람이 아니라, 나쁜 샷을 가장 적게 친 사람이 차지한다.

04. 골프클럽

문제 207

난이도 ●●○

아래 그림에서 a, b 및 c는 각각 백스핀(back spin)의 양을 나타내고 있다. 각각은 스핀 중에 부족한 백스핀, 적당한 백스핀 및 과잉의 백스핀을 보여주고 있다. 올바르게 표현된 것은?

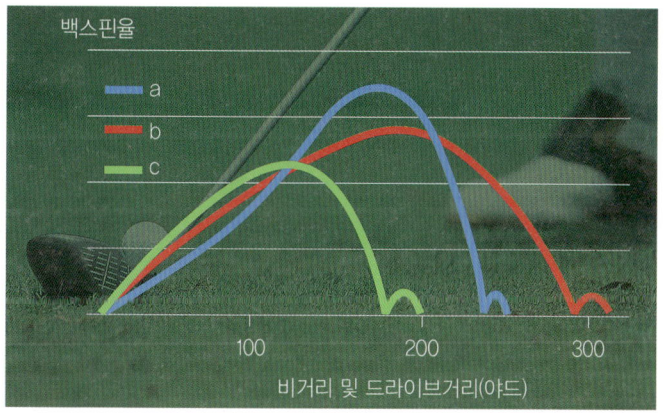

① a=적당한 백스핀, b=과잉의 백스핀, c=부족한 백스핀
② a=부족한 백스핀, b=적당한 백스핀, c=과잉의 백스핀
③ a=과잉의 백스핀, b=적당한 백스핀, c=부족한 백스핀
④ a=적당한 백스핀, b=과잉의 백스핀, c=부족한 백스핀

나이 : 골퍼가 나이 드는 것을 서러워해서는 안 된다. 나이 들고 싶어도 더 살지 못하는 사람들도 많으니까. (필 해리스, 프로골퍼)

나이가 들수록 : 골프는 승용차 운전과 같아서 나이 들수록 보다 신중해진다. (샘 스니드, 프로골퍼)

 **남을 즐겁게 하는 비결** : 골프에서의 즐거움은 노력을 안 할수록 크다. 남을 더욱 즐겁게 해준다. (보브 아렌, 프로골퍼)

 **내 탓** : 나의 기술을 의심한 때는 있어도 나의 클럽을 의심할 때는 없다. (잭 니클로스, 미국의 명 프로골퍼).

 **노력** : 사람에게 이기려면 게임으로 이기려 해서는 안 된다. 연습과 노력으로 이겨야 한다. (벤 호건, 미국의 명 프로골퍼)

 **노력** : 골프는 바로 나 자신이다. 골프가 오늘날의 나를 만들었다. 하지만, 엄밀하게 말하면 수많은 노력이 바로 골프에서의 나를 만들었다. (타이거 우즈, 미국의 명 프로골퍼)

05 스 윙

20문항(4.0%)

난이도 예
쉬움 ●○○
보통 ●●○
어려움 ●●●

문제 208

난이도 ●○○

다음에서 물체의 관성(inertia)에 대한 설명 중 잘못된 것은? 참고로 관성과 관성모멘트는 다르다.

① 본래의 상태를 유지하려는 성질
② 무게가 큰 것은 관성이 크다.
③ 관성이 크면 운동에서 출발이 어렵고 한 번 움직이면 멈추기가 어렵다.
④ 관성은 움직이는 것에만 적용된다.

문제 209

난이도 ●●○

다음은 관성모멘트(inertia moment) I에 대한 그림이다. 다음 설명 중 잘못된 표현은? 관성(inertia)과 관성모멘트는 엄연히 다르다.

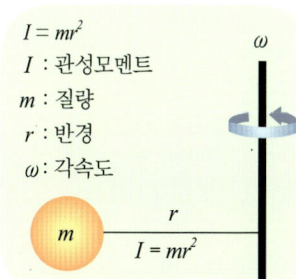

$I = mr^2$
I : 관성모멘트
m : 질량
r : 반경
ω : 각속도

① 관성모멘트는 물체가 회전할 때만 생긴다.
② 관성모멘트가 크다는 것은 처음 회전시키기가 어렵고 일단 회전 중에는 멈추기가 어렵다는 뜻이다.
③ 질량이 같더라도 회전반경이 크면 관성모멘트는 크다.
④ 관성모멘트는 속력에 관계한다.

93

문제 210

난이도 ● ● ○

다음은 관성모멘트(inertia moment) I 에 대한 그림이다. 다음 설명 중 잘못된 표현은? 관성(inertia)과 관성모멘트는 엄연히 다르다.

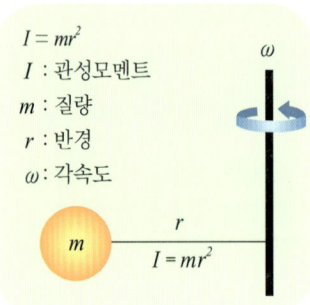

① 질량이 같더라도 회전반경이 크면 관성모멘트는 크다.
② 관성모멘트가 크면 처음에 회전시키기가 쉽다.
③ 회전반경이 같으면 질량이 큰 쪽이 관성모멘트가 크다.
④ 관성모멘트는 물체가 회전할 때만 생긴다.

문제 211

난이도 ● ● ○

어느 골퍼의 클럽 회전 에너지(energy, E)는 아래의 식과 같다. 여기서 I_{sw} 는 골퍼가 클럽을 회전시킬 때 스윙 관성모멘트(I_{sw}, swing inertia moment)이고, ω 는 클럽헤드의 각속도(angular velocity)이다.

$$E = \frac{1}{2} I_{sw} \cdot \omega^2$$

다음 중 잘못된 표현은?

① 스윙 관성모멘트와 각속도는 서로 비례한다.
② 골퍼의 에너지는 일정하므로 스윙 관성모멘트를 작게 하면 헤드 각속도는 증가한다.
③ 헤드속력을 크게 하려면 스윙 관성모멘트를 작게 하면 된다.
④ 스윙 관성모멘트와 각속도는 서로 반비례한다.

05. 스 윙

문제 212

난이도 ●●●

어느 골퍼의 클럽 회전에너지(E)는 아래의 식과 같다. 여기서 I_{sw}는 골퍼가 클럽을 회전시킬 때의 스윙 관성모멘트(I_{sw}, swing inertia moment)이고, ω는 클럽헤드의 각속도(angular velocity)이다. 그리고 m은 헤드의 질량이고 r은 어깨 회전축으로부터 드라이버헤드까지의 직선거리이다.

$$E = \frac{1}{2}I_{sw} \cdot \omega^2, \leftarrow I_{sw} = mr^2$$

다음 중 잘못된 표현은?

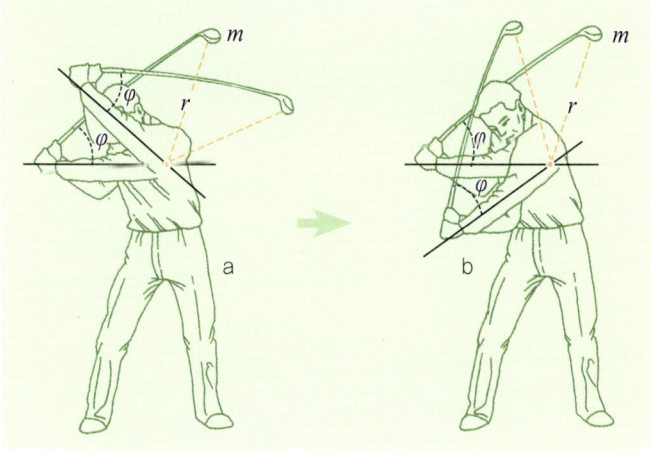

① 골퍼는 헤드속력을 최대로 하기 위해 a에서 b로 갈 때 손목 코킹(cocking)을 풀지 않고 있다(반경 r은 변하지 않고 있다).
② 헤드속력을 크게 하기 위하여 스윙 관성모멘트 I_{sw}을 작게 하고 있다.
③ 스윙 관성모멘트와 각속도는 서로 비례한다.
④ 골퍼의 에너지는 일정하므로 스윙 관성모멘트 I_{sw}을 작게 하여 헤드 각속도 ω을 증가시켜 헤드속력을 크게 한다 (코킹을 늦게 푸는 이유).

문제 213

난이도

아래 그림은 어느 골퍼가 다운스윙하는 것을 나타낸 것이다. 이 골퍼는 클럽헤드속력을 높이고자 약간의 머리이동(a→b)과 손목코킹(cocking)을 적절한 시간에 풀고 있다. 이 그림에서 손목코킹을 풀기 시작하는 시점으로 적절한 위치는?

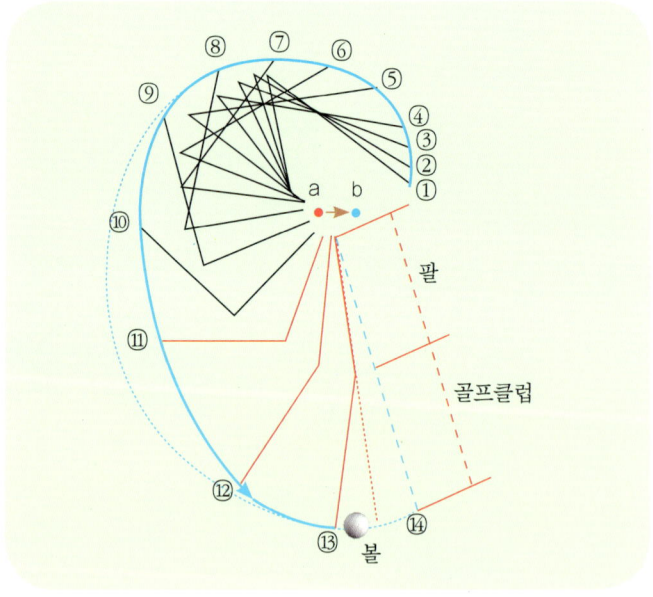

① 9번   ② 10번
③ 11번   ④ 12번

 **누구나 실패** : 위대한 플레이 일지라도 여러 차례 패하는 것이 골프이다. (게리 플레이어, 프로골퍼)

05. 스 윙

문제 214

난이도

아래 그림은 어느 골퍼가 백스윙과 다운스윙하는 것을 나타낸 것이다. 이 골퍼는 머리와 척주를 잇는 경사선을 회전축으로 회전하고 있다. 이 경우의 장점은 다음 중 무엇인가?

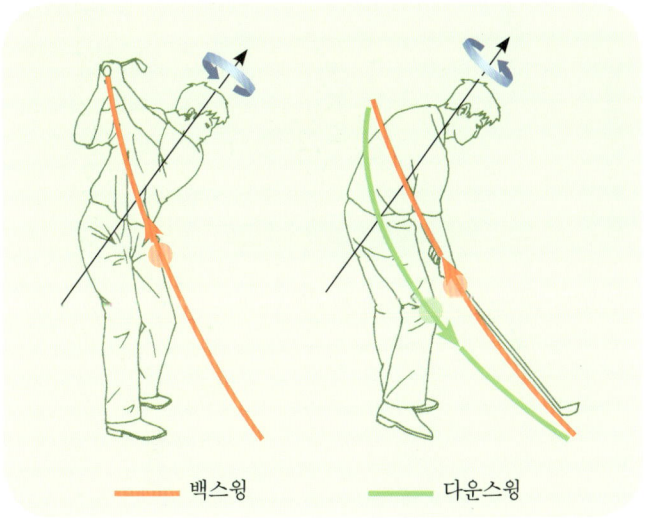

① 어드레스 때의 볼을 정확한 방향으로 타격하기가 쉽다.
② 볼을 멀리 보낼 수 있다.
③ 몸에 무리가 가지 않는다.
④ 어느 경우의 골프볼도 타격하기가 쉽다.

느린 스윙 : 골프에 너무 느린 스윙이란 없다. (보비 존스, 프로골퍼)

난이도 ●●●

문제 215

아래 그림은 어느 골퍼가 다운스윙(down swing)하는 것을 나타낸 것이다. 이 경우 골퍼는 허리, 팔 및 클럽헤드를 적절한 순서로 회전하여야 하는데, 다음 중 적절한 것은? 단. 각운동량(angular momentum)은 헤드의 운동량(mv)과 헤드와 회전축 사이의 거리(r)를 곱한 값이다.

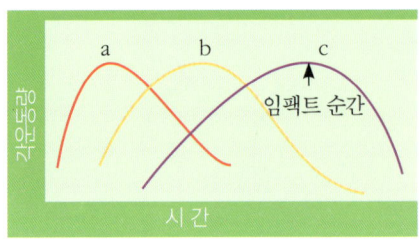

① a=클럽헤드, b=팔 및 c =클럽헤드
② a=허리, b=팔, c =클럽헤드
③ a=팔, b=허리, c =클럽헤드
④ a=팔, b=클럽헤드, c =클럽헤드

난이도 ●●●

문제 216

아래 그림은 아마추어와 프로골퍼의 다운스윙(down swing)하는 과정에 볼을 임팩트(타격) 순간을 나타낸 것이다. 다음에서 아마추어와 프로골퍼는 a 및 b 중 어느 것인가?
a=(   ), b=(   )

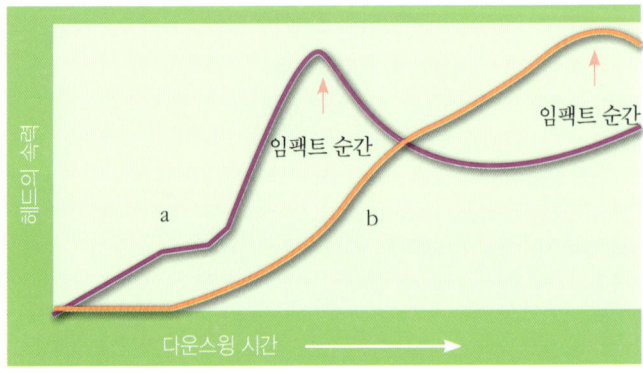

05. 스 윙

문제 217

난이도 ●●●

골프클럽을 회전시킬 때의 관성모멘트(inertia moment)에는 팔(arm) 자체에 대한 팔의 관성모멘트 I_a, 샤프트의 관성모멘트 I_s 및 스윙 관성모멘트 I_{sw}가 있다. 아래 그림에서 이 3가지 관성모멘트 중 다운스윙에 가장 영향이 큰 것은 어느 것인가?

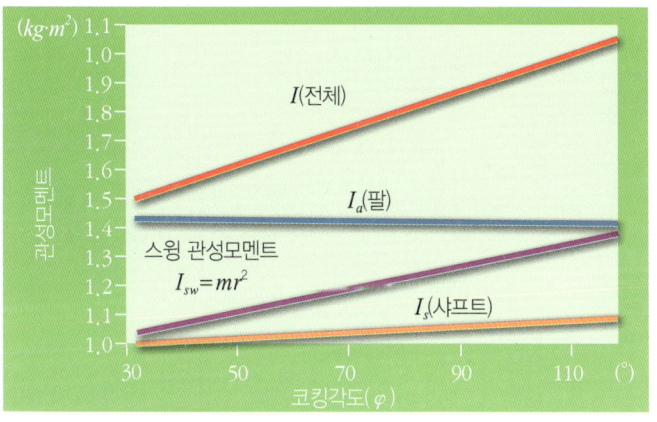

① 팔(arm) 자체에 대한 관성모멘트 I_a
② 샤프트의 관성모멘트 I_s
③ 스윙의 관성모멘트 I_{sw}
④ 헤드의 관성모멘트

문제 218

난이도 ○○●

클럽을 다운스윙해서 골프볼을 타격하는 경우 타격된 골프볼 속력과 헤드 속력의 비를 일반적으로 스매시계수(smash coefficient), 스매시팩터(smash factor) 혹은 에너지의 비(ratio of energy)라고 한다. 다음 중 스매시계수가 가장 큰 클럽은?

① 드라이버　　　　② 3번 우드
③ 7번 아이언　　　④ 샌드웨지

문제 219

난이도 ●●●

클럽을 다운스윙해서 골프볼을 타격하는 경우 타격된 골프볼 속력과 헤드 속력의 비를 일반적으로 스매시 계수 (smash coefficient), 스매시 팩터(smash factor) 혹은 에너지의 비(ratio of energy)라고 한다. 다음 중 스매시 계수가 가장 작은 클럽은?

① 드라이버　　　② 3번 우드
③ 7번 아이언　　④ 샌드웨지

문제 220

난이도 ●●●

클럽을 다운스윙해서 골프볼을 타격하는 경우 타격된 골프볼 속력과 헤드 속력의 비를 일반적으로 스매시 계수 (smash coefficient), 스매시 팩터(smash factor) 혹은 에너지의 비(ratio of energy)라고 한다. 아래 그림으로부터 알 수 있는 것은?

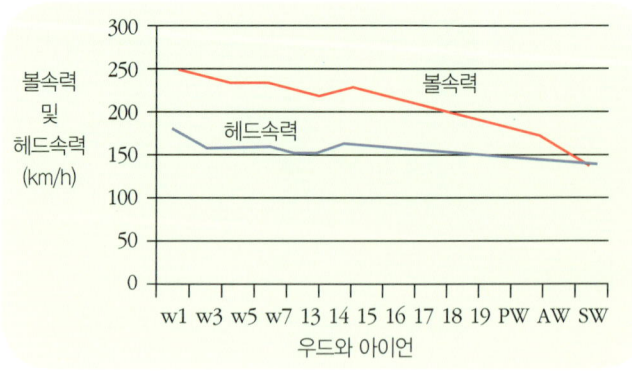

① 클럽번호가 커짐에 따라 볼속력은 헤드속력보다 더 빨리 감소한다.
② 클럽번호가 커짐에 따라 볼속력은 헤드속력보다 천천히 감소한다.
③ 클럽번호가 커짐에 따라 볼속력과 헤드속력은 무관하다.
④ 클럽번호가 커짐에 따라 헤드속력이 볼속력보다 더 커지는 일도 있다.

05. 스 윙

문제 221

난이도

클럽을 다운스윙해서 골프볼을 타격하는 경우 타격된 골프볼 속력과 헤드 속력의 비를 일반적으로 스매시 계수(smash coefficient), 스매시 팩터(smash factor) 혹은 에너지의 비(ratio of energy)라고 한다. 아래 그림으로부터 알 수 있는 것은?

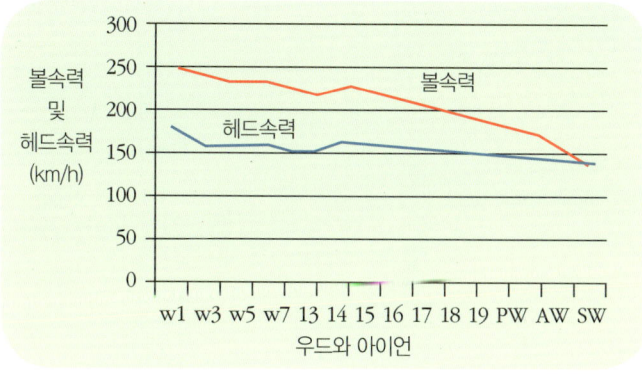

① 드라이버(w1)의 스매시 계수는 1.5, 샌드웨지의 스매시계수는 1.0 정도이다.
② 스매시 계수를 알 수 없다.
③ 스매시 계수가 1.0 이하는 없다.
④ 스매시 계수는 모든 골프클럽이 같은 값이다.

돌이켜보면 : 어떤 라운드에도 나중에 생각하면 최소 1타쯤 절약할 수 있었다고 생각되는 스트로크가 있게 마련이다. (보비 존스, 프로골퍼)

다운스윙 : 백스윙이 완전히 끝날 때까지는 다운스윙을 시작해서는 안 된다. (바이런 넬슨, 미국의 명 프로골퍼)

문제 222

난이도 ●●●

클럽을 다운스윙해서 골프볼을 타격할 때 타격된 골프볼 속력과 헤드 속력의 비를 일반적으로 스매시 계수(smash coefficient), 스매시 팩터(smash factor) 혹은 에너지의 비(ratio of energy)라고 한다. 이렇게 클럽번호가 커질수록 스매시 계수값이 감소하는 이유로 적합한 것은?

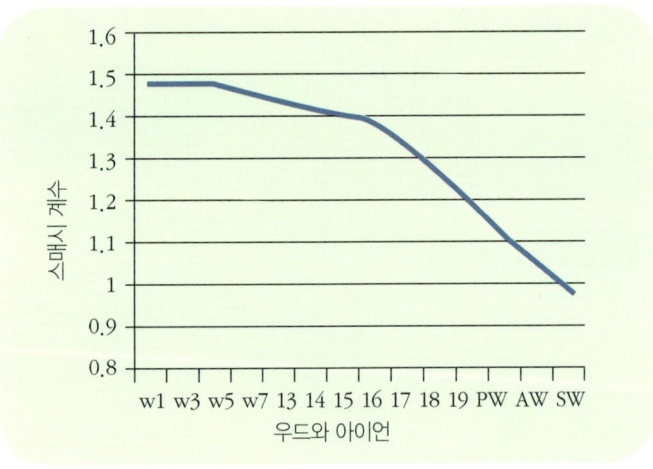

① 헤드의 무게가 증가하므로
② 런치각이 증가하므로
③ 로프트각이 클수록 미끄럼 및 백스핀에 의한 골프볼의 에너지 손실이 크기 때문
④ 로프트각이 클수록 미끄럼 및 백스핀에 의한 골프볼의 에너지 손실이 작기 때문

05. 스 윙

문제 223

난이도 ●●●

티칭프로가 골프 개인지도를 할 때 왼쪽에 벽이 있는 것처럼 골프볼을 타격하라고 한다(오른손잡이의 경우). 다음 중 그 이유가 잘못된 것은?

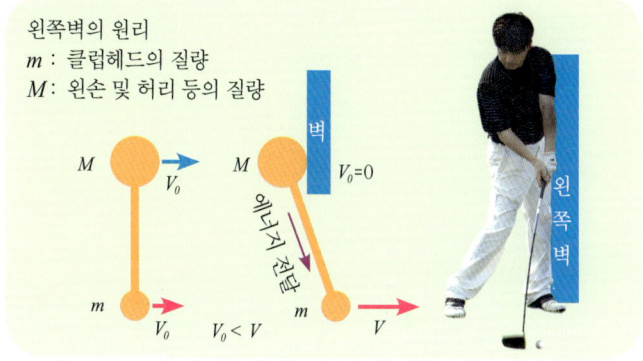

① M의 에너지를 m에 전달하기 위해
② V, 즉 헤드속력을 증가시키도록
③ 질량불변의 법칙에 의해 헤드속력은 증가한다.
④ 에너지보존법칙에 의해 V(헤드속력)는 증가한다.

문제 224

난이도 ●●●

드라이버의 골프볼 비거리를 최대로 하기 위해 볼을 놓는 위치에 대한 설명 중 잘못된 것은(오른손잡이 기준)?

① 항상 왼쪽 발꿈치 앞쪽 선상에 볼을 놓는다.
② 왼쪽 발꿈치 앞쪽 선상에 볼을 놓는 때도 있다.
③ 헤드속력과 다운스윙의 형태에 따라 왼쪽 발꿈치 앞쪽 선상에서 좌우로 조정한다.
④ 다운스윙의 형태에 따라 왼쪽 발꿈치 앞쪽 선상에서 좌우로 조정한다.

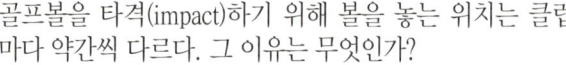

문제 225

난이도 ●●●

골프볼을 타격(impact)하기 위해 볼을 놓는 위치는 클럽마다 약간씩 다르다. 그 이유는 무엇인가?

① 멀리 보내려고
② 똑바로 보내려고
③ 편하게 타격하려고
④ 볼을 똑바로 멀리 보내려고

문제 226

난이도 ●●●

골프볼을 타격(impact)하기 위해 볼을 놓는 위치는 클럽마다 약간씩 다르다. 그 이유는 무엇인가

① 멀리 보내려고
② 똑바로 보내려고
③ 어택각(attack angle)을 다르게 하여 볼의 비거리를 크게 하려고
④ 편하게 타격하려고

문제 227

난이도 ●●●

볼을 놓는 위치에 따라 클럽으로 볼을 타격(impact)할 때 어택각(attack angle, 올려치기, 쓸어치기 및 찍어치기)이 다른데, 이 어택각이 다름으로써 가장 영향을 많이 받는 요소는 무엇인가?

① 거리   ② 방향
③ 백스핀   ④ 사이드스핀

06 골프볼 탄도

31문항(6.2%)

난이도 예
쉬움
보통
어려움

문제 228

난이도 🟠🟠🟠

아래 그림은 로프트각이 같은 드라이버헤드면(face)의 프로그레이션(progression)의 크기를 나타낸 것인데, 여기서 점선은 골프볼을 표시한 것이다. 다음에서 a, b 및 c를 골프볼 런치각(launch angle)의 크기 순서대로 나열한 것은?

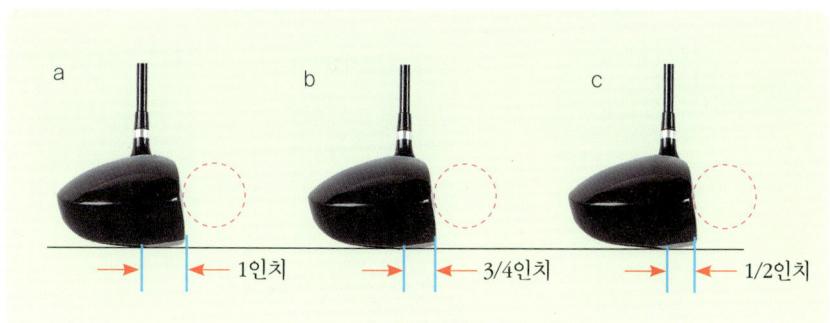

① a>b>c　　　　　　　② b>c>a
③ c>a>b　　　　　　　④ a=b>c

105

문제 229

난이도 ●●●

아래 그림은 아이언 페이스의 프로그레이션(progression)의 크기를 나타낸 것이고, 점선은 골프볼을 표시한 것이다. 다음에서 a, b 및 c를 골프볼 런치각(launch angle)의 크기(탄도 크기) 순서로 나열한 것은?

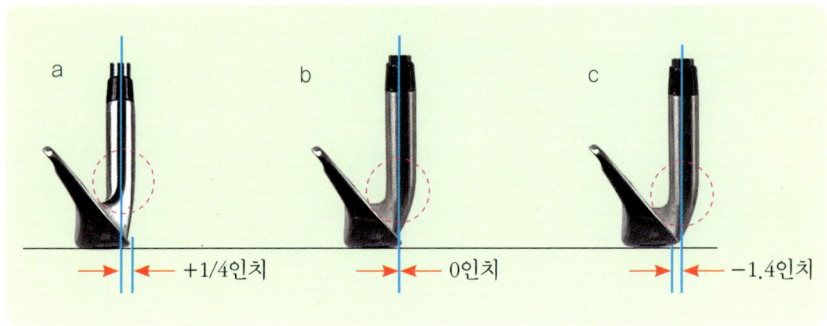

① a＞b＞c ② b＞c＞a
③ c＞a＞b ④ a=b＞c

문제 230

난이도 ●●●

아래 그림은 드라이버의 무게중심(center of gravity 혹은 center of mass)을 a, b 및 c로 나타낸 것이다. 다음에서 골프볼을 타격할 때 볼의 런치각(launch angle)의 크기(탄도의 크기) 순서로 나열한 것은?

① a＞b＞c
② b＞c＞a
③ c＞b＞a
④ a=b＞c

06. 골프볼 탄도

문제 231

난이도 ●●●

아래 그림은 드라이버의 무게중심(center of gravity 혹은 center of mass)을 a, b 및 c로 나타낸 것이다. 다음에서 골프볼을 타격할 때 볼의 런치각(launch angle)의 크기를 순서대로 나열한 것은?

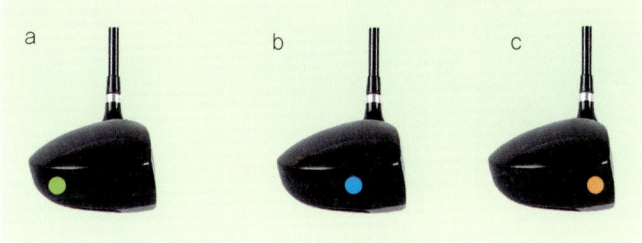

① a>b>c
② b>c>a
③ c>a>b
④ a=b>c

문제 232

난이도 ●●●

아래 그림은 드라이버의 무게중심(center of gravity 혹은 center of mass)을 a, b 및 c로 나타낸 것이다. 골프볼을 타격할 때 볼의 런치각(launch angle)의 크기는 a, b 및 c의 순서로 탄도가 높다. 그 이유를 설명하시오.
(   )

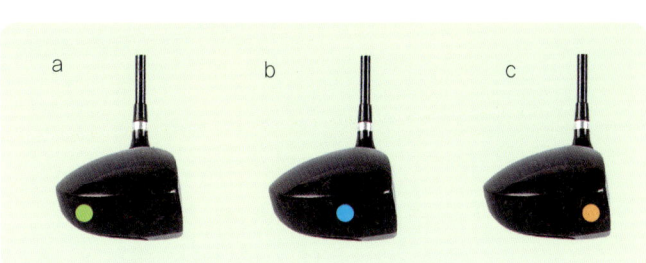

문제 233

난이도 ●●○

왼쪽 그림은 드라이버의 무게중심 혹은 질량중심(center of gravity 혹은 center of mass)을 a, b 및 c로 나타낸 것이다. 골프볼을 타격할 때 볼의 런치각(launch angle)의 크기는 c, b 및 a의 순서로 탄도가 높다. 그 이유를 설명하시오

(   )

● a
● b
● c
무게중심

문제 234

난이도 ○●●

일반적인 골프볼의 탄도(trajectory)는 아래 그림과 같다. 이 경우 헤드속력과 골프볼의 초기 런치각(launch angle)이 같다면 2, 5 및 8번에 떨어진 골프볼은 백스핀, 스핀이 없음 및 탑스핀 중 각각 어느 경우인가?

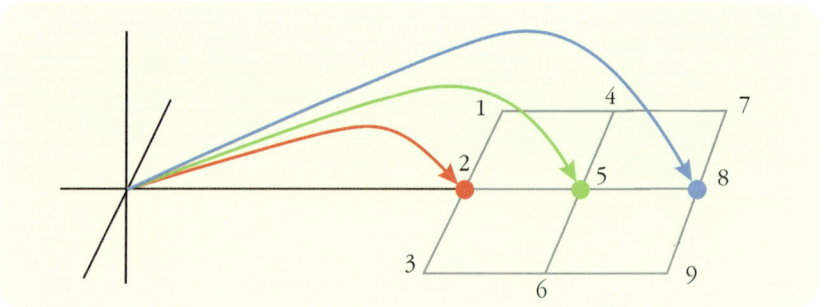

① 2: 탑스핀, 5: 스핀이 없음, 8: 백스핀
② 2: 스핀이 없음, 5: 탑스핀, 8: 백스핀
③ 2: 백스핀, 5: 탑스핀, 8: 스핀이 없음
④ 2: 스핀이 없음, 5: 스핀이 없음, 8: 백스핀

06. 골프볼 탄도

문제 235 난이도 ●●●

아래 그림에서 6번은 슬라이스(slice), 4번은 후크(hook), 5번은 똑바로 날아간 골프볼의 탄도(trajectory)이다. 4, 5 및 6번과 가장 관계가 깊은 a, b 및 c가 올바르게 짝지어진 것은 다음 중 어느 것인가?

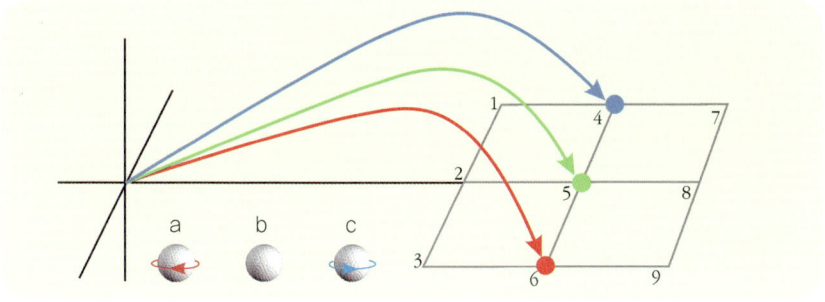

① 4: a, 5: b, 6: a
② 4: a, 5: b, 6: c
③ 4: b, 5: c, 4: a
④ 4: c, 5: b, 6: a

문제 236 난이도 ●●●

아래 그림에 의하면 초기 런치각(launch angle, θ)이 45도일 때 그 물체는 가장 멀리 날아간다고 한다. 어떤 경우에 그런 원리가 적용될까?

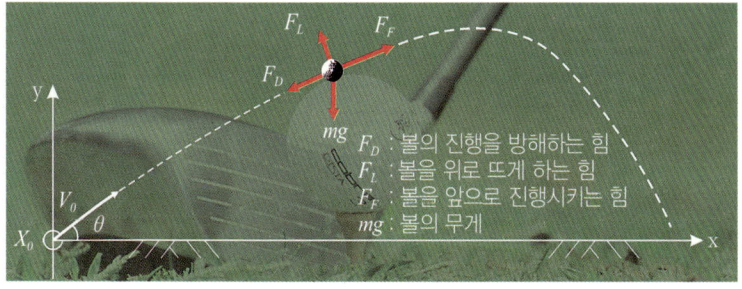

① 공기가 없을 때
② 중력이 없을 때
③ 공기와 중력이 없을 때
④ 군에서 사용하는 대포의 경우

문제 237

난이도 🟡⚪⚪

드라이버헤드의 속력이 100mph일 때 최대비거리를 얻으려면 어떻게 해야 할까? 다음 중 올바르지 않은 것은?

① 헤드의 로프트각을 100mph에게 맞도록 선택한다.
② 스윙 형태에 맞는 샤프트를 선택한다.
③ 최적의 런치각을 선택한다.
④ 골프볼이 45도로 날아가도록 한다.

문제 238

난이도 🟡🟡⚪

아래 그림은 헤드속력, 로프트각(loft angle)과 비거리에 관한 것이다. 이것으로 알 수 있는 것은?

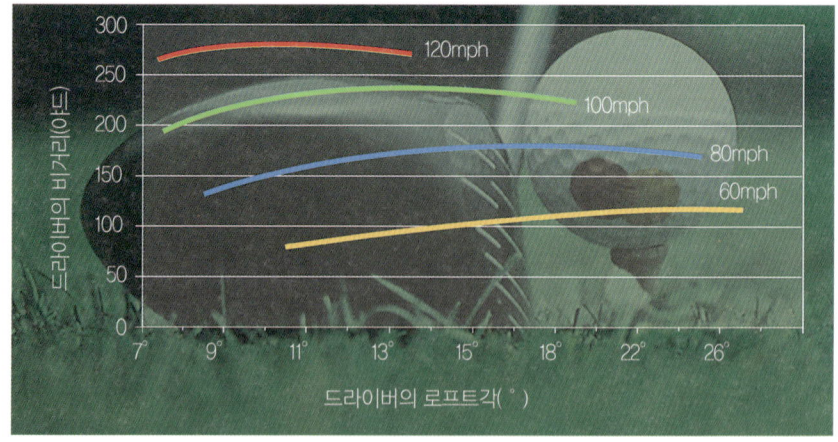

① 헤드속력이 감소하고 로프트각이 감소할 때 비거리는 증가한다.
② 헤드속력이 증가하고 로프트각이 감소할 때 비거리는 증가한다.
③ 로프트각이 감소할 때 비거리는 증가한다.
④ 헤드속력은 로프트각과 별 관계가 없다.

06. 골프볼 탄도

문제 239

아래 그림은 드라이버헤드의 반발계수(coefficient of restitution)와 헤드속력 및 비거리(carry distance)에 관한 것이다. 이 그림으로부터 알 수 있는 가장 적합한 것은?

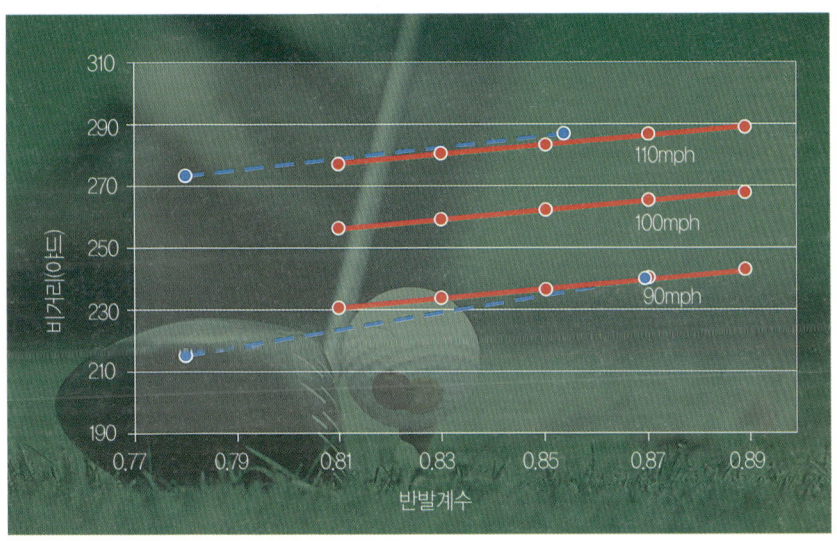

① 반발계수 및 비거리는 일차적인 비례관계가 있다.
② 헤드속력, 반발계수 및 비거리는 서로 관계가 없다.
③ 헤드속력, 반발계수와 비거리는 대략 일차적인 비례관계가 있다.
④ 헤드속력과 비거리는 일차적인 비례관계가 있다.

대통령을 그만두니 : 대통령을 그만두고 났더니, 골프에서 나를 이기는 사람이 많아지더라. (아이젠하워, 전 미국 대통령)

문제 240

난이도

아래 그림은 골프볼의 초기속력이 150mph이고 런치각(launch angle)이 15도일 때의 볼의 높이 및 비거리(carry distance)를 보여주는 예이다. 이 그림으로부터 알 수 있는 것은?

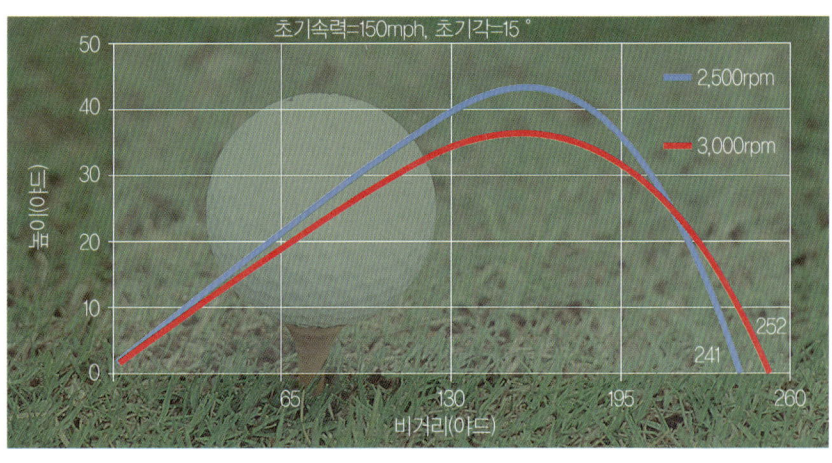

① 백스핀의 크기에 따라서 비거리가 달라진다.
② 백스핀이 3,000rpm일 때 비거리가 최대이다.
③ 백스핀이 3,000rpm일 때 높이가 최소이다.
④ 백스핀이 2,500rpm일 때 높이가 최대이다.

러프만 걸었더니 : 자주 러프 속만을 계속 걸었더니 동료 프로가 나를 갤러리로 착각하더라. (리 트레비노, 프로골퍼)

마음을 비웠더니 : 일은 안 하고 골프만 했느냐는 소리 들을까 봐 살살했더니 완벽한 드라이버 샷에 퍼팅은 건드리는 대로 컵에 꽂히더라.

06. 골프볼 탄도

문제 241

난이도 ●●●

아래 그림은 두 종류의 골프볼에 대한 어택각(attack angle, 혹은 공격각)과 캐리거리(carry distance)에 대한 실험결과이다. 이것으로 알 수 있는 것은?

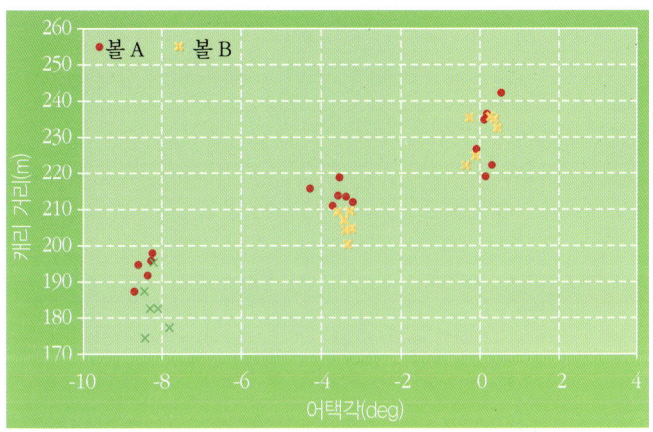

① 어택각은 캐리거리와 관계가 없다.
② 골프볼의 종류에 따라 비거리는 달라진다.
③ 어택각의 적절한 증가는 항상 캐리거리의 증가가 된다.
④ 일정한 범위에서 어택각의 증가는 캐리거리의 증가가 된다.

문제 242

난이도 ●●●

드라이버로 타격한 골프볼이 지면에 떨어지고서 많이 굴러가게(roll 혹은 run) 하려면 어떻게 하여야 하나?

① 골프볼이 지면에 떨어질 때 착지각(landing angle)을 크게 해야 한다.
② 골프볼이 지면에 떨어질 때 착지각(landing angle)을 작게 해야 한다.
③ 골프볼이 지면에 떨어질 때 백스핀을 크게 해야 한다.
④ 골프볼이 지면에 떨어질 때 탑스핀을 작게 해야 한다.

문제 243

난이도

아이언으로 타격(impact)한 골프볼이 지면에 떨어지고서 먼 쪽으로 굴러가지 않고 볼을 친 방향으로 다시 굴러오는 (roll 혹은 run) 경우는?

① 골프볼에 탑스핀이 매우 많이 걸린 경우
② 골프볼에 백스핀이 매우 많이 걸린 경우
③ 골프볼은 항상 먼 쪽으로 굴러간다.
④ 골프볼에 사이드스핀이 매우 많이 걸린 경우

문제 244

난이도

골프볼은 타격(impact)된 후 지면에 떨어질 때 낙하속도(falling velocity)는 어떻게 될까? 설명이 잘못된 것은?

① 클럽의 종류에 따라 많이 다르다.
② 속도는 거의 일정하다.
③ 속도는 대략 26~29m/s이다.
④ 클럽의 종류에 관계없이 거의 일정하다.

문제 245

난이도

골프볼은 타격(impact)된 후 지면에 떨어질 때 그 낙하속도 (falling velocity)는 거의 일정하다. 그 이유로 설명이 잘못된 것은?

① 빗방울의 낙하속도가 거의 일정한 원리와 같다.
② 공기저항 및 중력이 거의 일정하므로
③ 딤플의 영향으로
④ 공기저항계수가 거의 일정하다.

06. 골프볼 탄도

문제 246

난이도 🟡🟡🟡

드라이버로 타격(impact)한 골프볼이 지면에 떨어져서 굴러가는 거리(run distance 혹은 roll distance)에 대한 설명 중 잘못된 것은?

① 헤드의 로프트각이 작을수록 굴러가는 거리는 증가한다.
② 볼이 지면에 떨어질 때 착지각이 작을수록 굴러가는 거리도 증가한다.
③ 헤드속력이 증가할수록 볼이 굴러가는 상대적인 거리는 감소한다.
④ 헤드속력이 증가할수록 볼이 굴러가는 거리도 증가한다.

문제 247

난이도 🟡🟡🟡

다음 중 골프볼의 최대 비거리를 내기 위한 중요한 순서로 짝이 지어진 것은?

① 헤드속력－스위트스폿으로 타격－어택각－상대적인 무게－런치각
② 스위트스폿으로 타격－어택각－상대적인 무게－런치각－헤드속력
③ 어택각－상대적인 무게－런치각－헤드속력－스위트스폿으로 타격
④ 상대적인 무게－런치각－헤드속력－스위트스폿으로 타격－어택각

문제 248

난이도 ⚪⚪🟡

다음 중 골프볼의 최대비거리를 내기 위한 요소로서 영향이 상대적으로 적은 것은?

① 헤드속력　　　　　　② 스위트스폿으로 타격
③ 어택각　　　　　　　④ 상대적인 무게(=질량)

문제 249

난이도 ●○○

다음 중 골프볼의 최대비거리를 내기 위한 요소로서 영향이 상대적으로 제일 적은 것은?

① 헤드속력　　　　　② 스위트스폿으로 타격
③ 런치각　　　　　　④ 백스핀

문제 250

난이도 ●●○

다음 중 골프볼의 최대비거리를 내기 위한 요소로서 영향이 상대적으로 제일 큰 것은?

① 헤드속력　　　　　② 어택각
③ 런치각　　　　　　④ 백스핀

문제 251

난이도 ●●●

다음 중 골프볼의 최대비거리를 내기 위한 요소로서 영향이 상대적으로 제일 큰 2개를 선택한다면?

① 어택각–상대적인 무게(=질량)　② 상대적인 무게(=질량)–런치각
③ 헤드속력–스위트스폿으로 타격　④ 스위트스폿으로 타격–어택각

문제 252

난이도 ●●○

보통 런치각(launch angle)이 크거나 백스핀이 크게 걸린 골프볼의 탄도를 보면 초기에는 빨랫줄처럼 뻗어나가다 높이 솟아오르는 경우가 있다. 그 이유로 적당한 것은?

① 볼에 대한 저항력 및 양력(뜨려는 힘)이 감소하기 때문이다.
② 볼에 대한 저항력 및 양력이 증가하기 때문에 볼이 전진하려는 힘은 지연되고 볼이 위로 뜨려는 힘이 상대적으로 증가하기 때문이다.
③ 볼에 대한 양력이 증가하기 때문이다.
④ 볼에 대한 저항력이 향상하기 때문이다.

06. 골프볼 탄도

문제 253

난이도 ●●●

골프볼이 날아갈 때 앞바람(head wind)이 불면 골프볼의 탄도가 초기에는 빨랫줄처럼 뻗어나가거나 오히려 높이 솟아오르는 경우가 있다. 그 이유로 적당한 것은?

① 볼에 대한 저항력 및 양력(뜨려는 힘)이 감소하기 때문이다.
② 볼에 대한 양력이 증가하기 때문이다.
③ 볼에 대한 저항력 및 양력이 증가하기 때문에 볼이 전진하려는 힘은 지연되고 볼이 위로 뜨려는 힘이 상대적으로 증가하기 때문이다.
④ 볼에 대한 저항력이 향상하기 때문이다.

문제 254

난이도 ●●●

샌드웨지(sand wedge)와 같이 로프트각이 큰 클럽으로 골프볼을 타격하면 볼의 속력이 클럽헤드의 속력과 같거나 작은데도 헤드와 볼은 부딪치지 않는다. 이유로 가장 적당한 것은?

① 볼을 타격하고 나서는 헤드가 볼 밑으로 지나가기 때문
② 볼을 타격하고 나서 헤드속력은 초기속력 100% 그대로 있고 볼의 발사각은 30~50도로 높기 때문
③ 볼을 타격하고 나서 헤드속력은 초기속력의 70~80%가 되고 볼의 발사각은 20~30도로 높기 때문
④ 볼을 타격하고 나서 헤드속력은 초기속력의 70~80%가 되고 볼의 발사각은 33~50도로 높기 때문

난이도

문제 255

시중에서 골프볼 비거리에 대한 GPS(global positioning system)장치가 판매되고 있다. 아래 그림에서 골프볼까지의 GPS가 보여주는 비거리는 a, b, c 및 d 중 어느 것인가?

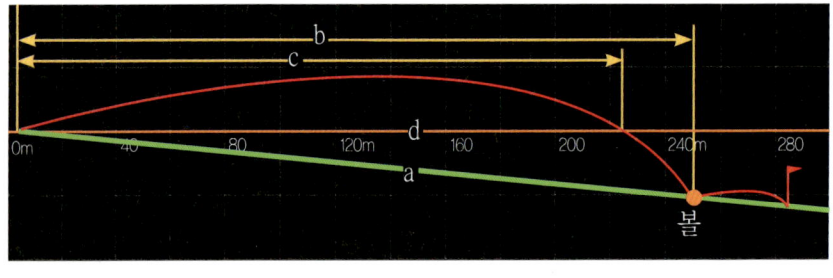

① a　　　　　　② b
③ c　　　　　　④ d

난이도

문제 256

시중에서 골프볼 비거리에 대한 GPS(global positioning system)장치가 판매되고 있다. 아래 그림에서 골프볼까지의 GPS가 보여주는 비거리는 a, b, c 및 d 중 어느 것인가?

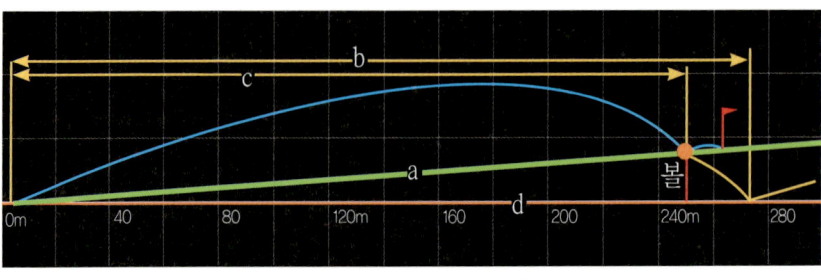

① a　　　　　　② b
③ c　　　　　　④ d

06. 골프볼 탄도

난이도

문제 257

아래 그림에서 목표지점은 높이가 약 20m이고 직선거리가 250m 되는 a지점이다. 골퍼가 이 지점에 볼을 보내려면 그 거리를 대략 어느 정도로 보고 골프볼을 보내야 하는가?

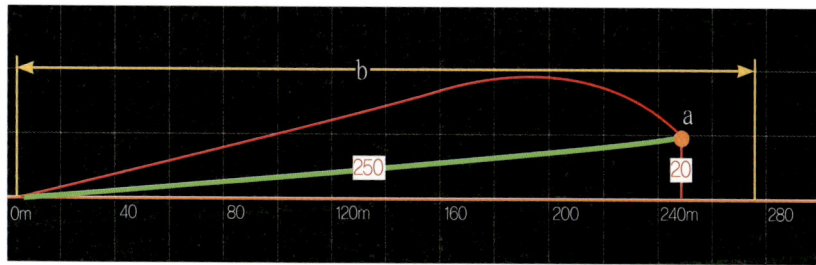

① 240~249m ② 250~259m
③ 260~260m ④ 270m 이상

난이도

문제 258

아래 그림에서 목표지점은 높이가 약 -30m이고 직선거리가 250m 되는 a지점이다. 골퍼가 이 지점에 볼을 보내려면 그 거리를 대략 어느 정도로 보고 골프볼을 보내야 하는가?

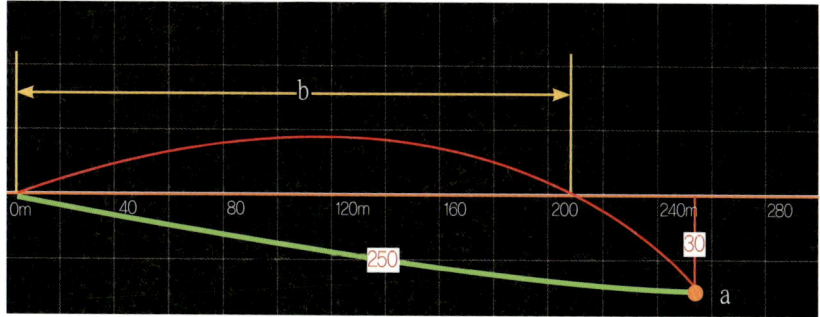

① 201~210m ② 211~220m
③ 221~230m ④ 231~240m

 **만사가 순조로울 때** : 골프에서 방심(放心)이 생기는 가장 위험한 시간은 만사가 순조롭게 진행될 때이다. (진 사라센, 프로골퍼)

 **말을 빠르게 하는 골퍼** : 말을 빠르게 하는 사람은 스윙도 빠르게 한다. 힘을 빼고 서서히 스윙을 해라. 볼은 절대로 도망치지 않는다. (봅 토스키, 프로골퍼)

 **머리가 회전 중심** : 머리는 스윙 균형의 중심이다. 머리가 움직이면 균형도, 스윙의 아크도, 몸의 동작도 그리고 타이밍까지 바뀐다. (맥 그라우트, 프로골퍼)

 **명인** : 어떠한 명인도 10m 퍼트를 반드시 넣는 방법을 알지 못한다. (버너스 다윈. 프로골퍼).

07 클럽 피팅

46문항(9.2%)

난이도 예
쉬움
보통
어려움

문제 259 난이도

다음 중 클럽 피팅(club fitting)의 목적이 아닌 것으로 짝이 지어진 것은?

① 거리증대-정확성-탄도-일관성
② 거리증대-정확성-탄도-느낌
③ 거리증대-정확성-탄도-백스핀-느낌
④ 거리증대-정확성-일관성-느낌

문제 260 난이도

다음 중 클럽의 헤드 피팅(head fitting)의 목적이 아닌 것으로 짝이 지어진 것은?

① 로프트각-솔각과 솔의 폭-라이각-페이스각(우드)-관성모멘트
② 로프트각-솔각과 솔의 폭-헤드 부피-페이스각(우드)-관성모멘트
③ 로프트각-솔각과 솔의 폭-라이각-벌지-롤-관성모멘트
④ 로프트각-솔각과 솔의 폭-라이각-무게중심-관성모멘트

문제 261

다음 중 클럽샤프트 피팅(shaft fitting)의 목적이 아닌 것으로 짝이 지어진 것은?

① 무게-토크-유연성-관성모멘트
② 무게-토크-유연성
③ 무게-유연성-벤딩 위치
④ 무게-토크-유연성-밸런스포인트(무게분포)

문제 262

다음 중 클럽샤프트 피팅(shaft fitting)의 중요한 부분이 아닌 것은?

① 무게-토크
② 진동수-무게
③ 유연성-토크
④ 제조사-모양

문제 263

다음 중 클럽샤프트 피팅(shaft fitting)의 중요한 부분이 아닌 것은?

① 스파인(spine)
② 진동수
③ 재질
④ 무게

문제 264

다음 중 클럽그립 피팅(grip fitting)의 목적으로 짝지어진 것 중 가장 적합한 것은?

① 무게-타입
② 타입-굵기
③ 무게-재질
④ 타입-무게-굵기

07. 클럽피팅

문제 265

난이도 🟢 🟡 🟡

다음 중 클럽의 최종 피팅(assembled fitting)의 목적으로 짝지어진 것 중 가장 적합한 것은?

① 길이-총무게-스윙웨이트/관성모멘트-정렬
② 길이-총무게-스윙웨이트/관성모멘트
③ 길이-총무게-스윙웨이트/관성모멘트-모양
④ 길이-총무게-스윙웨이트-정렬

문제 266

난이도 🟢 🟢 🟡

진동수(frequency)가 220Hz와 240Hz인 샤프트가 있다면 쉽고 힘이 좋은 골퍼는 2개의 샤프트 중 어느 것을 사용해야 하나?(단, Hz는 1초에 진동하는 진동수의 단위이다.)
(   )

문제 267

난이도 🟢 🟡 🟡

조립된 클럽의 진동수(frequency)를 측정하기 위해 헤드를 위아래로 진동시켰지만 헤드는 위아래로 진동하지 않고 원 또는 타원운동을 한다면 가장 큰 이유는 무엇인가?

① 진동수가 너무 크기 때문이다.
② 스파인(spine)이 잘못되었다.
③ 무게가 잘못되었다.
④ 유영성이 강한 경우이다.

문제 268   난이도

같은 제조사의 같은 모델이라면 샤프트의 진동수(frequency)는 항상 같은가?

(   )

문제 269   난이도

지름(굵기)이 작은 샤프트 a와 지름이 큰 샤프트 b의 진동수(frequency)를 클럽헤드를 장착하지 않고 약 205g 원통형 보조무게추(weight)를 이용하여 측정하려고 한다. 이때 그립으로부터 같은 위치에 같은 추를 달고 진동시키면 a와 b 중에 어느 것의 진동수가 큰가?

① a=b
② a>b
③ a<b
④ a>b 및 a<b 두 가지 경우가 있다.

문제 270   난이도

샤프트의 진동수(frequency)를 클럽헤드를 장착하지 않고 약 205g 원통형 보조무게추(weight)를 이용하여 측정할 때, 그립으로부터 50cm (a) 및 100cm (b) 위치에 같은 추를 달고 진동시키면 a와 b 중에 어느 것의 진동수가 큰가?

① a=b
② a>b
③ a<b
④ a>b 및 a<b 두가지 경우가 있다.

07. 클럽피팅

문제 271

난이도 ●○○

샤프트 진동수(frequency)의 단위는 cpm을 사용한다. 이것은 무엇의 약자인가?

① cycles per minute
② cycle per minute
③ critical path method
④ cost per mile

문제 272

난이도 ●●○

현재 시중에서 판매되는 골프 샤프트 진동수(frequency) 측정장치로 같은 클럽의 샤프트 진동수를 측정할 때, 경우에 따라 진동수의 차이가 많이 나는 이유가 아닌 것은?

① 제조사마다 측정장치의 규격차이
② 그립을 잡는 압력차이
③ 미세조정(calibration)을 하지 않아서
④ 잘못 측정해서

문제 273

난이도 ●●○

현재 시중에서 판매되는 골프 샤프트 진동수(frequency) 측정장치로 같은 클럽의 샤프트 진동수를 측정할 때, 그립을 잡는 압력을 크게 하면 진동수는 어떻게 될까?

① 적어진다
② 많아진다
③ 차이가 없다
④ 일정하지 않다

문제 274

난이도 ● ● ●

현재 시중에서 판매되는 드라이버 샤프트 진동수(frequency) 측정장치로 같은 클럽의 샤프트 진동수를 측정할 때에는 헤드를 부착한 상태에서 하기도 한다. 이렇게 측정할 때 헤드면의 방향과 좋은 샤프트의 조건으로 올바른 것은?

① 면이 천장을 향하게 하고 위아래로 진동시켜도 진동 방향이 일정한 경우
② 면이 측면을 향하게 하고 위아래로 진동시킬 때만 진동방향이 일정한 경우
③ 면이 아래 측면을 향하게 하고 위아래로 진동시킬 때만 진동방향이 일정한 경우
④ 헤드무게가 맨 아래방향을 향할 때만 진동방향이 일정한 경우

문제 275

난이도 ○ ○ ●

최종 조합된(assembled) 클럽을 측정할 때 다음 중에서 가장 중요한 요소는?

① 전체무게
② 로프트각
③ 스윙웨이트(swing weight) 혹은 관성모멘트(inertia moment)
④ 샤프트 진동수

몸 풀기 : 마지막 세 홀에서 몸이 풀리는 사람은 그래도 희망이 있다. 사우나에 가서야 몸이 풀리는 사람도 많기 때문이다.

07. 클럽피팅

문제 276

난이도

골퍼에 따라서는 드라이버보다 3번 우드의 골프볼 비거리가 더 큰 경우가 있다. 그 이유는?

① 드라이버 샤프트가 지나치게 유연성이 강해서
② 드라이버 로프트각이 너무 커서
③ 드라이버가 불량이기 때문에
④ 헤드속력이 비교적 작은 골퍼이면서 드라이버의 로프트각이 지나치게 작고 헤드무게가 너무 큰 경우이다.

문제 277

난이도

헤드속력이 작은 골퍼일수록 헤드의 로프트각(loft angle)은 어떻게 결정되어야 하나?

① 헤드속력이 작은 골퍼일수록 헤드의 로프트각은 큰 것을 선택한다.
② 헤드속력이 작은 골퍼일수록 헤드의 로프트각은 작은 것을 선택한다.
③ 헤드속력과 로프트각은 별 관계가 없다.
④ 헤드속력이 큰 골퍼일수록 헤드의 로프트각은 큰 것을 선택한다.

문제 278

난이도

다음 중 헤드속력과 로프트각(loft angle)이 비교적 잘못 짝지어진 것은?

① 70mph-18도　　② 80mph-15도
③ 100mph-8도　　④ 120mph-9도

문제 279

난이도

다음 스윙웨이트(SW: swing weight)에 대한 설명 중 올바르지 않은 것은?

① 클럽을 스윙하는 과정에 느끼는 무거움과 가벼움이다.
② 무게와 같은 개념이다.
③ 스윙웨이트가 작은것은 회전할 때 상대적으로 가볍게 느껴진다.
④ 스윙웨이트가 큰 것은 회전할 때 상대적으로 무겁게 느껴진다.

문제 280

난이도

클럽의 휘두르기 쉬운 정도 및 어려운 정도를 판단하는 스윙웨이트(SW: swing weight)의 개념을 처음 창안한 연구자는 다음 중 누구인가?

① 1910년대 아더 백작(Arthur Knight)
② 1920년대 로버트 애덤스(Robert Adams)
③ 1940년대 바이런 넬슨(Byron Nelson)
④ 1950년대 벤 호건(Ben Hogan)

문제 281

난이도

클럽의 휘두르기 쉬운 정도 및 어려운 정도를 판단하는 스윙웨이트(SW: swing weight)는 C1, C2…. 혹은 D1, D2…. 등과 같이 구분하는데, 총 몇 개로 구분하는가?

① 44 ② 55
③ 66 ④ 77

07. 클럽피팅

문제 282
난이도 ● ● ○

어느 골퍼의 스윙웨이트(SW: swing weight)는 D3인데, 너무 무겁게 느껴진다. 한 단계 가볍게 느낄 수 있도록 스윙웨이트를 조정하고 싶다면 다음 중 어느 값을 선택하여야 하나?

① D1　② D2　③ D4　④ D5

문제 283
난이도 ● ● ○

역사적으로 클럽의 휘두르기 쉬운 정도 및 어려운 정도를 판단하는 스윙웨이트(SW: swing weight)는 어느 정도 타당성이 있다. 스윙웨이트의 값을 A0, A1…에서부터 G9, G10까지 총 77개로 구분하고 있다면 스윙 중에 가장 가볍게 느끼는 것은?

① A0　② B10　③ D0　④ G10

문제 284
난이도 ● ● ●

다음 중 스윙웨이트(SW: swing weight)와 비슷한 개념이거나 좀더 과학적인 근거가 있는 개념인 것은?

① 스윙모멘트(swing moment)
② 스윙 관성모멘트(MOI: moment of inertia)
③ 토크(torque)
④ 각운동량(angular momentum)

문제 285
난이도 ● ● ○

클럽의 휘두르기 쉬운 정도 및 어려운 정도를 판단하는 스윙웨이트(SW: swing weight) D1은 D0보다 출발이 늦다. 그러나 같은 헤드속력에서 D1은 골프볼을 더 멀리 보낼 수 있다. 그 이유는?

① 그립 쪽이 상대적으로 더 가벼워 운동에너지가 작기 때문
② 헤드 쪽이 상대적으로 더 무거워 운동에너지가 크기 때문
③ 헤드 쪽이 상대적으로 더 가벼워 운동에너지가 크기 때문
④ 그립 쪽이 상대적으로 더 무거워 운동에너지가 크기 때문

문제 286   난이도 ●●●

클럽의 휘두르기 쉬운 정도 및 어려운 정도를 판단하는 스윙웨이트(SW: swing weight)가 D0인 클럽에서 D0을 일정하게 했을 때 헤드의 무게가 무거워지면 클럽길이는 어떻게 하여야 하나?

① 짧아져야 한다.
② 길어져야 한다.
③ 길이에는 변화가 없어도 된다.
④ 1.0인치 짧아져야 한다.

문제 287   난이도 ●●●

헤드의 무게가 2g 변하면 스윙웨이트(SW: swing weight)는 몇 단계 변하나?

① 1단계   ② 2단계
③ 3단계   ④ 4단계

문제 288   난이도 ●●●

그립의 무게가 4g 변하면 스윙웨이트(SW: swing weight)는 몇 단계 변하나?

① 1단계   ② 2단계
③ 3단계   ④ 4단계

문제 289   난이도 ●●●

샤프트의 무게가 8g 변하면 스윙웨이트(SW: swing weight)는 몇 단계 변하나?

① 1단계   ② 2단계
③ 3단계   ④ 4단계

07. 클럽피팅

문제 290
난이도 ●●○

클럽의 휘두르기 쉬운 정도 및 어려운 정도를 판단하는 스윙웨이트(SW: swing weight) 측정저울은 몇 인치 방법이 있나?

① 10과 12인치 저울　　② 12과 14인치 저울
③ 14과 16인치 저울　　④ 16과 18인치 저울

문제 291
난이도 ●●○

오늘날 가장 많이 사용하는 클럽의 휘두르기 쉬운 정도 및 어려운 정도를 판단하는 스윙웨이트(SW: swing weight) 측정저울은 몇 인치 방법인가?

① 12인치 저울　　② 13인치 저울
③ 14인치 저울　　④ 15인치 저울

문제 292
난이도 ●●○

아래 그림 중 오늘날 가장 많이 사용하는 클럽의 휘두르기 쉬운 정도 및 어려운 정도를 판단하는 스윙웨이트(SW: swing weight) 측정저울은 몇 인치 방법인가?

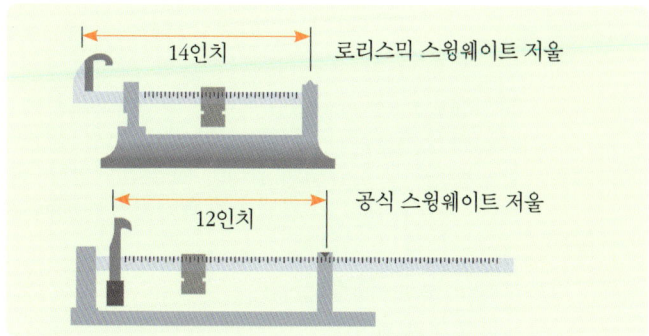

① 12인치 저울　　② 13인치 저울
③ 14인치 저울　　④ 15인치 저울

난이도 🟠🟠🟠

문제 293

아래 그림은 클럽의 휘두르기 쉬운 정도 및 어려운 정도를 판단하는 스윙웨이트(SW: swing weight)와 스윙 관성모멘트(MOI: swing moment of inertia)의 차이점을 보여주는 상징적인 그림을 약간 과장한 것이다. 다음 a 및 b 중 스윙 관성모멘트를 설명하는 것은? (   )

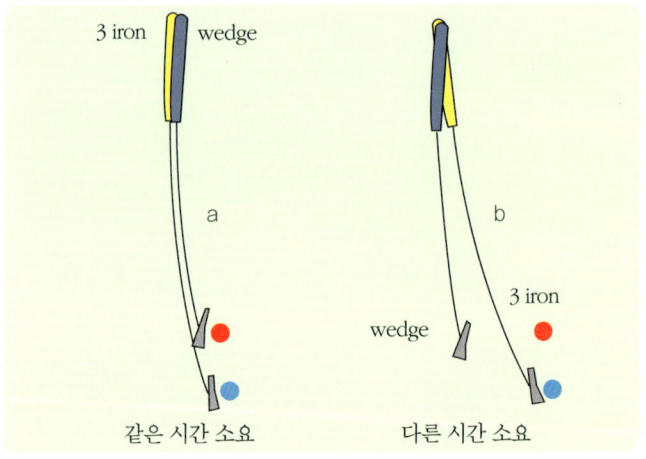

난이도 🟠🟠🟠

문제 294

사용 중인 모든 클럽의 스윙 관성모멘트(MOI: swing moment of inertia)가 같다면 회전축으로부터 거리 r만큼 떨어진 질량(혹은 무게) m의 헤드 스윙 관성모멘트의 값은 mr^2로 모든 클럽이 같다는 것을 의미한다. 만약 어느 골퍼가 눈을 감고 이 클럽들을 회전시켜서(blind test) 각 클럽을 구분할 수 있을까?

① 쉽게 구분할 수 있다.

② 스윙웨이트의 경우와 유사하다.

③ 원리적으로 쉽게 구분하기 어렵다.

④ 전혀 구분할 수 없다.

07. 클럽피팅

문제 295

난이도 ●●●

아래 그림은 클럽의 휘두르기 쉬운 정도 및 어려운 정도를 판단하는 스윙웨이트(SW: swing weight)와 스윙 관성모멘트(MOI: swing moment of inertia)를 샤프트의 길이, 헤드의 무게, 샤프트의 무게 및 그립의 무게가 변할 때 그 관계를 보여주는 것이다. 그림에서 검은 선은 SW이고 붉은 선은 MOI를 나타낸다. 여기서 세로축 '0'는 SW의 D0를 의미한다. 아래 그림에서 SW와 MOI와의 관계에서 가장 큰 차이점을 보이는 것은 무엇인가? (   )

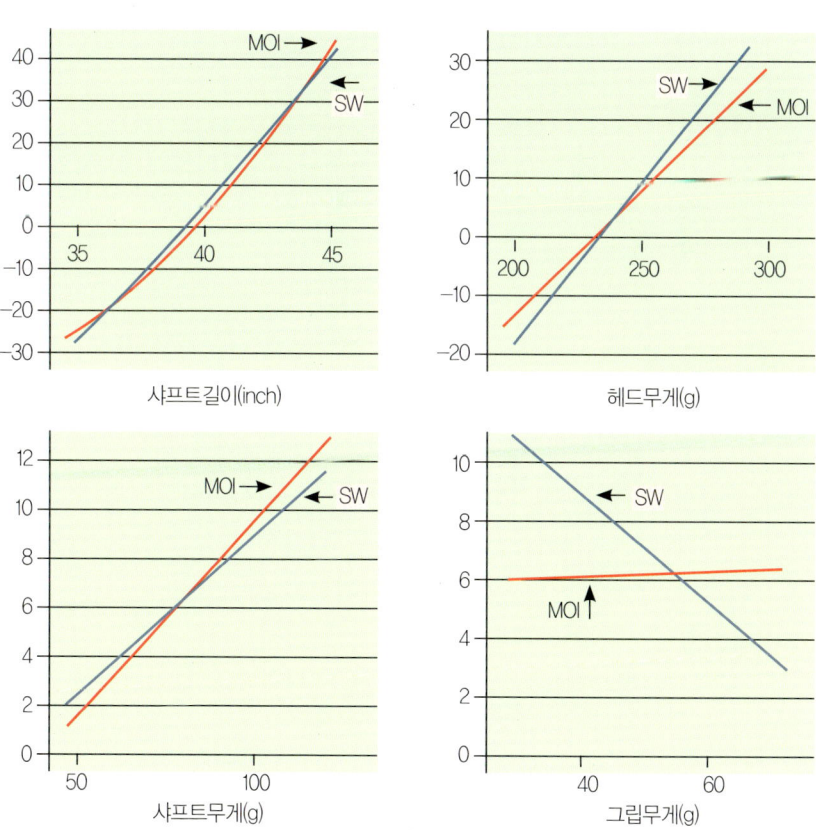

133

문제 296

난이도 ● ● ●

새로운 클럽의 밸런스(balance)를 조정한다면 클럽의 휘두르기 쉬운 정도 및 어려운 정도를 판단하는 스윙웨이트(SW: swing weight)와 스윙 관성모멘트(MOI: swing moment of inertia) 중에 어느 것이 좀더 과학적인가?

① 스윙 관성모멘트(MOI)가 더 과학적이다.

② 스윙웨이트(SW)가 더 과학적이다.

③ SW=MOI

④ 스윙웨이트와 스윙 관성모멘트(MOI)는 전혀 다른 것이다.

문제 297

난이도 ● ● ●

클럽제조 업체들은 클럽의 스윙 관성모멘트(MOI: swing moment of inertia)가 더 과학적이라는 사실을 알고 있는가?
(   )

문제 298

난이도 ● ● ●

클럽제조 업체들은 클럽의 스윙 관성모멘트(MOI: swing moment of inertia)가 더 과학적이라는 사실을 알고 있으면서 왜 스윙웨이트(SW: swing weight)로 만들고 있는가?
(   )

문제 299

난이도 ● ● ●

골프클럽을 피팅(club fitting)하려면 골퍼의 어떤 부분을 점검해야 하나? 다음 중 아닌 것은?

① 헤드속력   ② 스윙형태

③ 탄도   ④ 백스핀

07. 클럽피팅

문제 300

난이도 ●●●

골프클럽을 피팅(club fitting)하려면 골퍼의 스윙형태를 조사해야 하는데, 다음 중 불필요한 것은?

① Transition(백스윙에서 다운스윙으로 바뀌는 시간, 부드럽게-평균값-빠르게로 구분한다)

② Tempo(백스윙의 시작에서 백스윙탑까지 걸린 시간을 A, 탑에서 골프볼을 타격까지 걸리는 시간 B의 비율 A/B로, 비율이 높은 1.2 정도는 느린 Tempo이고 비율이 1.2~1.0 정도는 평균 Tempo이고 비율이 1.0 미만은 빠른 Tempo이다)

③ Release(손목의 코킹을 푸는 위치, 일찍-중간-늦게 풀기로 구분한다)

④ 양쪽 발의 위치

●●● 참고(301~304번 문제)

> 단, Transition은 백스윙에서 다운스윙으로 바뀌는 시간으로 부드럽게-평균값-빠르기로 구분하고, Tempo는 백스윙의 시작에서 백스윙 탑까지 걸린 시간 A와, 탑에서 골프볼 타격까지 걸리는 시간 B의 비율을 A/B로 하여, 비율이 1.2 정도는 느린 Tempo로, 1.2~1.0 정도는 평균 Tempo로, 1.0 미만은 빠른 Tempo로 구분한다. Release는 손목의 코킹을 푸는 위치로 일찍-중간-늦게 풀기로 구분한다.
> 2006년 Tom Wishon은 『Common Sense Clubfitting』이라는 책에서 1.2sec는 느린 Tempo이고, 1.2~1.0sec는 평균 Tempo이고, 1.0sec 미만은 빠른 Tempo라고 했는데, 이것은 스윙 총시간인 A/B의 비율로 말하는 것이 보다 분명하고 더 합리적이다.

문제 301

난이도 ●●

최고수준의 골퍼라면 Transition, Tempo 및 Release는 일반적으로 어떻게 되겠는가?

(   )

문제 302
난이도 ●●●

초보골퍼라면 Transition, Tempo 및 Release는 일반적으로 어떻게 되겠는가?
(   )

문제 303
난이도 ●●●

최고수준의 골퍼가 Transition은 빠르게, Tempo는 1.0 미만이고, Release는 매우 늦다면 어떤 종류의 샤프트를 선택해야 하나? 진동수가 많은 강한 샤프트인가 아니면 진동수가 적은 부드러운 샤프트인가?
(   )

문제 304
난이도 ●●●

초보골퍼가 Transition은 부드럽게, Tempo는 1.2 정도이고, Release는 매우 일찍 한다면 어떤 종류의 샤프트를 선택해야 하나? 진동수가 많은 강한 샤프트인가 아니면 진동수가, 적은 부드러운 샤프트인가?
(   )

몸통 : 두 손은 클럽을 쥘 뿐, 클럽을 휘두르는 것은 팔이다. 그리고 그 팔은 몸통에 의해 휘둘러진다. (벤 호건, 미국의 명 프로골퍼)

바람 : 바람은 골프 최대의 재산이다. 바람의 변화로 1개의 홀이 여러 개의 홀이 되기 때문이다. (찰스 맥도널드, 프로골퍼)

08 볼 피팅

8문항(1.6%)

난이도 예
쉬움
보통
어려움

문제 305

난이도

아래 그림은 골프볼과 두 종류의 드라이버 A와 B의 고유 진동수(natural frequency)를 보여주고 있다. 골프볼에 적합한 드라이버는 A 및 B 중에 어느 것인가(이것은 일종의 골프볼과 헤드의 피팅 원리이나)? 다음 중 올바른 설명은 어느 것인가?

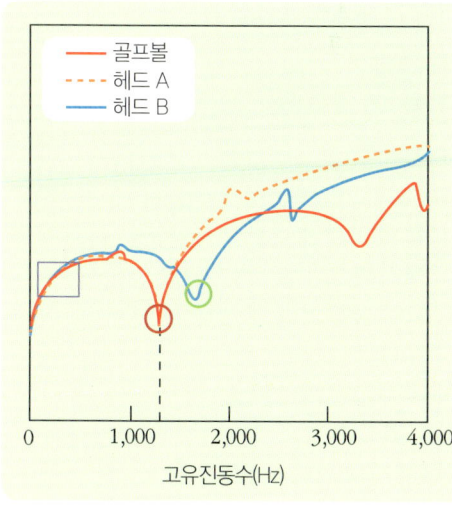

① 헤드 A와 B의 고유진동수는 비거리와 무관하다.

② 헤드 A와 B 모두 고유진동수는 볼 진동수와 유사하여 비거리가 같다.

③ 헤드 A의 고유진동수는 볼 진동수와 유사하여 비거리가 가장 크다.

④ 헤드 B의 고유진동수는 볼 진동수와 유사하여 비거리가 가장 크다.

문제 306

난이도 🟠🟠🟠

골프볼과 드라이버헤드의 고유진동수(natural frequency)가 2,000Hz인 경우에 골프볼이 헤드와 충돌할 때 골프볼이 헤드에 머무는 시간은 어떻게 되는가? 여기에서 Hz는 어떤 물체가 1초 동안에 진동하는 횟수이고, Hz의 역수는 $1/sec=sec^{-1}=sec$(초)이다.

① 2,000Hz의 역수인 1/2,000Hz=0.0005초(sec)가 된다.
② 2,000Hz의 역수인 1/2,000Hz×2=0.001초(sec)가 된다.
③ 2,000Hz의 역수인 1/2,000Hz×4=0.002초(sec)가 된다.
④ 2,000Hz의 역수인 1/2,000Hz×6=0.003초(sec)가 된다.

문제 307

난이도 🟠🟠🟠

같은 드라이버로 여러 종류의 볼을 타격할 때 특별히 충격이 작고 감각이 좋고 비거리가 큰 경우가 있다. 그 이유는?

① 드라이버와 볼의 고유진동수가 많은 차이가 있을 때
② 드라이버와 볼의 고유진동수가 유사하거나 일치할 때
③ 볼의 고유진동수가 클 때
④ 드라이버의 고유진동수가 작을 때

문제 308

난이도 🟠🟠🟠

골프볼은 중심에서 밖으로 무게분포가 일정해야 한다. 그렇지 못하면, 즉 골프볼 자체의 스핀 관성모멘트(spin inertia moment)가 일정하지 않으면 볼이 날아가는 도중에, 혹은 그린에서 굴러가는 도중에 어떻게 되는가? 다음 중 맞는 것은?

① 볼은 스핀 관성모멘트와는 관계가 없다.
② 타격한 볼이 똑바로 간다.
③ 정확히 타격한 볼이 똑바로 가지 못한다.
④ 볼의 스핀 관성모멘트는 헤드의 관성모멘트와 같아야 똑바로 간다.

08. 볼 피팅

문제 309

난이도 ●●●

골프볼은 중심에서 밖으로 무게분포가 일정해야 한다. 그렇지 못하면 즉, 골프볼 자체의 스핀 관성모멘트(spin inertia moment)가 일정하지 않으면 퍼팅할 때 어떻게 되는가? 다음 중 맞는 것은?

① 볼은 스핀 관성모멘트와는 관계가 없다.
② 타격한 볼이 똑바로 날아간다.
③ 정확히 타격한 볼이 똑바로 굴러가지 못한다.
④ 볼의 관성모멘트는 헤드의 관성모멘트와 같아야 한다.

문제 310

난이도 ●●●

두 종류의 골프볼의 무게가 모두 똑같이 46g이고 반지름은 21.5mm이면 볼의 스핀 관성모멘트(spin inertia moment)는 항상 같은가? 다음 중 맞는 것은?

① 항상 같다.　　　　② 항상 다르다.
③ 재료에 따라 다르다.　④ 일반적으로 같지 않다.

문제 311

난이도 ●●●

골프볼의 스핀 관성모멘트(spin inertia moment)를 크게 하는 이유는?

① 스핀 관성모멘트가 클수록 볼은 똑바로 날아간다.
② 스핀 관성모멘트가 클수록 볼은 똑바로 멀리 날아간다.
③ 스핀 관성모멘트가 클수록 볼은 멀리 날아간다.
④ 스핀 관성모멘트가 클수록 볼은 똑바로 가지만 멀리 못 날아간다.

문제 312

난이도 🟡🟡🟡

아래 그림은 스핀 관성모멘트(spin inertia moment) I가 서로 다른 세 개의 골프볼 a, b 및 c를 5번 아이언으로 타격하고 나서 시간에 따라 스핀이 감소하는 것을 보여 주고 있다. 다음 중 가장 좋은 골프볼은 어느 것인가?

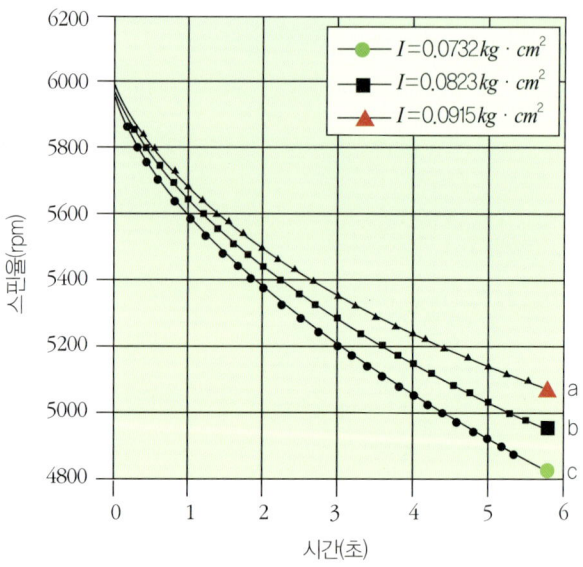

① 동일 조건에서 시간에 따라 스핀값이 가장 적게 감소하는 a의 비거리가 가장 크고 똑바로 날아가거나 굴러간다.
② 동일 조건에서 b의 비거리가 가장 크다.
③ 동일 조건에서 c의 비거리가 가장 크다.
④ 동일 조건에서 a 및 c의 비거리가 가장 크다.

09 환경(바람, 온도 및 고도)

22문항(4.4%)

난이도 예
쉬움
보통
어려움

문제 313

난이도

일반적으로 앞바람(head wind)이 불 때와 뒷바람(tail wind)이 불 때 골프볼의 비거리를 크게 하려면 골프볼의 탄도를 어떻게 해야 하나?

① 앞바람이 불 때는 골프볼 탄도를 낮게, 뒷바람에서는 탄도를 높게
② 앞바람이 불 때는 골프볼 탄도를 높게, 뒷바람에서는 탄도를 낮게
③ 앞바람이나 뒷바람 모두 탄도를 높게
④ 앞바람이나 뒷바람 모두 탄도를 낮게

문제 314

난이도

일반적으로 앞바람(head wind)이 불 때는 골프볼의 탄도를 낮게 하고, 뒷바람이 불 때는 탄도를 높게 골프볼을 날려보내 비거리를 크게 한다. 그 이유로 적합한 것은?

① 높은 곳에서나 지면에서나 바람의 속도가 일정하기 때문이다.
② 높은 곳에서는 지면에서보다 바람의 속도가 매우 크기 때문이다.
③ 높은 곳에서는 지면에서보다 바람의 속도가 작기 때문이다.
④ 높은 곳에서는 지면에서보다 바람의 속도가 1.5~2배 정도 크기 때문이다.

문제 315

난이도 ● ○ ○

평균적으로 같은 바람의 속도라도 지면에서는 왜 높은 곳보다 바람의 속도가 작을까? 올바르게 설명된 것은?

① 바람은 원래 그렇게 분다.
② 지면 근처의 공기분자의 무게가 무거워서
③ 바람과 지면의 마찰 때문에 높은 곳보다 더 작다.
④ 바람이 건물에 막혀서 높은 곳에서 더 작다.

문제 316

난이도 ● ○ ○

뒷바람(tail wind)이 불면 언제나 비거리를 크게 하려고 골프볼을 높게 띄워야 하는가? 올바른 설명은?

① 뒷바람의 속도가 지나치게 크면 오히려 비거리는 줄어든다.
② 항상 그렇다.
③ 항상 그렇지 않다.
④ 뒷바람은 비거리에 크게 영향을 안 준다.

문제 317

난이도 ● ○ ○

뒷바람(tail wind)의 속도가 지나치게 크면 오히려 비거리는 줄어드는 이유를 바르게 설명한 것은?

① 백스핀을 하며 날아가는 골프볼 윗면의 공기속도가 커서 볼을 누르는 힘 때문에 볼이 높이 뜰 수가 없기 때문이다.
② 백스핀을 하며 날아가는 골프볼 밑면의 공기속도가 커서 볼을 누르는 힘 때문에 볼이 높이 뜰 수가 없기 때문이다.
③ 백스핀을 하며 날아가는 골프볼 밑면의 공기속도가 같아져서 볼을 누르는 힘 때문에 볼이 높이 뜰 수가 없기 때문이다.
④ 백스핀을 하며 날아가는 골프볼 밑면의 공기속도의 평형이 깨져서 볼을 누르는 힘 때문에 볼이 높이 뜰 수가 없기 때문이다.

09. 환경(바람 온도 및 고도)

문제 318

난이도 ●●●

골프볼의 탄도높이(20~40m)에서 바람의 속도는 지면에서 바람의 속도의 약 몇 배인가?

① 1배　　　　　　　　② 1.5~2배
③ 3배　　　　　　　　④ 4배

문제 319

난이도 ●●●

같은 속도로 앞바람(head wind)과 뒷바람(tail wind)이 불 때 골프볼의 비거리에는 어느 것이 더 영향을 주는가?

① 앞바람　　　　　　② 뒷바람
③ 앞바람 뒷바람 모두 같다　④ 옆바람

문제 320

난이도 ●●●

지면(sea level)에서 드라이버헤드의 속력이 100mph인 골프볼의 비거리가 2,000m 이상으로 고도(altitude)가 높아지면 비거리는 어떻게 될까? 뒷바람이 5m/s로 불고 있다면 올바른 것은?

① 같은 바람의 속도에서 비거리는 변화가 없다.
② 같은 바람의 속도에서 비거리는 크게 증가한다.
③ 같은 바람의 속도에서 비거리는 약간 증가한다.
④ 같은 바람의 속도에서 비거리는 고도에 따라 다르다.

문제 321

난이도 ●●●

일반적으로 2,000m 이상으로 고도(altitude)가 높아지면 10m/s의 앞바람(head wind)에 의해 드라이버헤드의 속력이 100mph(어택각 0도, 20℃)인 골프볼의 비거리는 지면에서와 비교하면 어떻게 될까? 올바른 것은?

① 같은 바람의 속도 10m/s에서 비거리는 변화가 없다.
② 같은 바람의 속도 10m/s에서 비거리는 많이 증가한다.
③ 같은 바람의 속도 10m/s에서 비거리는 매우 적게 감소한다.
④ 같은 바람의 속도 10m/s에서 비거리는 고도에 따라 다르다.

문제 322

고도(altitude)가 높은 곳에서 친 골프볼은 지면(sea level)에서와 비교할 때 비거리는 일반적으로 어떻게 되는가?

① 변화가 없다.   ② 감소한다.
③ 감소하다 증가한다.   ④ 증가한다.

문제 323

높은 고도(altitude)가 골프볼의 비거리에 영향을 주는 이유로 올바른 것은?

① 공기의 밀도가 적어져서   ② 공기의 밀도가 커져서
③ 중력이 작아져서   ④ 중력이 커져서

문제 324

해발 2,000m에서 친 골프볼은 지면(sea level)에서보다 더 멀리 날아간다. 공기밀도(air density)와 지구중력(gravitation) 중에 어느 것이 더 영향을 미치나?

① 공기밀도와 중력이 같다.
② 공기밀도나 중력은 영향을 주지 않는다.
③ 공기밀도의 감소
④ 중력의 감소

09. 환경(바람 온도 및 고도)

문제 325

난이도

아래 그림은 어떤 조건에서의 고도(altitude)에 따른 비거리와 공기의 압력(air pressure)을 보여주고 있다. 다음 설명 중 올바른 것은?

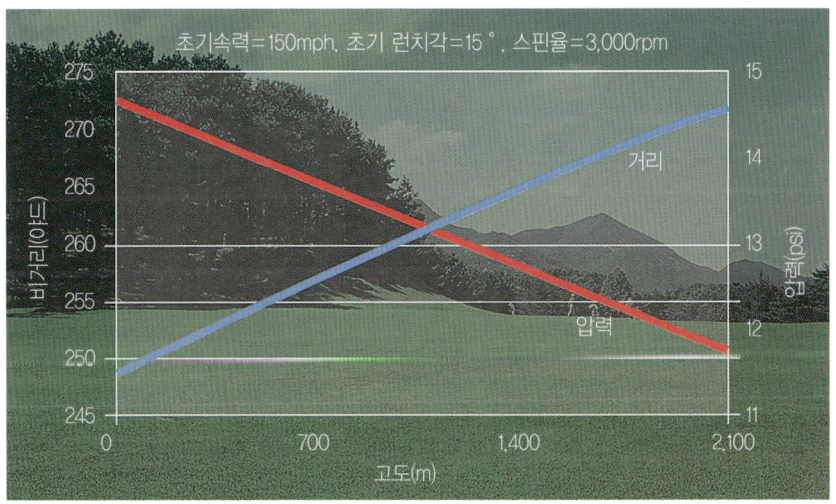

① 고도가 높아질수록 비거리는 비례하고 공기압력은 반비례한다.
② 고도가 높아질수록 비거리는 감소하고 공기압력은 높아진다.
③ 고도가 높아질수록 비거리와 공기압력은 낮아진다.
④ 고도가 높아질수록 비거리와 공기압력은 반비례한다.

문제 326

난이도

다른 조건이 같다면 봄, 여름, 가을과 겨울 중에 일반적으로 골프볼의 비거리가 가장 큰 계절은?

① 봄 ② 여름
③ 가을 ④ 겨울

문제 327

난이도 ●●●

다른 조건이 같다면 봄, 여름, 가을과 겨울 중에 일반적으로 골프볼의 비거리가 가장 짧은 계절은?

① 봄　　　　　　　② 여름
③ 가을　　　　　　④ 겨울

문제 328

난이도 ●●●

다른 조건이 같다면 봄, 여름, 가을과 겨울 중에서 여름에 골프볼의 비거리가 가장 큰 이유는?

① 공기밀도가 작고 온도가 높아 볼과 헤드의 반발력이 증가해서
② 공기밀도가 커서
③ 날씨가 더워서
④ 비가 많이 와서

문제 329

난이도 ●●●

다른 조건이 같다면 봄, 여름, 가을과 겨울 중에서 여름에 골프볼의 비거리가 가장 큰 이유로 적합하지 않은 것은?

① 공기밀도가 작아서
② 헤드와 골프볼의 반발력이 증가해서
③ 비가 많이 와서
④ 골프볼의 반발력이 좋아져서

09. 환경(바람 온도 및 고도)

문제 330

난이도 ●●○

다른 조건이 같다면 봄, 여름, 가을과 겨울 중에서 가을에 골프볼의 비거리가 증가했다면, 다음 중 그 이유로 적합하지 않은 것은?

① 신체의 상태가 제일 좋은 때이므로
② 헤드와 골프볼의 반발력이 증가해서
③ 습도가 낮아져서
④ 골프볼의 반발력이 좋아져서

문제 331

난이도 ●●●

아래 그림은 주어진 어떤 조건에서 온도와 골프볼 비거리의 일반적인 관계이다. 다음 중 올바른 것은?

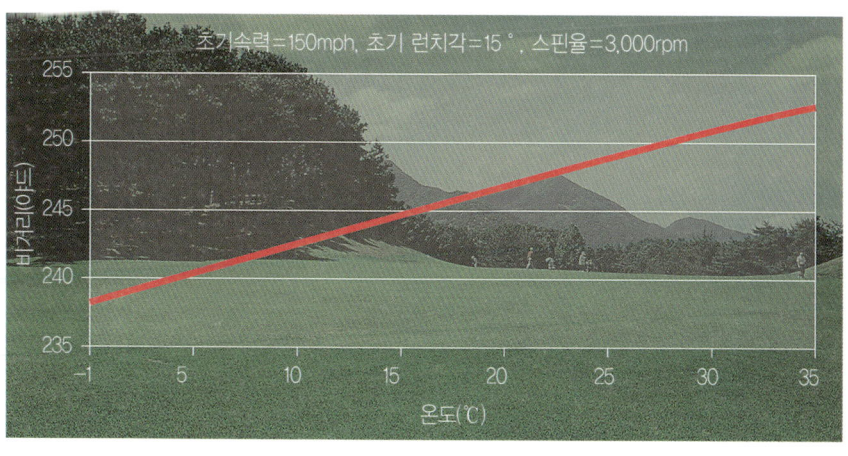

① 온도와 골프볼 비거리는 일반적으로 비례관계이다.
② 온도와 골프볼 비거리는 반비례관계이다.
③ 온도와 골프볼 비거리는 무관하다.
④ 온도와 골프볼 비거리는 항상 일정하다.

문제 332

난이도 ●●○

아래 표는 온도와 상대습도(relative humidity)의 변화에 따른 비거리의 변화를 보여주는 실험 결과이다. 아래 설명 중 알맞은 것은?

	40% 상대습도			90% 상대습도		
	10℃	20℃	30℃	10℃	20℃	30℃
드라이버	248	251	254	249	251	255 yards
5-아이언	169	172	174	169	172	175 yards
9-아이언	117	120	123	117	121	124 yards

① 비거리에 영향을 주는 것은 온도보다 습도이다.
② 비거리에 영향을 주는 것은 습도보다 온도이다.
③ 비거리에 영향을 주는 것은 습도, 온도 모두 유사하다.
④ 비거리는 습도나 온도의 영향이 적다.

문제 333

난이도 ●●●

아래 표에 의하면 상대습도(relative humidity)가 증가하면 비거리는 오히려 약간 증가한다. 그 이유로 적당한 것은? 단, 공기 중 습기(H_2O)와 비(rain)는 구분되어야 한다.

	40% 상대습도			90% 상대습도		
	10℃	20℃	30℃	10℃	20℃	30℃
드라이버	248	251	254	249	251	255 yards
5-아이언	169	172	174	169	172	175 yards
9-아이언	117	120	123	117	121	124 yards

① 잘못된 실험 결과이다.
② H_2O의 밀도가 공기(O_2 및 N_2)의 밀도보다 작기 때문이다.
③ H_2O의 밀도가 공기(O_2 및 N_2)의 밀도보다 크기 때문이다.
④ H_2O의 밀도가 공기(O_2 및 N_2)의 밀도와 같기 때문이다.

09. 환경(바람 온도 및 고도)

문제 334

난이도 ●●●

아래의 온도와 상대습도(relative humidity)에 대한 표에서 비거리에 대한 상대습도의 영향에 대해 알 수 있는 것 중 가장 적합한 어느 것인가?

	40% 상대습도			90% 상대습도		
	10℃	20℃	30℃	10℃	20℃	30℃
드라이버	248	251	254	249	251	255 yards
5-아이언	169	172	174	169	172	175 yards
9-아이언	117	120	123	117	121	124 yards

① 온도가 높을 때 습도의 영향이 크다.
② 습도는 비와 유사하다.
③ 습도에 의한 비거리 영향은 무시할 정도로 작다.
④ 습도에 의한 비거리 영향은 크나.

바보로 만든다 : 골프는 사람을 변하게 한다. 정직한 사람을 거짓말쟁이로, 박애주의자를 사기꾼으로, 용감한 사람을 겁쟁이로 각각 바꾸고 모든 사람을 바보로 만든다. (밀튼 그로스, 프로골퍼)

배울 것이 많다 : 골프는 배우면 배울수록 배울 것이 많아진다. (앨즈워스 바인즈, 프로골퍼)

125야드 : 골프 스코어의 60%는 핀에서 1백 25야드 이내에서 나온다. (샘 스니드, 프로골퍼).

버디를 한 후 : 고수는 버디 한 다음부터 더 잘 치고 하수는 버디 한 다음부터 망가진다.

벗 : 골프는 벗이다. 그 벗은 절망을 희망으로 바꾸어준다. 드라이버를 잘 알면 벗처럼 당신을 즐겁게 할 것이다. (보브 토스키, 프로골퍼)

벙커 : 벙커, 피할 수 없으면 즐겨라. 대부분 골퍼는 재난에 대비하고, 훌륭한 골퍼는 성공을 준비한다. (로버트 엘리엇, 미국의 심장전문의)

벙커와 연못의 차이 : 벙커와 연못의 차이는 자동차와 비행기 사고와의 차이이다. 자동차 사고라면 살아날 기회가 있다. (보비 존스, 프로골퍼)

10 런치 모니터

문제 335

골프볼이나 클럽헤드의 동작 특성을 측정하는 장치인 런치 모니터(launch monitor)는 특성에 따라 여러 종류가 있다. 다음의 그림은 무슨 원리를 이용하는 것인가?

① 주로 적외선(infrared light)을 이용하는 센서형(sensor type)이다.
② 가시광선(visible light)을 이용하는 센서형(sensor type)이다.
③ 카메라(camera)를 이용하는 센서형(sensor type)이다.
④ 전자파(electromagnetic wave)를 이용하는 센서형(sensor type)이다.

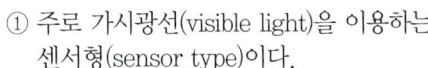

문제 336

난이도 ●●●

골프볼이나 클럽헤드의 동작 특성을 측정하는 장치인 런치 모니터(launch monitor)는 특성에 따라 여러 종류가 있다. 다음의 어치버(achiever)는 무슨 원리를 이용하는 것인가?

① 주로 가시광선(visible light)을 이용하는 센서형(sensor type)이다.
② 주로 적외선(infrared light) 레이저(laser)를 이용하는 형태이다.
③ 카메라(camera)를 이용하는 센서형(sensor type)이다.
④ 전자파(electromagnetic wave)를 이용하는 센서형(sensor type)이다.

문제 337

난이도 ●●●

골프볼이나 클럽헤드의 동작 특성을 측정하는 장치인 런치 모니터(launch monitor)는 특성에 따라 여러 종류가 있다. 아래는 왼쪽에서부터 순서대로 임팩트라(Impactra), 벡터(Vector) 및 지씨 2(GC2)이다. 이들 런치모니터는 무슨 원리를 이용하는 것인가? 붉은 원은 카메라이다.

① 주로 적외선(infrared light)을 이용하는 센서형(sensor type)이다.
② 주로 적외선(infrared light) 레이저(laser)를 이용하는 형태이다.
③ 카메라(camera)를 이용하는 형태이다.
④ 전자파(electromagnetic wave)를 이용하는 센서형(sensor type)이다.

10. 런치 모니터

문제 338

난이도 ●●●

골프볼이나 클럽헤드의 동작 특성을 측정하는 장치인 런치 모니터(launch monitor)는 특성에 따라 여러 종류가 있다. 아래는 왼쪽에서부터 순서대로 트랙맨(TrackMan), 젤로시티(Zelocity) 및 플라이트스코프 (Flightscope)이다. 이들 런치 모니터는 무슨 원리를 이용하는 것인가?

① 주로 적외선(infrared light)을 이용하는 센서형(sensor type)이나.
② 주로 적외선(infrared light) 레이저(laser)를 이용하는 형태이다.
③ 카메라(camera)를 이용하는 형태이다.
④ 전자파(electromagnetic wave)를 이용하는 형태이다.

문제 339

난이도 ●●●

다음의 원리를 사용하는 런치모니터(launch monitor) 중에 골프볼의 스핀을 알기가 상대적으로 어려운 것은?

① 주로 적외선(infrared light)을 이용하는 센서형(sensor type)
② 적외선 레이저형(infrared laser type)
③ 카메라형(camera sensor type)
④ 전자파(electromagnetic wave)를 이용하는 레이더형(radar type)

153

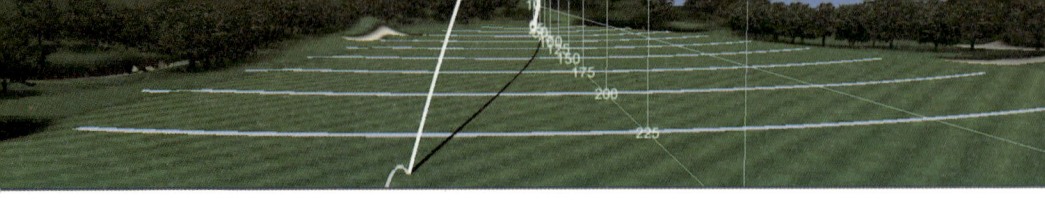

문제 340

난이도 ●○○

골프볼이나 클럽헤드의 동작 특성을 측정하는 장치인 런치모니터(launch monitor)는 특성에 따라 여러 종류가 있다. 다음 중 PGA와 LPGA 등에서 보편적으로 많이 사용하는 것은 어느 것인가?

① 센서형(sensor type) ② 레이저형(laser type)
③ 카메라형(camera type) ④ 레이더형(radar type)

문제 341

난이도 ●●●

일반적으로 센서형, 레이저형 및 카메라형의 런치모니터(launch monitor)는 골프볼의 백스핀을 정확하게 측정하기가 어렵다. 그 이유는?

① 골프볼이 헤드와 충돌하는 순간 심한 찌그러짐 때문
② 충돌 순간 초기에는 볼이 회전하지 않기 때문
③ 헤드의 그림자에 가려서
④ 자체적으로 측정을 못 해서

문제 342

난이도 ●●●

공기의 영향을 고려한 골프볼의 백스핀을 정확하게 측정하려면 골프볼의 스핀을 볼 타격위치로부터 어느 정도 거리에서 측정해야 좋을까?

① 0.5~1.0m ② 1.0~2.0m
③ 2.0~3.0m ④ 4~5m 이상

10. 런치 모니터

문제 343

일반적으로 레이더형 런치모니터(launch monitor)는 무슨 원리로 골프볼의 정보를 얻는가?

① 뉴턴(Isaac Newton, 영국: 1642~1727)의 원리
② 마그누스(Heinrich Gustav Magnus, 독일: 1802~1870)의 원리
③ 도플러(Christian Johan Doppler, 오스트리아: 1803~1853)의 원리
④ 아인슈타인(Albert Einstein, 독일: 1879~1955)의 상대성 원리

문제 344

타격된 골프볼의 백스핀을 정확하게 측정한다는 레이더형(radar type) 런치모니터(launch monitor)의 백스핀 정확도는 대략 어느 정도인가? (단, rpm은 분당 회전수로 revolutions per minute의 약자이다.)

① ±5.00 ~ ±10rpm   ② ±125 ~ ±200rpm
③ ±500 ~ ±700rpm   ④ ±700 ~ ±900rpm

문제 345

드라이버로 타격된 골프볼의 백스핀을 정확하게 측정하는 런치모니터(launch monitor)의 백스핀의 회전수를 표현한 것 중에 비교적 적합한 것은? (단, rpm은 분당 회전수로 revolutions per minute의 약자이다)

① 3,221.00±0.21rpm   ② 3,221.00±0.2rpm
③ 3,221±1rpm   ④ 3,200±200rpm

문제 346

난이도 ●●●

레이더형(radar type) 런치모니터(launch monitor)는 날아가는 골프볼의 궤도를 측정하는 장비로서 도플러 원리를 이용한다. 다음 중 도플러(Doppler)의 원리가 아닌 것은?

① 골프볼에 보낸 전자파와 돌아오는 전자파와의 진동수 차이를 이용해서
② 휴대전화(cellular phone)의 원리
③ 미사일(missile)의 추적 및 초음파(ultrasonic wave) 진단기의 원리
④ 우주(universe)의 별(star)의 속력을 측정하는 원리

문제 347

난이도 ●●●

다음 중 도플러(Doppler)의 원리가 아닌 것은?

① 전자레인지(microwave)의 원리
② 초음파(ultrasonic wave)진단기의 원리
③ 미사일(missile)추적의 원리
④ 다가오는 구급차(ambulance)의 소리가 높게(high frequency) 들리는 이유

문제 348

난이도

다음 중 도플러(Doppler)에 대한 잘못된 표현은?

① 도플러 효과(Doppler effect)
② 도플러 변위(Doppler shift)
③ 오스트리아 물리학자-1842년에 도플러 효과 발표
④ 러시아 물리학자

10. 런치 모니터

문제 349

난이도

아래 골프로봇(golf robot)에 대한 설명 중 잘못된 것은?

① 로봇에 장착된 클럽헤드의 속력은 항상 일정하다.
② 로봇에 장착한 클럽헤드의 속력은 ±1.0~±1.5mph 정도로 변한다.
③ 골프볼을 타격할 때 항상 어택각을 조정해서 실험해야 한다.
④ 로봇에 장착한 클럽헤드의 속력은 변하기 때문에 늘 조정해야 한다.

문제 350

난이도

아래 골프로봇(golf robot)에 대한 설명 중 올바른 것은?

① 로봇의 실험목적은 주로 일관성에 있다.
② 헤드속력을 매우 높게(120mph 이상) 하기가 쉽다.
③ 골프볼을 타격할 때 어택각은 중요하지 않다.
④ 로봇에 장착한 클럽헤드의 속력이 클수록 속력의 편차는 작다.

불가근불가원 : 볼에 너무 가까이 서도 너무 멀리 서도 몸의 동작은 나빠진다.
(벤 호건, 미국의 명 프로골퍼)

알아두면 도움이 되는 골프상식

- **말뚝 색상**

노란색 말뚝(노란선) 워터헤저드(water hazards)-움직일 수 있다.
물이 있든 없든 워터헤저드다.
빨간색 말뚝(빨간선) 래터럴 워터헤저드(lateral water hazards)-움직일 수 있다.
흰색 말뚝 아웃 어브 바운즈(out of bounds)-움직일 수 없다.
플레이가 금지된 지역이다. 1벌타 받고 다시 친다.
티샷이 OB라면 티업도 가능하다.
파란색 말뚝 수리지(ground under repair)-움직일 수 있다.
흰색으로 표시되기도 한다. 가까운 구제 지역을 정해 1클럽 길이 내에 드롭하고 다시 친다.

- **티샷 및 스루더 그린에서 언플레이어블(unplayable) 3가지 방법**
  (1벌타를 받고 난 후)
① 티잉 그라운드 혹은 전의 위치에서 플레이 한다.
② 홀과 연결하는 후방 연장 선상(무제한)에서 드롭한다.
③ 볼에서부터 2클럽 길이 이내의 지점이며, 홀에 근접하지 않은 곳에서 드롭한다.

- **벌타 없이 볼을 움직일 수 있는 곳**
카트 도로, 나무의 버팀목, 캐주얼 워터, 수리지, 철조망

- **오구에 해당하는 볼**
- 다른 플레이어의 볼
- 버려진 볼
- 더는 인플레이 볼이 아닌 플레이어의 원구
- 잠정 구중 일부

- **리플레이스(replacing)**
원래의 위치가 불분명해 규칙에 정해진 자리에 볼을 놓는 행위로 볼이 플레이스된 후부터 인 플레이가 된다. 리플레이스(replacing)는 볼을 처음 쳤던 원래 위치로 되돌려놓는 행위이다.

20문항(4.0%)

11 티잉 그라운드

규칙위반에 의한 벌타와 단순 스트로크는 구분하자!
※ 본 문제는 스트로크 플레이 방식을 전제로 한다.

난이도 예
쉬움 ●●●
보통 ●●●
어려움 ●●●

문제 351

난이도 ●●●

드라이버로 볼을 타격하고 나서 볼의 티를 꽂은 자리를 보니 티잉 그라운드(teeing ground) 구역 밖이었던 것을 나중에 알게 되었다. 이런 경우 적용되는 규칙에 의한 벌타의 수는?

① 무벌타
② 1벌타
③ 2벌타
④ 3벌타

문제 352

난이도 ●●●

어드레스(address)가 완료되기 전에 샷의 준비동작으로 왜글(waggle)을 두세 번 하다가 볼을 살짝 건드려서 볼을 떨어뜨렸을 때 적용되는 규칙은?

① 무벌타
② 1벌타
③ 2벌타
④ 3벌타

문제 353

난이도

경기 도중 성급하게 경기에 참여하다 보니 실수로 동반 경기자의 백에서 클럽을 빼 그 클럽으로 티샷(tee shot)을 했다. 이런 경우 규칙에 의해 적용되는 벌타의 수는?

① 무벌타   ② 1벌타
③ 2벌타   ④ 3벌타

문제 354

난이도

티잉 그라운드(teeing ground)에서 티샷(tee shot)을 하려는데, 볼 뒤에 있는 잔디가 방해가 되어 잔디를 밟아 다진 후 치거나 아주 뽑아버리고 티샷을 했다. 이런 경우 적용되는 규칙은?

① 무벌타   ② 1벌타
③ 2벌타   ④ 3벌타

11. 티잉 그라운드

문제 355

난이도 ●●●

경기 도중 치는 순서를 착각하여 동반 경기자의 차례를 제치고 먼저 티샷(tee shot)을 한후에 방금 쳤던 볼을 치지 않은 것으로 하고 원래 순서에 따라 다른 볼로 다시 티샷을 했을 때 적용되는 규칙에 대한 설명으로 옳은 것은?

① 무벌타로 계속 경기를 진행한다.
② 1벌타를 받고 경기를 진행한다.
③ 2벌타를 받고 경기를 진행한다.
④ 3벌타를 받고 경기를 진행한다.

문제 356

난이도 ●○○

티잉 그라운드(teeing ground)에서는 백티(back tee) 지역을 사용해야 하는데, 착각해서 프론트티(front tee) 지역에서 티샷(tee shot)을 하였고 볼을 치고 난 후 알게 되었다. 이때 적용되는 규칙은?(back tee는 blue tee 혹은 championship tee라고도 한다.)

① 무벌타로 티 구역 내에서 다시 티업해 경기한다.
② 1벌타를 받고 티 구역 내에서 다시 티업해 경기한다.
③ 2벌타를 받고 티 구역 내에서 다시 티업해 경기한다.
④ 3벌타를 받고 티 구역 내에서 다시 티업해 경기한다.

문제 357

난이도 ●○○

어드레스(address) 후 티샷(tee shot)을 했는데 힘이 너무 들어가 헛스윙을 하면서 그 바람에 볼이 티에서 떨어져 버렸다. 그래서 떨어진 볼을 다시 티업(tee up)해 쳤을 때 규칙에 따라 어떠한 벌타를 받게 되는가?

① 무벌타로 2번째 스트로크를 한다.
② 1벌타를 받고 경기를 진행한다.
③ 2벌타를 받고 경기를 진행한다.
④ 3벌타를 받고 경기를 진행한다.

문제 358

난이도 ●●○

티샷(tee shot)한 볼이 OB(out of bounds)는 아니지만, 도저히 칠 수 없을 것 같은 라이에 떨어져 언플레이어블(unplayable)을 선언하고 싶을 때 적용되는 규칙으로 올바른 것은?

① 무벌타로 다시 티업한다.
② 1벌타를 받고 다시 티업한다.
③ 2벌타를 받고 다시 티업한다.
④ 3벌타를 받고 다시 티업한다.

11. 티잉 그라운드

문제 359

난이도 ●●●

티샷(tee shot)을 하고 보니 경기자의 발이 티잉 그라운드(teeing ground) 밖으로 나가 있던 것을 확인한 동반 경기자가 항의했을 때 적용되는 규칙으로 올바른 것은?

① 무벌타로 계속 경기를 진행한다.
② 1벌타를 받고 경기를 진행한다.
③ 2벌타를 받고 경기를 진행한다.
④ 3벌타를 받고 경기를 진행한다.

문제 360

난이도 ●●

파3홀에서 타순((order of play)이 앞선 동반 경기자에게 방금 사용했던 클럽의 번호를 물었다. 이런 경우 적용되는 규칙에 설명으로 바른 것은?

① 무벌타로 계속 경기를 진행한다.
② 1벌타를 받고 경기를 진행한다.
③ 2벌타를 받고 경기를 진행한다.
④ 3벌타를 받고 경기를 진행한다.

난이도 ●●●

문제 361

골프 토너먼트(tournament)대회에 출전하였는데 출발 시간표에 9시 정각에 출발한다고 기재되어 있었다. 그런데 차량 정체가 극심하여 경기자가 가까스로 오전 9시 정각에 1번 홀 티잉 그라운드에 도착하였다. 이런 경우 지각으로 말미암은 벌칙을 주는가?

① 무벌타로 경기할 수 있다.
② 최초의 홀에서 1벌타를 가산하고 출발한다.
③ 최초의 홀에서 2벌타를 가산하고 출발한다.
④ 최초의 홀에서 3벌타를 가산하고 출발한다.

난이도 ●●●

문제 362

처음 라운드(stipulated round)하는 코스여서 공략하는 방법을 몰랐다. 동반 경기자에게 연못의 위치, OB(out of bounds) 장소 및 그린(green)의 특징이나 핀의 위치 등을 물어보고 조언을 구했다. 이런 경우 적용되는 규칙에 대한 설명으로 바른 것은?

① 무벌타로 그대로 경기를 진행한다.
② 1벌타를 받고 경기를 진행한다.
③ 2벌타를 받고 경기를 진행한다.
④ 3벌타를 받고 경기를 진행한다.

11. 티잉 그라운드

문제 363

난이도 🟢🟢🟢

파3홀에서 전 팀의 경기가 아직 끝나지 않았으므로, 기다리는 동안 티잉 그라운드(teeing ground) 주변에서 간단한 퍼트 연습과 칩샵(chip shot) 연습을 하며 시간을 보냈다. 이런 경우 적용되는 규칙에 대한 설명으로 바른 것은?

① 무벌타로 그대로 경기를 한다.
② 1벌타를 받고 경기를 진행한다.
③ 2벌타를 받고 경기를 진행한다.
④ 3벌타를 받고 경기를 진행한다.

비 오는 날 : 비 오는 날에는 볼을 쓸 듯이 스윙해야 미스가 적어진다. (잭 니클로스, 미국의 명 프로골퍼)

문제 364

난이도 ● ● ●

경기 중인 상황에서 앞선 조에 속한 일행과 휴대전화로 통화하며 그린(green)의 상황이나 사용 클럽 등에 관한 정보를 교환했다. 이런 경우 적용되는 규칙에 대한 설명으로 바른 것은?

① 무벌타로 계속 경기할 수 있다.
② 1벌타를 받고 계속 경기할 수 있다.
③ 2벌타를 받고 계속 경기할 수 있다.
④ 다른 경기자의 집중력을 흐트러뜨리고 폐를 끼치는 일이므로 경기 실격처리된다.

3,000개 : 야구에서 안타 3,000개 치는 데 17년이 걸렸지만, 골프에서는 그것을 하루에 해 치웠다. (행크 애런, 미국의 야구 홈런왕)

11. 티잉 그라운드

문제 365

난이도 ●○○

파3홀에서 경기 도중 잠시 거리를 착각해 클럽 선택의 실수를 알고 클럽을 바꾸러 가야 했지만, 카트(cart)까지의 거리가 멀어서 그냥 동반 경기자의 승낙을 얻어 클럽을 빌려서 샷을 했다. 이런 경우 적용되는 규칙에 대한 설명으로 바른 것은?

① 무벌타로 그대로 경기를 한다.
② 1벌타를 받고 다시 경기를 진행한다.
③ 2벌타를 받고 다시 경기를 진행한다.
④ 3벌타를 받고 다시 경기를 진행한다.

3가지 요소 : 골프에서 50퍼센트가 심상(멘탈), 40퍼센트가 셋업, 그리고 나머지 10퍼센트가 스윙이다. (잭 니클로스, 미국의 명 프로골퍼)

설계자의 뜻 : 골퍼에게 안전하지 않은 장소를 안전하다고 생각하는 곳에 설계가의 속임수는 있다. (피트 다이, 프로골퍼)

문제 366

난이도 ●○○

가지고 온 볼을 모두 워터해저드에 빠뜨려서 소진(exhaustion)되고 말았다. 경기 도중 동반 경기자에게 볼을 빌려 칠 수밖에 없는 상황에서 적용되는 규칙에 대한 설명으로 바른 것은?

① 클럽 이외의 것은 빌릴 수 있으므로 벌타 없이 그대로 경기를 한다.
② 1벌타를 받고 다시 경기를 진행한다.
③ 2벌타를 받고 다시 경기를 진행한다.
④ 3벌타를 받고 다시 경기를 진행한다.

문제 367

난이도 ●●○

2번 홀에서 티샷(tee shot)을 하려고 클럽을 고르던 중 자신의 캐디 백(caddie bag)에 클럽이 15개가 들어 있는 것을 알았다. 이런 경우 적용되는 규칙에 대한 설명으로 바른 것은?

① 벌타 없이 사용하지 않겠다고 선언하고 나서 경기를 계속한다.
② 1벌타를 받고 사용하지 않겠다고 선언하고 나서 경기를 계속한다.
③ 2벌타를 받고 사용하지 않겠다고 선언하고 나서 경기를 계속한다.
④ 3벌타를 받고 사용하지 않겠다고 선언하고 나서 경기를 계속한다.

11. 티잉 그라운드

문제 368   난이도

실수로 가방에 15개의 클럽을 넣어서 그 가운데 하나를 사용하지 않겠다고 선언했다. 그런데 경기 도중 클럽의 샤프트가 부러져 사용하지 않겠다고 선언했던 클럽과 교체를 했을 경우, 적용되는 규칙에 대한 설명으로 바른 것은?

① 벌타 없이 교체할 수 있다.
② 1벌타를 받고 나서 교체할 수 있다.
③ 2벌타를 받고 나서 교체할 수 있다.
④ 3벌타를 받고 나서 교체할 수 있다.

문제 369   난이도

티샷(tee shot)에 쓰이는 티는 아무것이나 가능하다고 들었기에 티 대신 담뱃갑 위에 볼을 올려놓고 티업을 했다. 이런 경우 적용되는 규칙에 대한 바른 것은?

① 벌타 없이 계속 경기할 수 있다.
② 1벌타를 받고 나서 계속 경기할 수 있다.
③ 2벌타를 받고 나서 계속 경기할 수 있다.
④ 부적합한 티 사용은 경기실격사유가 되므로 실격된다.

문제 370

난이도 ●●●

티샷(tee shot)한 볼이 실수로 앞쪽에 있는 여성용 티잉 그라운드에 올려졌다. 이런 경우 적용되는 규칙에 대한 설명으로 바른 것은?

① 벌타 없이 그대로 경기를 한다.
② 1벌타를 받고 나서 경기를 한다.
③ 2벌타를 받고 나서 경기를 한다.
④ 3벌타를 받고 나서 경기를 한다.

쇼트게임 : 쇼트게임을 잘하는 자는 롱 게임을 잘하는 자를 이기는 법이다. (보비 존스, 프로골퍼)

65문항(13%)

12 스루 더 그린

규칙위반에 의한 벌타와 단순 스트로크는 구분하자!

난이도 예
쉬움
보통
어려움

※ 본 문제는 스트로크 플레이 방식을 전제로 한다.

문제 371

난이도

마른 풀을 쌓아 놓은 수리지(ground under repair) 안으로 들어간 볼을 찾다가 볼을 움직였다. 이 경우 적용되는 규칙으로 알맞은 것은?

① 무벌타로 경기를 진행한다.
② 1벌타를 받고 다시 경기를 진행한다.
③ 2벌타를 받고 다시 경기를 진행한다.
④ 3벌타를 받고 다시 경기를 진행한다.

문제 372

난이도

페어웨이(fairway)에 놓인 두 사람의 볼이 너무 가깝게 있다. 동반 경기자가 볼을 치는 데 방해가 된다면 적용되는 규칙은?

① 무벌타로 마크하고 볼을 집어올리고 나서 경기를 계속한다.
② 1벌타를 받고 마크하고 볼을 집어올리고 나서 경기를 계속한다.
③ 2벌타를 받고 마크하고 볼을 집어올리고 나서 경기를 계속한다.
④ 3벌타를 받고 마크하고 볼을 집어올리고 나서 경기를 계속한다.

문제 373

난이도 ●●●

페어웨이(fairway)에서 두 번째 샷을 했는데, 그 볼이 그만 앞에 걸어가던 동반 경기자에게 맞고 정지하였다. 이런 경우 적용되는 규칙에 대한 설명으로 알맞은 것은?

① 무벌타로 볼이 정지한 곳에서 경기한다.
② 1벌타를 볼이 정지한 곳에서 경기를 계속한다.
③ 2벌타를 볼이 정지한 곳에서 경기를 계속한다.
④ 3벌타를 볼이 정지한 곳에서 경기를 계속한다.

문제 374

난이도 ●○○

페어웨이(fairway)에서 두 번째 샷을 준비하던 중 앞에 놓여 있는 나뭇가지가 방해되어 치우다가 볼을 건드리고 말았다. 이런 경우 적용되는 규칙에 대한 설명으로 올바른 것은?

① 무벌타로 경기를 진행한다.
② 1벌타를 받고 볼을 리플레이스한 후 다시 경기를 계속한다.
③ 2벌타를 받고 볼을 리플레이스한 다시 경기를 계속한다.
④ 3벌타를 받고 볼을 리플레이스한 다시 경기를 계속한다.

12. 스루 더 그린

문제 375

난이도 ●●●

티샷(tee shot)한 볼에 슬라이스가 걸려 오른쪽 러프(rough) 사이의 포장되어 있는 도로 위에 멈추어버렸다. 이런 경우 적용되는 규칙으로 알맞은 것은?

① 무벌타로 드롭해서 다시 경기를 진행한다.
② 1벌타를 받고 드롭해서 다시 경기를 한다.
③ 2벌타를 받고 드롭해서 다시 경기를 한다.
④ 3벌타를 받고 드롭해서 다시 경기를 한다.

문제 376

난이도 ●○○

티샷(tee shot)한 볼이 작은 길옆 보호망의 울타리 바로 앞에 떨어졌다. 발의 위치를 잡을 수 없을 때 적용되는 규칙의 설명으로 올바른 것은?

① 무벌타로 드롭해서 경기를 한다.
② 1벌타를 받고 드롭해서 경기를 한다.
③ 2벌타를 받고 드롭해서 경기를 한다.
④ 3벌타를 받고 드롭해서 경기를 한다.

문제 377

난이도 ●●●

볼이 진흙에 덮여서 도저히 누구의 것인지 식별이 어려운 경우 적용되는 규칙에 대한 설명으로 바른 것은?

① 벌타 없이 볼을 집어 올려 식별할 수 있을 정도로 닦을 수 있다.
② 1벌타를 받고 볼을 집어 올려 식별할 수 있도록 닦을 수 있다.
③ 2벌타를 받고 볼을 집어 올려 식별할 수 있도록 닦을 수 있다.
④ 3벌타를 받고 볼을 집어 올려 식별할 수 있도록 닦을 수 있다.

문제 378

난이도 ●●●

러프(rough)로 볼이 날아가 찾아보니 배수구 뚜껑 위에 멈추어 있었다. 이런 경우 적용되는 규칙에 대한 설명으로 올바른 것은?

① 무벌타로 드롭해서 다시 경기를 진행한다.
② 1벌타를 받고 드롭해서 다시 경기를 진행한다.
③ 2벌타를 받고 드롭해서 다시 경기를 진행한다.
④ 3벌타를 받고 드롭해서 다시 경기를 진행한다.

문제 379

난이도 ●●●

티샷(tee shot)한 볼이 페어웨이(fairway)에 있는 나무의 가지에 걸려 있어 자신의 볼인지 식별이 어려운 경우 적용되는 규칙에 대한 설명으로 올바른 것은?

① 무벌타를 받고 원위치로 돌아와 다시 친다.
② 1벌타를 받고 원위치로 돌아와 다시 친다.
③ 2벌타를 받고 원위치로 돌아와 다시 친다.
④ 3벌타를 받고 원위치로 돌아와 다시 친다.

문제 380

난이도 ○●●

티샷(tee shot)한 볼이 숲으로 들어가 두 번째 샷을 하기위해 연습스윙을 하던 중 나뭇가지가 방해되어 꺾어버렸다. 이런 경우 적용되는 규칙에 대한 설명으로 올바른 것은?

① 무벌타로 경기를 계속한다.
② 1벌타를 받고 경기를 계속한다.
③ 2벌타를 받고 경기를 계속한다.
④ 3벌타를 받고 경기를 계속한다.

12. 스루 더 그린

문제 381

난이도

티샷(tee shot)한 볼이 버팀목이 있는 나무의 갈라진 뿌리 사이에 끼어 있어 두 번째 샷을 할 수 없는 상황이다. 이런 경우 적용되는 규칙에 대한 설명으로 올바른 것은?

① 버팀목과 나무뿌리 모두 구제받을 수 있는 장애물로 무벌타를 받고 경기를 계속한다.

② 버팀목은 구제받을 수 있으나 나무뿌리는 구제받을 수 없으므로 1벌타를 받고 언플레이어블(unplayable)을 선언한 후 경기를 계속한다.

③ 버팀목과 나무뿌리 모두 구제받을 수 없는 장애물로 2벌타를 받고 경기를 계속한다.

④ 버팀목과 나무뿌리 모두 구제받을 수 없는 장애물로 3벌타를 받고 경기를 계속한다.

문제 382

난이도

티샷(tee shot)한 볼이 페어웨이(fairway)에 떨어졌다. 두 번째 샷을 하기 위해 연습스윙을 하던 중 볼 뒤에 잔디가 길게 나 있어 치기 곤란하다고 판단하여 그 풀을 밟고 볼을 쳤다. 이런 경우 적용되는 규칙에 대한 설명으로 올바른 것은?

① 무벌타로 경기한다.
② 1벌타를 받고 다시 경기를 계속한다.
③ 2벌타를 받고 다시 경기를 계속한다.
④ 3벌타를 받고 다시 경기를 계속한다.

신사 : 골프는 용사(勇士)처럼 플레이하고 신사(紳士)처럼 행동하는 게임이다. (데이비드 로버트 포건, 프로골퍼)

문제 383

난이도 ●●●

티샷(tee shot)한 볼이 슬라이스가 나서 페어웨이(fairway) 오른쪽 위에 있는 나뭇가지에 걸려버렸다. 자신의 볼인지는 확인되었으나 두 번째 샷이 불가능한 상황이다. 이런 경우 적용되는 규칙에 대한 설명으로 바른 것은?

① 무벌타를 받고 언플레이어블(unplayable)을 선언한 후 경기를 한다.
② 1벌타를 받고 언플레이어블(unplayable)을 선언한 후 경기를 한다.
③ 2벌타를 받고 언플레이어블(unplayable)을 선언한 후 경기를 한다.
④ 3벌타를 받고 언플레이어블(unplayable)을 선언한 후 경기를 한다.

문제 384

난이도 ●●●

페어웨이(fairway)에서 두 번째 샷을 했는데 그 볼이 OB(out of bounds)가 났다. 그 후에 OB가 난 볼이 자신의 볼이 아니라 동반 경기자의 볼을 확인하지 않고 친 것임을 알게 되었다. 이런 경우 적용되는 규칙에 대한 설명으로 바른 것은?

① 무벌타를 받고 자신의 볼로 다시 경기를 한다.
② 1벌타를 받고 자신의 볼로 다시 경기를 한다.
③ 2벌타를 받고 자신의 볼로 다시 경기를 한다.
④ 3벌타를 받고 자신의 볼로 다시 경기를 한다.

문제 385

난이도 ●●●

러프(rough)에 들어간 볼을 찾다가 모르고 자신의 발로 볼을 찼을 때 적용되는 규칙에 대한 설명으로 바른 것은?

① 무벌타로 경기를 진행한다.
② 1벌타를 받고 볼을 리플레이스 한 후 다시 경기를 진행한다.
③ 2벌타를 받고 볼을 리플레이스 한 후 다시 경기를 진행한다.
④ 3벌타를 받고 볼을 리플레이스 한 후 다시 경기를 진행한다.

12. 스루 더 그린

문제 386

난이도 🟡🟡🟡

페어웨이(fairway)에 나란히 떨어진 동반 경기자의 볼과 자신의 볼이 상표나 번호가 같아 구별하기 어려운 상황이 되었다. 이런 경우 적용되는 규칙에 대한 설명으로 올바른 것은?

① 무벌타로 원위치로 돌아와 다시 친다.
② 1벌타를 받고 원위치로 돌아와 다시 친다.
③ 2벌타를 받고 원위치로 돌아와 다시 친다.
④ 3벌타를 받고 원위치로 돌아와 다시 친다.

문제 387

난이도 🟡🟡🟡

두 번째 샷을 한 볼이 공용으로 쓰이는 카트(cart)에 맞고 난 후 튀어서 페어웨이(fairway)에 떨어졌다. 이런 경우 적용되는 규칙에 대한 설명으로 바른 것은?

① 무벌타로 정지한 곳에서 경기한다.
② 1벌타를 받고 정지한 곳에서 경기한다.
③ 2벌타를 받고 정지한 곳에서 경기한다.
④ 3벌타를 받고 정지한 곳에서 경기한다.

문제 388

난이도 ⚪🟡🟡

두 번째 샷한 볼이 동반 경기자가 운전하는 전용카트(cart)에 맞고 난 후 튀어서 페어웨이(fairway)에 떨어졌다. 이런 경우 적용되는 규칙에 대한 설명으로 바른 것은?

① 1벌타를 받고 볼이 정지한 곳에서 경기를 계속한다.
② 2벌타를 받고 볼이 정지한 곳에서 경기를 계속한다.
③ 3벌타를 받고 볼이 정지한 곳에서 경기를 계속한다.
④ 동반 경기자의 휴대품으로 간주하여 국외자가 되므로 벌타 없이 볼이 정지한 곳에서 경기를 계속한다.

문제 389 난이도 ●○○

두 번째 샷을 하기 위해 연습스윙을 하던 중 클럽헤드에 볼이 살짝 닿아 볼이 약간 움직였다. 이런 경우 경기자에게 적용되는 규칙에 대한 설명으로 올바른 것은?

① 무벌타로 경기를 진행한다.
② 1벌타를 받고 다시 경기를 진행한다.
③ 2벌타를 받고 다시 경기를 진행한다.
④ 3벌타를 받고 다시 경기를 진행한다.

문제 390 난이도 ●●○○

언플레이어블(unplayable)을 선언한 후 1벌타를 받고나서 드롭(dropping)을 했는데, 드롭한 볼이 굴러가서 다시 나무뿌리들 사이에 들어가 도저히 경기를 할 수 없는 상황이 되어버렸다. 이런 경우 적용되는 규칙에 대한 설명으로 바른 것은?

① 무벌타로 다시 드롭해서 경기를 한다.
② 1벌타를 추가로 받고 다시 드롭해서 경기를 한다.
③ 2벌타를 추가로 받고 다시 드롭해서 경기를 한다.
④ 3벌타를 추가로 받고 다시 드롭해서 경기를 한다.

12. 스루 더 그린

문제 391

난이도

티샷(tee shot)한 볼이 오른쪽 나무숲으로 들어갔다. 가지가 많은 나무숲 아래에서 두 번째 샷을 하기 위해 연습스윙을 하던 중 백스윙 시에 뒤에 있는 나뭇가지가 걸려 부러져버렸다. 이런 경우 적용되는 규칙에 대한 설명으로 바른 것은?

① 무벌타로 경기를 진행한다.
② 스윙구역 개선으로 판단되어 1벌타를 받고 다시 경기를 진행한다.
③ 스윙구역 개선으로 판단되어 2벌타를 받고 다시 경기를 진행한다.
④ 스윙구역 개선으로 판단되어 3벌타를 받고 다시 경기를 진행한다.

문제 392

난이도

티샷(tee shot)한 볼이 OB(out of bounds)선 근처에 떨어져 발의 자세와 위치가 애매한 상황이 되었다. 따라서 발의 위치가 OB 구역으로 들어가 볼을 칠 수밖에 없는 상황일 때 적용되는 규칙에 대한 설명으로 바른 것은?

① 무벌타로 경기를 진행한다.
② 1벌타를 받고 다시 경기를 진행한다.
③ 2벌타를 받고 다시 경기를 진행한다.
④ 3벌타를 받고 다시 경기를 진행한다.

실력 : 퍼팅의 실력은 1발에 넣는 것으로가 아니라, 10발을 쳐서 몇 개를 넣느냐는 퍼센티지(%)로 따진다. (월터 헤겐, 프로골퍼)

문제 393

난이도 ●●●

수리지(ground under repair)로부터 구제를 받아 볼을 집어올렸는데 드롭(dropping)할 장소가 마땅치 않아서 볼을 다시 원래위치로 되돌려놓고 경기했다. 이런 경우 적용되는 규칙에 대한 설명으로 올바른 것은?

① 무벌타로 경기를 진행한다.
② 1벌타를 받고 다시 경기를 진행한다.
③ 2벌타를 받고 다시 경기를 진행한다.
④ 3벌타를 받고 다시 경기를 진행한다.

문제 394

난이도 ●●●

두 번째 샷을 하려고 어드레스(address) 후 백스윙을 시작하려는데 그만 볼이 움직이는 것을 그냥 그대로 쳐버렸다. 이런 경우 적용되는 규칙에 대한 설명으로 올바른 것은?

① 무벌타로 경기를 진행한다.
② 1벌타를 받고 다시 경기를 진행한다.
③ 2벌타를 받고 다시 경기를 진행한다.
④ 3벌타를 받고 다시 경기를 진행한다.

문제 395

난이도 ●●●

러프(rough) 안에서 볼이 발견되었는데 자신의 캐디가 경기자(자신)의 허락 없이 마음대로 볼을 집어올렸다. 이런 경우 적용되는 규칙에 대한 설명으로 올바른 것은?

① 무벌타로 원래 있던 위치에 되돌려놓고 경기를 한다.
② 1벌타를 받고 원래 있던 위치에 되돌려놓고 경기를 계속한다.
③ 2벌타를 받고 원래 있던 위치에 되돌려놓고 경기를 계속한다.
④ 3벌타를 받고 원래 있던 위치에 되돌려놓고 경기를 계속한다.

12. 스루 더 그린

문제 396 난이도 🟡🟡🟡

비가 온 뒤 질척해진 스루 더 그린의 짧게 깎은 구역에 볼이 박히게 되어 볼을 집어올려 드롭(dropping)했지만, 또 지면에 박혔다. 다시 해도 같은 상황이 되었을 때 적용되는 규칙은?

① 무벌타로 플레이스한다.
② 1벌타를 받고 구제받을 수 있다.
③ 2벌타를 받고 구제받을 수 있다.
④ 3벌타를 계속 구제받을 수 있다.

문제 397 난이도 🟡🟡🟡

확인 불가능한 러프(rough) 속에 있는 볼을 자신의 볼인 줄 알고 자연스럽게 어드레스(address)를 취한 다음 쳤는데, 그 볼이 동반 경기자의 볼인 것을 알게 되었다. 이런 경우 적용되는 규칙에 대한 설명으로 올바른 것은?

① 오구(wrong ball)경기로 간주하여 무벌타로 경기를 계속한다.
② 오구경기로 간주하여 1벌타를 받고 다시 본인 볼로 경기를 계속한다.
③ 오구경기로 간주하여 2벌타를 받고 다시 본인 볼로 경기를 계속한다.
④ 오구경기로 간주하여 3벌타를 받고 다시 본인 볼로 경기를 계속한다.

문제 398 난이도 🟡🟡🟡

경기 도중 자신이 사용하는 볼이 경기가 어려울 만큼 생채기(scratch)가 크게 난 상태여서 볼을 바꾸고 싶을 때 적용되는 규칙에 대한 설명으로 바른 것은?

① 동반 경기자에게 교체의사를 통보하고 무벌타로 다른 볼로 교체한 후 경기를 한다.
② 동반 경기자에게 교체의사를 통보하고 1벌타를 받고 다른 볼로 교체한 후 경기를 한다.
③ 동반 경기자에게 교체의사를 통보하고 2벌타를 받고 다른 볼로 교체한 후 경기를 한다.
④ 동반 경기자에게 교체의사를 통보하고 3벌타를 받고 다른 볼로 교체한 후 경기를 한다.

문제 399

난이도 ●●●

티샷(tee shot)한 볼이 오른쪽으로 날아가 낙엽이 쌓인 잡목림에서 볼을 겨우 찾아 다시 쳤으나, 볼을 찾기 시작한 지 이미 5분이 넘은 후였다. 이런 경우 적용되는 규칙에 대한 설명으로 바른 것은?

① 무벌타로 경기를 진행한다.
② 1벌타를 받고 전에 쳤던 장소로 되돌아가 다시 친다.
③ 2벌타를 받고 전에 쳤던 장소로 되돌아가 다시 친다.
④ 3벌타를 받고 전에 쳤던 장소로 되돌아가 다시 친다.

실수 : 나는 항상 실수를 최소화하려고 노력하고 있지만, 실수를 해도 후회하지 않는다. 중요한 것은 그 실수를 두 번 다시 반복하지 않는 것이다. 실수한 것을 가지고 언제까지나 마음에 두고 연연해 하는 일만큼은 하지 않으려고 한다. (타이거 우즈, 미국의 명 프로골퍼)

12. 스루 더 그린

문제 400

난이도

티샷(tee shot)한 볼이 확실하게 페어웨이(fairway)의 중앙으로 날아갔지만, 언덕을 넘어 가보니 볼이 보이지 않았다. 분명히 제3자나 동물에 의해 없어졌다고밖에 생각할 수 없는 상황이다. 알고 있거나 사실상 확실한 경우에 적용하는 규칙에 대한 설명으로 바른 것은?

① 벌타 없이 공정의 이념에 따라 볼이 떨어졌다고 생각되는 구역에서 다시 경기를 시작한다.

② 1벌타를 받고 공정의 이념에 따라 볼이 떨어졌다고 생각되는 구역에서 다시 경기를 시작한다.

③ 2벌타를 받고 공정의 이념에 따라 볼이 떨어졌다고 생각되는 구역에서 다시 경기를 시작한다.

④ 분실 볼로 처리되어 1벌타를 받고 전에 쳤던 장소로 되돌아가서 다시 친다.

문제 401

난이도

경기자가 발의 자세를 잡고 클럽을 지면에 갖다댔을 때, '볼에 어드레스(address)했다'라고 한다. 어드레스를 하고 볼을 치려는 순간 볼이 움직였지만 그대로 쳤다. 이런 경우 적용되는 규칙에 대한 설명으로 바른 것은?

① 벌타 없이 경기를 진행한다.
② 1벌타를 받고 경기를 진행한다.
③ 2벌타를 받고 다시 경기를 진행한다.
④ 3벌타를 받고 다시 경기를 진행한다.

문제 402

난이도

두 번째 샷을 하기 위해 신중하게 어드레스를 했지만 러프에 떠 있던 볼이 가라앉아버렸다. 이런 경우 적용되는 규칙에 대한 설명으로 바른 것은?

① 벌타 없이 경기를 진행한다.
② 1벌타를 받고 볼을 리플레이스한 후 다시 경기를 진행한다.
③ 2벌타를 받고 볼을 리플레이스한 후 다시 경기를 진행한다.
④ 3벌타를 받고 볼을 리플레이스한 후 다시 경기를 진행한다.

12. 스루 더 그린

문제 403

난이도 ●●●

헛스윙한 클럽이 원래위치로 되돌아오면서 볼을 후방으로 날려 OB(out of bounds)로 들어가버렸다. 이런 경우 적용되는 규칙에 대한 설명으로 바른 것은?

① 벌타 없이 경기를 진행한다.
② 1벌타를 받고 다시 경기를 진행한다.
③ 2벌타를 받고 다시 경기를 진행한다.
④ 3벌타를 받고 다시 경기를 진행한다.

10분씩 : 6일간 하루 10분씩 퍼팅연습을 하는 쪽이, 1주일에 한꺼번에 60분 하는 쪽보다 퍼팅 실력이 보다 빠르게 향상된다. (레스리 숀, 프로골퍼)

스윙궤도의 이해 : 가시에 찔리지 않고는 장미꽃을 모을 수 없다. (필페이, 인도의 성인)

난이도 ●●●

문제 404

두 번째 샷을 하기 위해 어드레스를 했는데 볼이 굴러서 OB(out of bounds)에 들어가고 말았다. 이런 경우 적용되는 규칙에 대한 설명으로 바른 것은?

① 어드레스 후에 볼이 움직였으므로 OB에 대한 벌타 없이 다시 경기를 진행한다.
② 어드레스 후에 볼이 움직였으므로 OB에 대한 벌타 없이 1벌타만 받고 다시 경기를 진행한다.
③ OB에 의한 1벌타만 처리된다.
④ 어드레스 후 움직인 볼에 의한 1벌타와 OB에 의한 1벌타로 합계 2벌타가 된다.

엉망인 클럽 : 골프란 매우 작은 볼을 매우 작은 구멍에 넣는 게임인데, 그 장비라는 것이 도대체 엉망으로 만들어졌다. (윈스턴 처칠, 영국의 전수상, 노벨문학상 수상)

연습 : 쉬면 녹슨다(If I rest, I rust!). (플라시도 도밍고, 스페인의 세계적인 테너 가수)

12. 스루 더 그린

문제 405

난이도 ●●●

러프(rough)에서 동반 경기자의 볼을 자신의 캐디(caddie)가 실수로 차버리고 말았다. 이런 경우 적용되는 규칙에 대한 설명으로 바른 것은?

① 국외자가 움직인 볼이기 때문에 벌타 없이 경기를 진행한다.
② 1벌타를 받고 볼을 리플레이스한 후 다시 경기를 진행한다.
③ 2벌타를 받고 볼을 리플레이스한 후 다시 경기를 진행한다.
④ 3벌타를 받고 볼을 리플레이스한 후 다시 경기를 진행한다.

문제 406

난이도 ●●●

러프(rough)에 들어간 나의 볼을 함께 찾아주던 동반 경기자가 볼을 밟는 바람에 러프 속에 더욱 깊숙이 박혀버리고 말았다. 이런 경우 적용되는 규칙에 대한 설명으로 바른 것은?

① 벌타 없이 경기를 진행한다.
② 1벌타를 받고 다시 경기를 진행한다.
③ 2벌타를 받고 다시 경기를 진행한다.
④ 3벌타를 받고 다시 경기를 진행한다.

문제 407

난이도 ●●●

캐주얼워터(casual water)를 통과한 볼이 진흙투성이가 되어 식별할 수 없었다. 자신의 볼인지 확인하고 싶을 때 적용되는 규칙에 대한 설명으로 바른 것은?

① 벌타 없이 볼을 집어 올려 확인 후 다시 경기를 진행한다.
② 1벌타를 받고 볼을 집어 올려 확인 후 다시 경기를 진행한다.
③ 2벌타를 받고 볼을 집어 올려 확인 후 다시 경기를 진행한다.
④ 3벌타를 받고 볼을 집어 올려 확인 후 다시 경기를 진행한다.

문제 408

난이도 ●●●

경기 중에 동반 경기자가 자신의 볼과 똑같은 상표의 볼을 사용하고 있어서 오구(wrong ball) 방지를 위해 자신의 볼을 집어 들어 다른 상표의 볼로 교체하여 경기를 했다. 이런 경우 적용되는 규칙에 대한 설명으로 바른 것은?

① 벌타 없이 계속 경기할 수 있다.
② 볼을 집어든 벌칙으로 1벌타를 받고 계속 경기할 수 있다.
③ 볼 교체 위반으로 2벌타를 받고 계속 경기할 수 있다.
④ 볼을 집어든 벌칙으로 1벌타를 받고, 볼 교체 위반으로 2벌타를 받아 합계 3벌타가 부과된다.

12. 스루 더 그린

문제 409　　　　　　　　　　　　　　　　난이도 ●●●

자신의 캐디(caddie)가 자신의 볼을 마음대로 집어들어 닦아 버렸다. 이런 경우 적용되는 규칙에 대한 설명으로 바른 것은?

① 벌타 없이 경기를 진행한다.
② 1벌타를 받고 다시 경기를 진행한다.
③ 2벌타를 받고 다시 경기를 진행한다.
④ 3벌타를 받고 다시 경기를 진행한다.

문제 410　　　　　　　　　　　　　　　　난이도 ●●●

경기하던 중 파손된 볼을 교체하고 싶어 자신의 의사를 마커(marker)나 동반 경기자에게 밝히고 볼의 위치를 마크하고 나서 볼을 집어 들었다. 이런 경우 적용되는 규칙에 대한 설명으로 바른 것은?

① 벌타 없이 동반 경기자의 확인 후 다른 볼로 교체한 후 경기를 할 수 있다.
② 1벌타를 받고 동반 경기자의 확인 후 다른 볼로 교체한 후 경기를 계속한다.
③ 2벌타를 받고 동반 경기자의 확인 후 다른 볼로 교체한 후 경기를 계속한다.
④ 3벌타를 받고 동반 경기자의 확인 후 다른 볼로 교체한 후 경기를 계속한다.

문제 411

난이도

전날 내린 비로 말미암아 페어웨이가 물에 젖었다. 발의 자세를 취하려 스파이크로 잔디를 밟았더니 물이 스며 나와서 경기에 지장을 주는 상황이었다. 이럴 때 적용되는 규칙에 대한 설명으로 바른 것은?

① 무벌타로 홀에 가깝지 않은 1클럽 이내에 드롭할 수 있다
② 무벌타로 홀에 가깝지 않은 2클럽 이내에 드롭할 수 있다.
③ 1벌 타를 받고 홀에 가깝지 않은 1클럽 이내에 드롭할 수 있다.
④ 2벌 타를 받고 홀에 가깝지 않은 1클럽 이내에 드롭할 수 있다.

문제 412

난이도

볼을 드롭(dropping)했으나 경사가 급해서 좀처럼 멈추지 않는다. 볼이 드롭지점보다 2클럽 길이 범위 이상 굴러가 버릴 때 적용되는 규칙에 대한 설명으로 바른 것은?

① 벌타 없이 두번 드롭 후 플레이스한다.
② 1벌타를 받고 다시 드롭한 후에 경기를 계속한다.
③ 2벌타를 받고 다시 드롭한 후에 경기를 계속한다.
④ 3벌타를 받고 다시 드롭한 후에 경기를 계속한다.

연습은 미리 : 몸을 충분히 푸는 데는 17홀이 필요하다. 어떤 골퍼는 사우나에 가서 몸을 푼다.

12. 스루 더 그린

문제 413

난이도 ●○○

볼을 드롭(dropping)했으나 경사가 급해서 좀처럼 멈추지 않는다. 볼이 낙하지점보다 2클럽 길이 범위 이상 굴러가 버려 두 번째 드롭을 하였으나 똑같은 상황이 반복되었다. 이런 경우 적용되는 규칙에 대한 설명으로 바른 것은?

① 벌타 없이 두 번째 드롭한 볼이 지면에 닿았던 처음 지점에 볼을 플레이스 한다.
② 1벌타를 받고 두 번째 드롭한 볼이 지면에 닿았던 처음 지점에 볼을 플레이스 한다.
③ 2벌타를 받고 두 번째 드롭한 볼이 지면에 닿았던 처음 지점에 볼을 플레이스 한다.
④ 3벌타를 받고 두 번째 드롭한 볼이 지면에 닿았던 처음 지점에 볼을 플레이스 한다.

문제 414

난이도 ●○○

볼을 드롭(dropping)하였으나 두 번 모두 2클럽 길이 범위를 넘어서 굴러가 버려 다시 세 번째 드롭을 했더니 그제야 볼이 정지하였다. 3번째 드롭한 볼이 정지한 지점에서 경기 했을 때 적용되는 규칙에 대한 설명으로 바른 것은?

① 벌타 없이 그대로 경기를 한다.
② 1벌타를 받고 그대로 경기를 계속한다.
③ 2벌타를 받고 그대로 경기를 계속한다.
④ 3벌타를 받고 그대로 경기를 계속한다.

문제 415

난이도 ●●○

경사에서 볼을 드롭(dropping)을 하였는데 굴러서 후방에 있는 OB(out of bounds)구역으로 들어가 버리고 말았다. 이런 경우 적용되는 규칙에 대한 설명으로 바른 것은?

① 벌타 없이 다시 드롭할 수 있고, 또 OB로 들어가면 볼을 플레이스한다.
② OB로 간주하여 1벌타를 받고 다시 드롭한다.
③ OB로 간주하여 2벌타를 받고 다시 드롭한다.
④ OB로 간주하여 3벌타를 받고 다시 드롭한다.

문제 416

난이도 ●●●

경사에서 볼을 드롭(dropping)했는데 드롭한 볼이 한 번 멈춘 다음 다시 굴러서 OB(out of bounds)구역으로 들어가버렸다. 이런 경우 적용되는 규칙에 대한 설명으로 바른 것은?

① 벌타 없이 다시 드롭할 수 있고, 또 OB로 들어가면 볼을 플레이스한다.
② OB로 간주하여 1벌타를 받고 한 번 정지했던 지점에서 다시 드롭한다.
③ OB로 간주하여 2벌타를 받고 한 번 정지했던 지점에서 다시 드롭한다.
④ OB로 간주하여 3벌타를 받고 한 번 정지했던 지점에서 다시 드롭한다.

12. 스루 더 그린

문제 417

난이도 ●●●

러프(rough)에서 볼을 드롭(dropping)했는데 굴러가더니 페어웨이(fairway)에서 멈추었다. 이런 경우 적용되는 규칙에 대한 설명으로 바른 것은?

① 벌타 없이 그대로 경기할 수 있다.
② 벌타 없이 러프(rough)에서 다시 드롭한 후 경기를 계속한다.
③ 1벌타를 받고 그대로 경기를 계속한다.
④ 2벌타를 받고 그대로 경기를 계속한다.

연습을 하루 하지 않으면 : 하루 연습하지 않으면 그것을 나 스스로 알고, 이틀을 하지 않으면 갤러리가 알고, 그리고 사흘을 하지 않으면 온 세계가 다 안다. (벤 호건, 미국의 명 프로골퍼)

연습의 종류 : 골퍼의 연습에는 4종류가 있다. 마구잡이로 연습하는 것, 현명하게 연습하는 것, 어리석게 연습하는 것, 그리고 전혀 연습하지 않는 것이다. (버너드 다윈, 프로골퍼)

문제 418

난이도

언플레이어블(unplayable)을 선언하고 볼이 있던 장소로부터 2클럽 안의 범위에서 드롭(dropping)했는데 다시 원래 있던 위치로 굴러가더니 멈춰버렸다. 이런 경우 적용되는 규칙에 대한 설명으로 바른 것은?

① 벌타 없이 다시 드롭할 수 있다.
② 다시 한 번 1벌타를 받고 언플레이어블로 처리한다.
③ 2벌타를 받고 언플레이어블로 처리한다.
④ 3벌타를 받고 언플레이어블로 처리한다.

문제 419

난이도

볼을 드롭(dropping)했는데 볼이 지면에 튕기더니 자신의 발에 맞았을 때 적용되는 규칙에 대한 설명으로 바른 것은?

① 벌타 없이 다시 드롭한다.
② 1벌타를 받고 다시 드롭한 후에 경기를 계속한다.
③ 2벌타를 받고 다시 드롭한 후에 경기를 계속한다.
④ 3벌타를 받고 다시 드롭한 후에 경기를 계속한다.

12. 스루 더 그린

문제 420 난이도 ●●●

볼을 드롭(dropping)했는데 지면에 떨어지기 전이나 떨어진 후 '경기자 자신, 자신의 캐디, 휴대품' 등에 맞았을 때 드롭 횟수에 적용되는 규칙에 대한 설명으로 바른 것은?

① 드롭한 횟수에 포함되지 않으므로 몇 번이고 재드롭할 수 있다.
② 드롭 1회가 인정된다.
③ 1벌타를 받고 다시 드롭한다.
④ 2벌타를 받고 다시 드롭한다.

문제 421 난이도 ●●●

볼을 드롭(dropping)하려는 곳의 지면상태가 좋지 않아서 발로 평평하게 고르고 나서 드롭했다. 이런 경우 적용되는 규칙에 대한 설명으로 바른 것은?

① 벌타 없이 그대로 경기할 수 있다.
② 1벌타를 받고 그대로 경기를 계속한다.
③ 2벌타를 받고 그대로 경기를 계속한다.
④ 3벌타를 받고 그대로 경기를 계속한다.

문제 422

난이도 ●●●

어제 내린 폭우로 말미암아 티샷(tee shot)한 볼이 페어웨이(fairway)의 물웅덩이 안에서 정지해버렸다. 이런 경우 적용되는 규칙에 대한 설명으로 바른 것은?

① 비정상적인 페어웨이 상태이므로 벌타 없이 구제받을 수 있다.
② 1벌타를 받고 구제받을 수 있다.
③ 2벌타를 받고 구제받을 수 있다.
④ 3벌타를 받고 구제받을 수 있다.

문제 423

난이도 ○

볼이 두더지 구멍 앞에 멈춰서 발의 자세가 구멍에 걸릴 때 적용되는 규칙에 대한 설명으로 바른 것은?

① 비정상적인 페어웨이 상태로 간주하여 벌타 없이 구제받을 수 있다.
② 1벌타를 받고 구제받을 수 있다.
③ 2벌타를 받고 구제받을 수 있다.
④ 3벌타를 받고 구제받을 수 있다.

12. 스루 더 그린

문제 424

난이도

볼이 동물의 발자국에 들어가서 다음 샷에 영향을 줄 것 같아 노 페널티(no penalty)로 구제받을 것으로 생각하고 드롭(dropping)을 했다. 이런 경우 적용되는 규칙에 대한 설명으로 바른 것은?

① 비정상적인 페어웨이로 간주하여 벌타 없이 구제받을 수 있다.
② 볼을 집어들어 1벌타만을 받는다.
③ 볼을 집어들어 1벌타를 받고, 리플레이스해야되는데 드롭해서 총 2벌타를 받는다.
④ 볼을 집어들어 1벌타를 받고, 리플레이스해야되는데 드롭해서 총 3벌타를 받는다.

문제 425

난이도

깊은 러프(rough)에서 쳐올린 어프로치 볼이 공중에 떴다가 다시 클럽헤드에 맞아 연속으로 두 번을 쳤다면, 적용되는 규칙에 대한 설명으로 바른 것은?

① 벌타 없이 그대로 경기를 할 수 있다.
② 1벌타+1스트로크=2스트로크 받고 경기를 한다.
③ 2벌타+1스트로크=3스트로크 받고 경기를 한다.
④ 3벌타+1스트로크=4스트로크 받고 경기를 한다.

문제 426 난이도 ●●●

그린(green) 앞에 정지한 볼을 퍼터로 굴리려는 마음으로 샷을 준비하던 중에 경기선상에 있던 디봇(divot)자국을 잔디로 메워 놓았다. 이런 경우 적용되는 규칙에 대한 설명으로 바른 것은?

① 벌타 없이 그대로 경기를 할 수 있다.
② 1벌타를 받고 그대로 경기를 계속한다.
③ 2벌타를 받고 그대로 경기를 계속한다.
④ 3벌타를 받고 그대로 경기를 계속한다.

문제 427 난이도 ●○○

카트(cart) 도로의 나무 사이에서 자신의 것이라고 생각되는 볼을 발견했다. 도저히 칠 수 없을 것 같아 언플레이어블(unplayable)을 선언하고 볼을 드롭(dropping)했는데 자신의 볼이 아니었다. 이런 경우 적용되는 규칙에 대한 설명으로 바른 것은?

① 벌타 없이 자신의 볼을 다시 찾는다.
② 1벌타를 받고 자신의 볼을 다시 찾는다.
③ 2벌타를 받고 자신의 볼을 다시 찾는다.
④ 3벌타를 받고 자신의 볼을 다시 찾는다.

12. 스루 더 그린

문제 428 난이도

나뭇가지에 걸려 있는 볼이 자신의 것인지 확인할 수 없을 때 적용되는 규칙에 대한 설명으로 바른 것은?

① 벌타 없이 앞서 경기했던 위치로 돌아가 다시 친다.
② 1벌타를 받고 앞서 경기했던 위치로 돌아가 다시 친다.
③ 2벌타를 받고 앞서 경기했던 위치로 돌아가 다시 친다.
④ 3벌타를 받고 앞서 경기했던 위치로 돌아가 다시 친다.

문제 429 난이도

나뭇가지에 걸려 있는 볼이 자신의 볼이라는 사실을 확인했으나 볼을 칠 수가 없는 상황일 때 적용되는 규칙에 대한 설명으로 바른 것은?

① 벌타 없이 앞서 경기했던 위치로 돌아가 다시 친다.
② 1벌타를 받고 앞서 경기했던 위치로 돌아가 다시 친다. 벌타 없이 드롭할 수 있다.
③ 벌타 없이 드롭할 수 있다.
④ 언플레이어블(unplayable)을 선언하고 1벌타를 받고 언플레이어블 규칙을 따른다.

문제 430

난이도 🔵🟡🟡

나무 밑으로 들어간 볼을 치려고 낮은 자세로 무릎을 꿇고 할 때 잔디가 젖어 있어서 무릎 밑에 수건을 깔고 쳤다. 이런 경우 적용되는 규칙에 대한 설명으로 바른 것은?

① 벌타 없이 그대로 경기를 할 수 있다.
② 1벌타를 받고 그대로 경기를 계속한다.
③ 2벌타를 받고 그대로 경기를 계속한다.
④ 3벌타를 받고 그대로 경기를 계속한다.

문제 431

난이도 🔵🟡🟡

비가 개고 나서 숲 속으로 볼이 들어갔다. 백스윙할 때 나무를 건드려 물방울이 떨어질 것 같아 스윙하기 전에 나뭇가지를 흔들어서 물방울을 털어냈다. 이런 경우 적용되는 규칙에 대한 설명으로 바른 것은?

① 벌타 없이 그대로 경기를 할 수 있다.
② 1벌타를 받고 그대로 경기를 계속한다.
③ 2벌타를 받고 그대로 경기를 계속한다.
④ 3벌타를 받고 그대로 경기를 계속한다.

12. 스루 더 그린

문제 432

난이도 🟡🟡🟡

나무 옆을 비켜서 그린(green)을 겨냥하여 친 볼이 나무에 맞고 튕겨서 자신의 몸에 맞고 말았다. 이런 경우 적용되는 규칙에 대한 설명으로 바른 것은?

① 벌타 없이 그대로 경기를 할 수 있다.
② 1벌타를 받고 볼이 정지한 곳에서 그대로 경기를 계속한다.
③ 2벌타를 받고 볼이 정지한 곳에서 그대로 경기를 계속한다.
④ 3벌타를 받고 볼이 정지한 곳에서 그대로 경기를 계속한다.

문제 433

난이도 🟡🟡🟡

티샷(tee shot)을 했는데, 볼이 티 마커(tee marker)에 맞고 튕겨올라 경기자들의 캐디백을 실은 공용카트(cart)에 맞았다. 이런 경우 적용되는 규칙에 대한 설명으로 바른 것은?

① 벌타 없이 볼이 정지한 위치에서 그대로 경기를 할 수 있다.
② 1벌타를 받고 볼이 정지한 위치에서 그대로 경기를 계속한다.
③ 2벌타를 받고 볼이 정지한 위치에서 그대로 경기를 계속한다.
④ 3벌타를 받고 볼이 정지한 위치에서 그대로 경기를 계속한다.

문제 434

난이도 ●●●

내가 친 볼이 섕크(shank)가 나서 전방에 있던 동반 경기자를 맞추고 말았다. 이런 경우 적용되는 규칙에 대한 설명으로 바른 것은?

① 벌타 없이 그대로 경기를 할 수 있다.
② 1벌타를 받고 그대로 경기를 계속한다.
③ 2벌타를 받고 그대로 경기를 계속한다.
④ 3벌타를 받고 그대로 경기를 계속한다.

문제 435

난이도 ●●●

페어웨이(fairway)와 러프(rough)에서 우연히 두 사람이 동시에 샷을 했는데, 이때 볼이 날아가면서 서로 부딪혔다. 이런 경우 적용되는 규칙에 대한 설명으로 바른 것은?

① 벌타 없이 두 사람 모두 현재의 상태에서 경기한다.
② 1벌타씩 받고 그대로 경기를 계속한다.
③ 2벌타씩 받고 그대로 경기를 계속한다.
④ 3벌타씩 받고 그대로 경기를 계속한다.

13 벙커

규칙위반에 의한 벌타와 단순 스트로크는 구분하자!

※ 본 문제는 스트로크 플레이 방식을 전제로 한다.

25문항(5.0%)

난이도 예
쉬움
보통
어려움

문제 436

난이도

티샷(tee shot)한 볼이 낙엽이 많이 쌓여 있는 페어웨이(fairway) 벙커(bunker)로 들어가 볼 위치를 확인할 수가 없어서 낙엽을 조금씩 걷어냈더니 볼의 일부가 보였다. 이런 경우 적용되는 규칙에 대한 설명으로 바른 것은?

① 무벌타로 경기를 진행한다.
② 1벌타를 받고 다시 경기를 진행한다.
③ 2벌타를 받고 다시 경기를 진행한다.
④ 3벌타를 받고 다시 경기를 진행한다.

문제 437

난이도 ●●○

티샷(tee shot)한 볼이 벙커(bunker)에 들어가 확인해 보았더니 벙커 턱에 깊이 박혀 그대로는 경기할 수 없는 상황이다. 이런 경우 경기자가 선택할 수 있는 규칙에 대한 설명으로 바른 것은?

① 무벌타로 언플레이어블(unplayable)을 선언한 후 경기를 진행한다.
② 1벌타를 받고 언플레이어블을 선언한 후 경기를 진행한다.
③ 2벌타를 받고 언플레이어블을 선언한 후 경기를 진행한다.
④ 3벌타를 받고 언플레이어블을 선언한 후 경기를 진행한다.

문제 438

난이도 ●●○

두 번째 샷한 볼이 그린(green) 옆의 벙커(bunker)로 들어갔는데, 가까이 가서 보니 벙커 전체가 완전히 침수되어 있었다. 도저히 벙커 안에서 칠 수 없을 것으로 판단될 때 적용되는 규칙에 대한 설명으로 바른 것은?

① 무벌타로 벙커 밖 홀의 후방선상에서 드롭 후 경기를 한다.
② 1벌타를 받고 벙커 밖 홀의 후방선상에서 드롭 후 경기를 계속한다.
③ 2벌타를 받고 벙커 밖 홀의 후방선상에서 드롭 후 경기를 계속한다.
④ 3벌타를 받고 벙커 밖 홀의 후방선상에서 드롭 후 경기를 계속한다.

13. 벙 커

문제 439

난이도

벙커(bunker)에서 발바닥을 고정시키기 위해 스파이크(spike)를 좌우로 움직여 모래에 파묻고 있는데, 발의 자세를 취하는 중에 그만 볼이 움직였다. 이런 경우 적용되는 규칙에 대한 설명으로 바른 것은?

① 무벌타로 경기를 진행한다.
② 1벌타를 받고 볼을 리플레이스한 후 다시 경기를 진행한다.
③ 2벌타를 받고 볼을 리플레이스한 후 다시 경기를 진행한다.
④ 3벌타를 받고 볼을 리플레이스한 후 다시 경기를 진행한다.

문제 440

난이도

벙커(bunker)에 두 개의 볼이 동시에 빠져 있었다. 동반 경기자의 볼이 약간 뒤에 있어서 먼저 두 번째 샷을 했는데, 그 샷 때문에 날아온 모래가 가까이 위치한 내 볼에 모래를 완전히 덮어버렸다. 라이도 변해서 그 모래를 치우고 벙커샷을 했을 때 적용되는 규칙에 대한 설명으로 바른 것은?

① 무벌타로 경기를 진행한다.
② 1벌타를 받고 다시 경기를 진행한다.
③ 2벌타를 받고 다시 경기를 진행한다.
④ 3벌타를 받고 다시 경기를 진행한다.

훌륭한 패자 : 좋은 승자인 동시에 훌륭한 패자가 되어라. (스코틀랜드 속담)

문제 441

난이도 🟠🟠🟠

볼이 벙커(bunker) 안의 모래 속에 박혀 있어서 자신의 볼인지 아닌지 식별하기 위하여 집어 올려 확인했다. 이런 경우 적용되는 규칙에 대한 설명으로 바른 것은?

① 무벌타로 원위치에서 경기한다.
② 1벌타를 받고 원위치에서 경기를 계속한다.
③ 2벌타를 받고 원위치에서 경기를 계속한다.
④ 3벌타를 받고 원위치에서 경기를 계속한다.

문제 442

난이도 🟠🟠🟠

벙커(bunker)안에 있는 볼을 치려고 어드레스(address)를 했지만, 실수로 클럽헤드의 솔(sole)이 모래에 닿았다. 이런 경우 적용되는 규칙에 대한 설명으로 바른 것은?

① 무벌타로 경기를 진행한다.
② 1벌타를 받고 다시 경기를 진행한다.
③ 2벌타를 받고 다시 경기를 진행한다.
④ 3벌타를 받고 다시 경기를 진행한다.

13. 벙커

문제 443

난이도 ●●●

사용할 클럽을 정하지 못해 벙커(bunker) 안으로 가지고 들어간 두 개의 클럽 중 사용하지 않는 한 개를 모래 위에 놓고 볼을 쳤다. 이런 경우 적용되는 규칙에 대한 설명으로 바른 것은?

① 무벌타로 경기를 진행한다.
② 1벌타를 받고 다시 경기를 진행한다.
③ 2벌타를 받고 다시 경기를 진행한다.
④ 3벌타를 받고 다시 경기를 진행한다.

문제 444

난이도 ●●●

비가 오는 날 라운드(round)를 하던 중, 벙커(bunker)로 들어간 볼을 치려고 안으로 들어가 쓰고 있던 우산을 접어 모래에 꽂아 놓고 볼을 쳤다. 이런 경우 적용되는 규칙에 대한 설명으로 바른 것은?

① 벌타 없이 경기를 진행한다.
② 1벌타를 받고 다시 경기를 진행한다.
③ 2벌타를 받고 다시 경기를 진행한다.
④ 3벌타를 받고 다시 경기를 진행한다.

연습이 필요한 사람 : 연습이 필요한 사람일수록 연습을 안 한다. (벤 호건, 미국의 명 프로골퍼)

영혼 : 위대한 영혼은 승리의 장미밭 길이 아니라 실패의 불길 속에서 만들어진다. (보비 존스, 프로골퍼)

문제 445

난이도 🟡🟡⚪

벙커(bunker) 안에 절반쯤 묻혀 있는 볼을 자신의 것이라고 생각하고 확인하지 않은 채 쳤는데, 그것이 동반 경기자의 볼이었다. 이런 경우 적용되는 규칙에 대한 설명으로 바른 것은?

① 벌타 없이 자신의 볼을 친다.
② 1벌타를 받고 자신의 볼을 친다.
③ 2벌타를 받고 자신의 볼을 친다.
④ 3벌타를 받고 자신의 볼을 친다.

문제 446

난이도 🟡⚪⚪

티샷(tee shot)한 볼이 벙커(bunker)에 들어가 두 번째 샷을 하려고 가보니 솔방울이 볼 바로 뒤쪽에 떨어져 있어 치기가 어렵다고 판단되어 솔방울을 치우고 볼을 쳤다. 이런 경우 적용되는 규칙에 대한 설명으로 바른 것은?

① 벌타 없이 그대로 경기를 한다.
② 1벌타가 부과된다.
③ 2벌타가 부과된다.
④ 3벌타가 부과된다.

 13. 벙 커

문제 447

난이도 ●●○

볼이 모래에 깊이 파묻혀서 찾을 수가 없었기에 볼이 있다고 예상되는 지점의 모래를 손으로 파면서 찾았다. 이런 경우 적용되는 규칙에 대한 설명으로 바른 것은?

① 벌타 없이 볼 일부가 보이는 정도까지 모래를 제거할 수 있다.
② 1벌타를 받고 볼 일부가 보이는 정도까지 모래를 제거할 수 있다.
③ 2벌타를 받고 볼 일부가 보이는 정도까지 모래를 제거할 수 있다.
④ 3벌타를 받고 볼 일부가 보이는 정도까지 모래를 제거할 수 있다.

 **예절** : 예절이 골프를 만든다. (Manners make Golfers. 스코틀랜드 속담)

문제 448

난이도 🟡🟡🟡

볼이 벙커(bunker)로 들어가 에그프라이(egg fly)가 되어 자신의 볼인지 확인할 수가 없다. 볼을 건드리면 벌타가 더해지기 때문에 일단 그대로 쳐 보았다. 이런 경우 적용되는 규칙에 대한 설명으로 바른 것은?

① 오구 경기에 의한 1벌타를 받고 다시 경기를 진행한다.

② 오구 경기에 의한 2벌타를 받고 다시 경기를 진행한다.

③ 오구 경기에 의한 3벌타를 받고 다시 경기를 진행한다.

④ 벙커 내에서는 볼을 건드리거나 집어들 수 없으므로 오구(wrong ball) 경기에 대한 벌칙은 없다. 오구라면 처음 상황으로 복원시켜 전의 위치에서 다시 플레이한다.

문제 449

난이도 🟡🟡🟡

경사가 가파른 벙커(bunker)에 들어갈 때 넘어지지 않도록 클럽을 지팡이 대신 사용하였다. 이런 경우 적용되는 규칙에 대한 설명으로 바른 것은?

① 클럽이 모래에 닿았으므로 1벌타가 부과된다.

② 클럽이 모래에 닿았으므로 2벌타가 부과된다.

③ 클럽이 모래에 닿았으므로 3벌타가 부과된다.

④ 벙커의 모래 상태를 테스트하거나 볼의 라이 개선이 아니므로 벌타 없이 그대로 경기할 수 있다.

13. 벙커

문제 450

난이도 🟡 🟡 🟡

움푹하게 패인 벙커(bunker) 안에서 다음 샷을 하려고 들어가다가 넘어지면서 손과 엉덩이가 모래에 닿았다. 이런 경우 적용되는 규칙에 대한 설명으로 바른 것은?

① 벌타 없이 그대로 경기를 한다.
② 1벌타가 부과된다.
③ 2벌타가 부과된다.
④ 3벌타가 부과된다.

문제 451

난이도 🟡 🟡 🟡

비가 와서 벙커(bunker) 안에 물이 고여 일시적으로 생긴 작은 물웅덩이, 즉 캐주얼워터(casual water) 속으로 볼이 들어가고 말았다. 이런 경우 적용되는 규칙에 대한 설명으로 바른 것은?

① 비정상적인 페어웨이 상태인 캐주얼워터로 간주하여 벌칙 없는 것으로 구제된다.
② 1벌타를 받고 홀과 가깝지 않은 벙커 내 후방선상에 드롭해야 한다.
③ 2벌타를 받고 홀과 가깝지 않은 벙커 내 후방선상에 드롭해야 한다.
④ 3벌타를 받고 홀과 가깝지 않은 벙커 내 후방선상에 드롭해야 한다.

문제 452

난이도 ●●●

어제 내린 많은 비 때문에 벙커(bunker) 안이 침수상태가 되었다. 티샷(tee shot)을 한 볼이 분명히 벙커로 들어가 물이 튀는 모습을 보았기에 확실히 볼이 벙커 안에 있다고 판단될 때 적용되는 규칙에 대한 설명으로 바른 것은?

① 벌타 없이 홀과 볼을 연결하는 후방 연장선상의 벙커 밖에서 드롭한다.
② 1벌타 받고 홀과 볼을 연결하는 후방 연장선상의 벙커 밖에서 드롭한다.
③ 2벌타 받고 홀과 볼을 연결하는 후방 연장선상의 벙커 밖에서 드롭한다.
④ 3벌타 받고 홀과 볼을 연결하는 후방 연장선상의 벙커 밖에서 드롭한다.

13. 벙커

난이도 ●●●

문제 453

턱이 높은 벙커(bunker) 안에서 친 볼이 벙커 가장자리에 맞고 튕겨서 자신에게 맞고 말았다. 이런 경우 적용되는 규칙에 대한 설명으로 바른 것은?

① 벌타 없이 볼이 멈춘 위치에서 다시 경기를 한다.
② 1벌타를 받고 볼이 멈춘 위치에서 다시 경기를 계속한다.
③ 2벌타를 받고 볼이 멈춘 위치에서 다시 경기를 계속한다.
④ 3벌타를 받고 볼이 멈춘 위치에서 다시 경기를 계속한다.

난이도 ●●●

문제 454

벙커(bunker) 안에서 두 개의 볼이 서로 가까운 지점에 놓여 있었다. 너무 인접해 있어 경기에 방해가 된다고 판단될 때 적용되는 규칙에 대한 설명으로 바른 것은?

① 벌타 없이 볼을 치우도록 요청할 수 있다.
② 1벌타를 받고 볼을 치우도록 요청할 수 있다.
③ 2벌타를 볼이 볼을 치우도록 요청할 수 있다.
④ 3벌타를 볼이 볼을 치우도록 요청할 수 있다.

문제 455

난이도

동반 경기자가 벙커(bunker)샷을 하면서 모래를 날려 그린(green)과 벙커 사이에 있던 내 볼을 덮어버리고 말았다. 이런 경우 적용되는 규칙에 대한 설명으로 바른 것은?

① 벌타 없이 볼이 집어 올려 모래를 털어 낼 수 있다.
② 1벌타를 받고 볼을 집어 올려 모래를 털어 낼 수 있다.
③ 2벌타를 받고 볼을 집어 올려 모래를 털어 낼 수 있다.
④ 3벌타를 받고 볼을 집어 올려 모래를 털어 낼 수 있다.

문제 456

난이도

넓은 벙커(bunker)에서 볼이 있는 곳까지 갈 때 고무래(rake)를 벙커 안으로 질질 끌면서 걸어갔다. 이런 경우 적용되는 규칙에 대한 설명으로 바른 것은?

① 벌타 없이 그대로 경기를 한다.
② 모래의 질을 테스트하는 것으로 간주하여 1벌타가 부과된다.
③ 모래의 질을 테스트하는 것으로 간주하여 2벌타가 부과된다.
④ 모래의 질을 테스트하는 것으로 간주하여 3벌타가 부과된다.

13. 벙커

문제 457

난이도

벙커(bunker) 안에서 고무래(rake)를 볼 방향으로 향하게 하고 쳤다. 이런 경우 적용되는 규칙에 대한 설명으로 바른 것은?

① 벌타 없이 그대로 경기할 수 있다.
② 치는 방향을 지시한 것으로 간주되어 1벌타가 부과된다.
③ 치는 방향을 지시한 것으로 간주되어 2벌타가 부과된다.
④ 치는 방향을 지시한 것으로 간주되어 3벌타가 부과된다.

문제 458

난이도

벙커(bunker) 안에서 한 번 발 위치를 정했으나 마음에 들지 않아서 발로 모래를 다시 다지고 발의 자세를 고쳐 잡았다. 이런 경우 적용되는 규칙에 대한 설명으로 바른 것은?

① 벌타 없이 그대로 경기를 한다.
② 모래의 질을 테스트하는 것으로 간주하여 1벌타가 부과된다.
③ 모래의 질을 테스트하는 것으로 간주하여 2벌타가 부과된다.
④ 모래의 질을 테스트하는 것으로 간주하여 3벌타가 부과된다.

난이도 ●●●

문제 459

볼을 드롭해야되는데 벙커(bunker)의 모래가 부드러워 드롭(dropping)하면 에그프라이(egg fry)가 될 것 같아서 볼을 리플레이스한 후 그냥 경기를 했다. 이런 경우 적용되는 규칙에 대한 설명으로 바른 것은?

① 벌타 없이 그대로 경기를 한다.
② 1벌타를 받고 그대로 경기를 계속한다.
③ 2벌타를 받고 그대로 경기를 계속한다. 그러나 실수를 알고 정정하면 벌타는 없다.
④ 3벌타를 받고 그대로 경기를 계속한다.

난이도 ●●●

문제 460

벙커(bunker) 안의 풀이 자란 곳에 볼이 멈췄다. 어드레스 자세를 취할 때 클럽의 바닥, 솔(sole)면이 모래에 닿는 경우 적용되는 규칙에 대한 설명으로 바른 것은?

① 벌타 없이 그대로 경기를 한다.
② 1벌타를 받고 그대로 경기를 계속한다.
③ 2벌타를 받고 그대로 경기를 계속한다.
④ 3벌타를 받고 그대로 경기를 계속한다.

 **5분과 5초** : 5분간 찾다 포기한 내 볼을 뒷 팀에서는 5초 만에 발견한다.

 **OB** : 골퍼가 보내지 않으려고 노력하는 곳일수록 볼은 너무나 정확히 찾아간다.

14 워터해저드

10문항(2.0%)

규칙위반에 의한 벌타와 단순 스트로크는 구분하자!

※ 본 문제는 스트로크 플레이 방식을 전제로 한다.

난이도 예
쉬움 ●●●
보통 ●●●
어려움 ●●●

문제 461

난이도 ●●●

티샷(tee shot)한 볼이 워터해저드(water hazards)로 들어가서 두 번째 샷을 하려고 가보니 연못 물이 말라 있는 곳에 볼이 놓여 있었다. 이 정도라면 발의 자세를 잡고 볼을 칠 수 있을 것 같은 상황일 때 적용되는 규칙에 대한 설명으로 바른 것은?

① 무벌타로 계속 경기를 할 수 있다.
② 1벌타를 받고 계속 경기를 할 수 있다.
③ 2벌타를 받고 계속 경기를 할 수 있다.
④ 3벌타를 받고 계속 경기를 할 수 있다.

문제 462

난이도 ●●●

볼이 한번 구르더니 워터해저드(water hazards)에 들어가고 말았다. 가보니 연못의 물이 탁해서 볼이 보이지 않아 볼이 있을 것 같은 지점을 클럽으로 휘저었더니 볼이 클럽에 맞고 물가 옆으로 튀어 나왔다. 이런 경우 적용되는 규칙에 대한 설명으로 바른 것은?

① 무벌타로 워터해저드 규칙을 적용하고 계속 경기를 한다.
② 1벌타 받고 추가로 워터해저드 규칙을 적용하고 계속 경기를 한다.
③ 2벌타를 받고 추가로 워터해저드 규칙을 적용하고 경기를 한다.
④ 3벌타를 받고 추가로 워터해저드 규칙을 적용하고 경기를 한다.

14. 워터해저드

문제 463

난이도

티샷(tee shot)한 볼이 워터해저드(water hazards)에 빠지고 말았다. 볼이 놓여 있는 위치가 괜찮아서 벌타를 받지 않고 들어가서 노란색(빨간색) 말뚝 안쪽에서 볼을 치려고 백스윙을 했는데 클럽헤드가 수면에 닿았다. 이런 경우 적용되는 규칙에 대한 설명으로 바른 것은?

① 무벌타로 계속 경기를 할 수 있다.
② 1벌타를 받고 계속 경기를 할 수 있다.
③ 2벌타를 받고 계속 경기를 할 수 있다.
④ 3벌타를 받고 계속 경기를 할 수 있다.

문제 464

난이도

워터해저드(water hazards) 내에서 볼을 치기 전에 연습스윙을 했는데 클럽이 길게 자란 풀을 건드렸다. 이런 경우 적용되는 규칙에 대한 설명으로 바른 것은?

① 무벌타로 계속 경기를 할 수 있다.
② 1벌타를 받고 계속 경기를 할 수 있다.
③ 2벌타를 받고 계속 경기를 할 수 있다.
④ 3벌타를 받고 계속 경기를 할 수 있다.

문제 465

난이도 🟢🟢🟢

워터해저드(water hazards)에 낙엽이 많이 쌓여 있었다. 볼은 그 아래쪽에 있다고 생각되어 확인을 위해 볼의 일부분이 보일 때까지 낙엽을 걷어내고 쳤을 때 적용되는 규칙에 대한 설명으로 바른 것은?

① 무벌타로 계속 경기를 할 수 있다.
② 1벌타를 받고 계속 경기를 할 수 있다.
③ 2벌타를 받고 계속 경기를 할 수 있다.
④ 3벌타를 받고 계속 경기를 할 수 있다.

요행 : 자고로 높은 지혜는 위기때 나오며, 요행을 바라지 않는다. (조선왕조실록)

14. 워터해저드

문제 466

난이도 ●●●

워터해저드(water hazards) 내에서 볼을 치려 하는데 볼 가까이에 나뭇잎들이 달라붙어 있어 그것을 제거하고 볼을 쳤다. 이런 경우 적용되는 규칙에 대한 설명으로 바른 것은?

① 무벌타로 계속 경기를 할 수 있다.
② 1벌타를 받고 계속 경기를 할 수 있다.
③ 2벌타를 받고 계속 경기를 할 수 있다.
④ 3벌타를 받고 계속 경기를 할 수 있다.

웅변가 : 다른 일에 대해 가장 말이 적은 사람도 골프를 하자마자 웅변가가 되고 만다.

문제 467

난이도 ●●○○

연못을 넘겨 두 번째로 샷한 볼이 그린(green) 후방의 벙커(bunker)로 들어갔고, 벙커에서 친 세 번째 샷이 또 실수로 그린(green)을 뛰어넘어 노란색 말뚝이 박힌 연못에 빠지고 말았다. 이런 경우 다음 샷에 대한 설명으로 바른 것은?

① 무벌타로 앞서 쳤던 지점, 즉 두 번째 샷을 했던 벙커 내의 같은 장소에 볼을 드롭하거나 볼이 연못을 마지막으로 가로지른 지점과 홀을 연결한 후방선상에 볼을 드롭한다.

② 1벌타를 받고 앞서 쳤던 지점, 즉 두 번째 샷을 했던 벙커 내의 같은 장소에 볼을 드롭하거나 볼이 연못을 마지막으로 가로지른 지점과 홀을 연결한 후방선상에 볼을 드롭한다.

③ 2벌타를 받고 앞서 쳤던 지점, 즉 두 번째 샷을 했던 벙커 내의 같은 장소에 볼을 드롭하거나 볼이 연못을 마지막으로 가로지른 지점과 홀을 연결한 후방선상에 볼을 드롭한다.

④ 3벌타를 받고 앞서 쳤던 지점, 즉 두 번째 샷을 했던 벙커 내의 같은 장소에 볼을 드롭하거나 볼이 연못을 마지막으로 가로지른 지점과 홀을 연결한 후방선상에 볼을 드롭한다.

14. 워터해저드

문제 468

난이도 ●●●

연못에 빠진 볼을 확인하기 위해 집어 들었다. 이런 경우 적용되는 규칙에 대한 설명으로 바른 것은?

① 벌타 없이 워터해저드 처리 후 또는 다시 경기를 할 수 있다.
② 1벌타를 받고 워터해저드 처리 후 또는 다시 경기를 할 수 있다.
③ 2벌타를 받고 워터해저드 처리 후 또는 다시 경기를 할 수 있다.
④ 3벌타를 받고 워터해저드 처리 후 또는 다시 경기를 할 수 있다.

문제 469

난이도 ●●●

연일 계속된 비로 연못이 넘쳤는데, 넘친 물속으로 볼이 들어갔다. 워터해저드(water hazards)의 노란 말뚝 밖에 볼이 있을 때 적용되는 규칙에 대한 설명으로 바른 것은?

① 그대로 치거나 벌타 없이 드롭할 수 있다.
② 그대로 치거나 1벌타를 받고 드롭할 수 있다.
③ 그대로 치거나 2벌타를 받고 드롭할 수 있다.
④ 그대로 치거나 3벌타를 받고 드롭할 수 있다.

문제 470

난이도 ●○○

티샷(tee shot)이 해저드 쪽으로 날아가서 찾아보았지만 발견할 수 없어서 볼이 연못에 들어갔다고 생각하고 워터해저드(water hazards)의 구제처리를 받아 다른 볼로 후방의 적당한 곳에서 드롭(dropping)한 후 경기를 했다. 이런 경우 적용되는 규칙에 대한 설명으로 바른 것은?

① 벌타 없이 그대로 경기를 할 수 있다.
② 1벌타를 받고 전에 쳤던 지점에서 다시 친다.
③ 오소 경기(playing from wrong place)에 의한 2벌타만을 받고 전에 쳤던 지점에서 다시 친다.
④ 드롭한 시점에서 처음 볼은 분실구가 되어 1벌타를 받고, 오소 (wrong place)에서의 경기로 2벌타를 받아 총 3벌타를 받고 전에 쳤던 지점에서 다시 친다.

15 퍼팅그린

30문항(6.0%)

규칙위반에 의한 벌타와 단순 스트로크는 구분하자!

※ 본 문제는 스트로크 플레이 방식을 전제로 한다.

문제 471

난이도 🟡 🟡 🟡

그린(green) 위에서 퍼트한 볼이 홀을 지나 그린 밖에 자신의 캐디가 놓아둔 깃대(flagstick)에 맞았다. 이런 경우 적용되는 규칙에 대한 설명으로 바른 것은?

① 무벌타로 볼이 멈춘 지점에서 다음 샷을 한다.
② 1벌타를 받고 볼이 멈춘 지점에서 다음 샷을 한다.
③ 2벌타를 받고 볼이 멈춘 지점에서 다음 샷을 한다.
④ 3벌타를 받고 볼이 멈춘 지점에서 다음 샷을 한다.

 문제 472

난이도 🟡🟡🟡

그린(green) 위에서 퍼트하기 전에 잔디의 결이 어느 방향인지 잘 몰라 잔디를 손으로 쓰다듬어 잔디의 결 방향을 확인한 경우 적용되는 규칙에 대한 설명으로 바른 것은?

① 무벌타로 경기를 계속한다.
② 1벌타를 받고 경기를 계속한다.
③ 2벌타를 받고 경기를 계속한다.
④ 3벌타를 받고 경기를 계속한다.

 문제 473

난이도 🟡🟡🟡

그린(green) 밖에서 칩샷(chip shot)한 볼이 홀 가장자리와 깃대에 끼어 절반쯤 나온 채 멈췄다. 아무리 기다려도 떨어지지 않고 계속 그 상태가 유지되어 깃대를 움직였더니 볼이 떨어져 홀인되었다. 이런 경우 적용되는 규칙에 대한 설명으로 바른 것은?

① 무벌타로 경기를 계속한다.
② 1벌타를 받고 경기를 계속한다.
③ 2벌타를 받고 경기를 계속한다.
④ 3벌타를 받고 경기를 계속한다.

 **원리의 이해와 연습** : 제비 한 마리가 왔다고 해서 봄은 아니다. (프랑스 속담)

 **이유제강** : 부드러움이 강한 것을 이긴다. 골퍼는 무림의 태극권 고수와 마찬가지로 이유제강(以柔制强)을 터득함으로써 고수의 경지에 이른다. (중국의 고전 병법서인 『육도(六韜)삼략(三略)』 중 『육도』에 나오는 말)

15. 퍼팅그린

문제 474

난이도 ●●●

두 번째 샷한 볼이 홀 쪽으로 정확히 날아가 그린(green) 위의 홀에 세워 둔 깃대의 깃발에 맞았다. 깃발에 맞은 볼은 깃발에 엉켜 아래로 떨어지지 않고 매달려 있는 상태이다. 이런 경우 적용되는 규칙에 대한 설명으로 바른 것은?

① 무벌타로 그린(green) 위의 홀에 가깝지 않은 지점에서 경기를 계속한다.
② 1벌타를 받고 그린(green) 위의 홀에 가깝지 않은 지점에서 경기를 계속한다.
③ 2벌타를 받고 그린(green) 위의 홀에 가깝지 않은 지점에서 경기를 계속한다.
④ 3벌타를 받고 그린(green) 위의 홀에 가깝지 않은 지점에서 경기를 계속한다.

문제 475

난이도 ●●

두 번째 샷한 볼이 온그린(on green)되어 퍼트하기 위해 가보니 그린 위에 쌓여 있는 낙엽 주변에 볼이 자리 잡고 있었다. 낙엽을 제거하기 위해 손으로 치우던 중에 볼이 움직였을 때 적용되는 규칙에 대한 설명으로 바른 것은?

① 무벌타로 원래 위치에서 다시 경기를 진행한다.
② 1벌타를 받고 원래 위치에서 다시 경기를 진행한다.
③ 2벌타를 받고 원래 위치에서 다시 경기를 진행한다.
④ 3벌타를 받고 원래 위치에서 다시 경기를 진행한다.

문제 476

난이도 🟡🟡🟡

그린(green) 위에서 볼 위치를 마크하고 집어 올리고 나서 실수로 주머니 속에 있던 다른 볼로 바꿔서 퍼트했다. 이미 홀 아웃(hole out)한 상태일 때 적용되는 규칙에 대한 설명으로 바른 것은?

① 무벌타로 교체된 볼로 경기를 계속한다.
② 1벌타를 받고 교체된 볼로 경기를 계속한다.
③ 2벌타를 받고 교체된 볼로 경기를 계속한다.
④ 3벌타를 받고 교체된 볼로 경기를 계속한다.

문제 477

난이도 🟡🟡🟡

그린(green) 위에 멈춰 있던 볼이 강한 바람에 의해 움직이기 시작하더니 데굴데굴 굴러서 홀로 들어가버렸다. 이런 경우 적용되는 규칙에 대한 설명으로 바른 것은?

① 무벌타로 마지막 스트로크로 홀인한 것으로 간주한다.
② 1벌타를 받고 마지막 스트로크로 홀인한 것으로 간주한다.
③ 2벌타를 받고 마지막 스트로크로 홀인한 것으로 간주한다.
④ 3벌타를 받고 마지막 스트로크로 홀인한 것으로 간주한다.

인간이란 : 골퍼란 볼이 슬라이스가 났을 때는 운명 탓으로 돌리지만, 홀인원을 했을 때에는 자기 실력이라고 생각하는 인종이다.

인생은 한번 : 인생이라는 골프 코스의 페어웨이를 걸어갈 땐 잠시 멈춰 서서 장미꽃 향기라도 맡아 보시게, 인생은 어차피 한 번밖에 플레이할 수 없는 라운드니…. (벤 호건, 미국 명 프로골퍼)

15. 퍼팅그린

문제 478

난이도 ●●●

그린(green) 위에서 자신의 볼 마커(ball-marker) 옆에 있던 동반 경기자의 볼 마커에 실수로 자신의 볼을 놓고 퍼트했다. 이런 경우 적용되는 규칙에 대한 설명으로 바른 것은?

① 무벌타로 볼이 멈춘 지점에서 다음 샷을 한다.
② 1벌타를 받고 볼이 멈춘 지점에서 다음 샷을 한다.
③ 2벌타를 받고 볼이 멈춘 지점에서 다음 샷을 한다.
④ 3벌타를 받고 볼이 멈춘 지점에서 다음 샷을 한다.

문제 479

난이도 ●●●

동반 경기자가 그린(green) 위에서 퍼트(putt)한 볼이 세워둔 깃대에 부딪힐 것 같아 달려가서 깃대를 뽑아들고 있었다. 이런 경우 퍼트한 경기자에게 적용되는 규칙에 대한 설명으로 바른 것은?

① 퍼트한 경기자는 무벌타로 경기를 계속한다.
② 1벌타를 받고 경기를 계속한다.
③ 2벌타를 받고 경기를 계속한다.
④ 3벌타를 받고 경기를 계속한다.

문제 480

난이도 ●●●

동반 경기자가 퍼트(putt)한 볼이 멈추지 않았는데도 그린(green) 위에서 자신의 볼을 쳤다. 이런 경우 적용되는 규칙에 대한 설명으로 바른 것은?

① 무벌타로 그대로 경기를 계속한다.
② 1벌타를 받고 그대로 경기를 계속한다.
③ 2벌타를 받고 그대로 경기를 계속한다.
④ 3벌타를 받고 그대로 경기를 계속한다.

문제 481

난이도 ●●●

그린(green) 위에서 퍼트(putt)하려고 살펴보던 중 퍼트를 하고 싶은 라인에 볼에 의해 생긴 움푹 들어간 자국이 있었다. 이 자국을 없앤다면 적용되는 규칙에 대한 설명으로 바른 것은?

① 벌타 없이 볼자국을 고칠 수 있다.
② 1벌타를 받고 볼자국을 고칠 수 있다.
③ 2벌타를 받고 볼자국을 고칠 수 있다.
④ 볼에 의해 생긴 자국은 고칠 수 없다.

문제 482

난이도 ●●●

그린(green) 위에서 퍼트 라인에 있는 볼자국을 없애는 중에 바로 옆의 스파이크(spike) 자국도 함께 밟아서 없앴다. 이런 경우 적용되는 규칙에 대한 설명으로 바른 것은?

① 벌타 없이 스파이크자국을 고칠 수 있다.
② 그린면의 개선 위반으로 1벌타가 부과된다.
③ 그린면의 개선 위반으로 2벌타가 부과된다.
④ 그린면의 개선 위반으로 3벌타가 부과된다.

15. 퍼팅그린

문제 483
난이도 ●●●

그린(green) 위에서 퍼트(putt)하고 싶은 라인에 나뭇잎(루즈 임페디먼트, loose impediment)들이 쌓여 있기에 수건으로 쳐서 치워버렸다. 이런 경우 적용되는 규칙에 대한 설명으로 바른 것은?(루즈 임페디먼트; 지면에 고정되지 않고 따로 떨어져 있는 물체로 나뭇잎, 나뭇가지, 휴지, 벌레 등을 말한다.)

① 벌타 없이 루즈 임페디먼트를 제거할 수 있다.
② 그린 위의 루즈 임페디먼트를 제거하면 1벌타가 부과된다.
③ 그린 위의 루즈 임페디먼트를 제거하면 2벌타가 부과된다.
④ 그린 위의 루즈 임페디먼트는 제거할 수 없다.

문제 484
난이도

그린(green) 위에서 퍼트라인(line of putt)을 살펴보던 중 퍼트선상에 잔디 한 줄기가 유독 길게 돌출되어 있어 방해가 된다는 생각으로 뜯어버렸다. 이런 경우 적용되는 규칙에 대한 설명으로 바른 것은?

① 벌타 없이 그대로 경기를 한다.
② 그린면의 개선 위반으로 1벌타가 부과된다.
③ 그린면의 개선 위반으로 2벌타가 부과된다.
④ 그린면의 개선 위반으로 3벌타가 부과된다.

문제 485

난이도 ●●●

어제 내린 폭우로 말미암아 그린(green) 위의 자신의 퍼트라인(line of putt)상에 물웅덩이가 생겨버렸다. 이런 경우 구제받을 수 있는가?

① 벌타 없이 구제받을 수 있다.
② 1벌타를 받고 구제받을 수 있다.
③ 2벌타를 받고 구제받을 수 있다.
④ 3벌타를 받고 구제받을 수 있다.

문제 486

난이도 ●●●

폭우로 말미암아 자신의 퍼트라인(line of putt)상에 물웅덩이가 생겨버렸다. 퍼트에 방해가 되지 않도록 이 물웅덩이를 수건으로 닦아냈을 때 적용되는 규칙에 대한 설명으로 바른 것은?

① 벌타 없이 구제를 받아서 경기한다.
② 경기선 개선 위반으로 1벌타를 받고 구제를 받아서 경기한다.
③ 경기선 개선 위반으로 2벌타를 받고 구제를 받아서 경기한다.
④ 경기선 개선 위반으로 3벌타를 받고 구제를 받아서 경기한다.

15. 퍼팅그린

문제 487

난이도 ●●○

겨울철 아침 골프장에 내린 서리 때문에 퍼트(putt)가 방해를 받는다고 생각되어 그린(green) 위의 이슬을 수건으로 닦아냈다. 이런 경우 적용되는 규칙에 대한 설명으로 바른 것은?

① 벌타 없이 그대로 경기를 한다.
② 1벌타를 받고 그대로 경기를 계속한다.
③ 2벌타를 받고 그대로 경기를 계속한다.
④ 3벌타를 받고 그대로 경기를 계속한다.

문제 488

난이도 ●●●

두 번째 샷을 한 볼이 온그린(on green)에 성공한 줄 알았으나, 막상 확인해보니 안타깝게도 조금 짧아 그린 밖 프린지(fringe)에 볼이 놓여 있었다. 어제 내린 비로 말미암아 퍼트라인에 생긴 물웅덩이로 인해 비정상적인 지면 상태일 때 적용되는 규칙에 대한 설명으로 바른 것은?

① 벌타 없이 구제받을 수 있다.
② 볼이 프린지나 그린 밖에 있고,플레이 선상이나 퍼트선상에 있더라도 구제받을 수 없기에 그대로 경기를 해야 한다.
④ 1벌타를 받고 구제받아 홀과 가깝지 않은 곳에서 경기를 진행한다.
④ 2벌타를 받고 구제받아 홀과 가깝지 않은 곳에서 경기를 진행한다.

문제 489

난이도 ●○○

그린(green) 위에서 마크(mark)하지 않고 볼을 집어 들었다. 이런 경우 적용되는 규칙에 대한 설명으로 바른 것은?

① 벌타 없이 다시 경기를 한다.
② 1벌타가 부과되며 다시 경기를 계속한다.
③ 2벌타가 부과되며 다시 경기를 계속한다.
④ 3벌타가 부과되며 다시 경기를 계속한다.

문제 490

난이도 ●●●

동반 경기자가 볼을 마크(mark)한 위치보다 앞쪽에 놓았다. 매번 몇 cm씩 볼 마커위치보다 앞쪽, 또는 홀에 가깝게 놓고 있을 때 적용되는 규칙에 대한 설명으로 바른 것은?

① 벌타 없이 계속 경기를 할 수 있다.
② 1벌타가 부과되며 계속 경기를 할 수 있다.
③ 2벌타가 부과되며 계속 경기를 할 수 있다.
④ 골퍼로서의 자질부족으로 실격된다.

15. 퍼팅그린

문제 491

난이도 ●●●

동반 경기자의 요구에 의해서 볼 마커(ball-marker) 위치를 옮겨 놓았는데, 자신의 타순(order of play)에서 그만 마커의 위치를 원래대로 되돌리지 않고 볼을 치고 말았다. 이런 경우 적용되는 규칙에 대한 설명으로 바른 것은?

① 벌타 없이 그대로 경기를 할 수 있다.
② 1벌타가 부과되며 그대로 경기를 계속한다.
③ 2벌타가 부과되며 그대로 경기를 계속한다.
④ 3벌타가 부과되며 그대로 경기를 계속한다.

문제 492

난이도 ●○○

자신의 착각으로 비슷한 위치에 놓여 있던 동반 경기자의 볼 마커(ball-marker)위치에서 볼을 치고 말았다. 이런 경우 적용되는 규칙에 대한 설명으로 바른 것은?

① 벌타 없이 그대로 경기를 할 수 있다.
② 1벌타가 부과되며 그대로 경기를 계속한다.
③ 2벌타가 부과되며 그대로 경기를 계속한다.
④ 3벌타가 부과되며 그대로 경기를 계속한다.

문제 493

난이도

볼을 볼 마커(ball-marker)위치 앞에 바르게 놓고 경기를 했지만, 볼 마커를 집어 들지 않은 채 퍼트했다. 이런 경우 적용되는 규칙에 대한 설명으로 바른 것은?

① 벌타 없이 그대로 경기를 할 수 있다.
② 1벌타가 부과되며 그대로 경기를 계속한다.
③ 2벌타가 부과되며 그대로 경기를 계속한다.
④ 3벌타가 부과되며 그대로 경기를 계속한다.

문제 494

난이도

퍼트라인(line of putt)의 후방연장선 위에 캐디(caddie)를 서 있게 하고 스트로크(stroke)했다. 이런 경우 적용되는 규칙에 대한 설명으로 바른 것은?

① 벌타 없이 그대로 경기를 할 수 있다.
② 1벌타를 받고 그대로 경기를 계속한다.
③ 2벌타를 받고 그대로 경기를 계속한다.
④ 3벌타를 받고 그대로 경기를 계속한다.

15. 퍼팅그린

문제 495 난이도 ●●●

바람이 강하게 불어서 캐디를 앞에 세워놓고 바람막이로 삼은 후 퍼트(putt)을 했다. 이런 경우 적용되는 규칙에 대한 설명으로 바른 것은?

① 벌타 없이 그대로 경기를 할 수 있다.
② 1벌타를 받고 그대로 경기를 계속한다.
③ 2벌타를 받고 그대로 경기를 계속한다.
④ 3벌타를 받고 그대로 경기를 계속한다.

문제 496 난이도 ●●●

볼이 홀 가장자리에 정지했는데, 볼 쪽으로 걸어가던 중 바람이 불어 볼이 움직이더니 그대로 홀인이 되었다. 이런 경우 적용되는 규칙에 대한 설명으로 바른 것은?

① 벌타 없이 그대로 홀아웃한다.
② 벌타 없이 정지했었던 지점에서 다시 경기를 계속한다.
③ 1벌타를 받고 그대로 홀아웃한다.
④ 1벌타를 받고 정지했었던 지점에서 다시 경기를 계속한다.

237

문제 497

난이도 ●●●

어드레스(address) 후 볼을 건드리지도 않았는데 바람이 불어 홀인이 되었다. 이런 경우 적용되는 규칙에 대한 설명으로 바른 것은?

① 벌타 없이 그대로 홀아웃한다.
② 벌타 없이 정지했었던 지점에서 다시 경기를 계속한다.
③ 1벌타를 받고 그대로 홀아웃한다.
④ 1벌타를 받고 정지했었던 지점에서 다시 경기를 계속한다.

문제 498

난이도 ●●●

홀과의 거리가 먼 퍼트(putt)를 남겨두고 있었기에 볼이 들어가지 않을 것으로 생각하고 깃대를 뽑지 않고 스트로크(stroke)를 했다. 볼이 홀 쪽으로 굴러가 핀을 맞고 튕겼을 때 적용되는 규칙에 대한 설명으로 바른 것은?

① 벌타 없이 그대로 경기를 할 수 있다.
② 1벌타를 받고 그대로 경기를 계속한다.
③ 2벌타를 받고 그대로 경기를 계속한다.
④ 3벌타를 받고 그대로 경기를 계속한다.

15. 퍼팅그린

문제 499

난이도 🟡⚪⚪

볼이 홀(hole) 뒤쪽에 뽑아 둔 깃대에 맞았다. 이런 경우 적용되는 규칙에 대한 설명으로 바른 것은?

① 벌타 없이 그대로 경기를 할 수 있다.
② 1벌타를 받고 그대로 경기를 계속한다.
③ 2벌타를 받고 그대로 경기를 계속한다.
④ 3벌타를 받고 그대로 경기를 계속한다.

문제 500

난이도 ⚪⚪🟡

볼을 쳤는데, 깃대 옆에 서 있던 동반 경기자의 발에 맞고 운 좋게 홀인되었다. 이런 경우 적용되는 규칙에 대한 설명으로 바른 것은?

① 벌타 없이 홀인으로 인정된다.
② 1벌타를 받고 홀인으로 인정된다.
③ 2벌타를 받고 홀인으로 인정된다.
④ 홀인으로 인정되지 않고 다시 경기를 계속한다.

알아두면 도움이 되는 골프상식

■ **럽 오브 더 그린(rub of the green)**
볼이 우연히 국외자에게 맞고 방향이 변경되거나 정지된 경우로 벌타가 부과되지 않는다. 단, 그린에서는 방금 쳤던 볼은 무효가 되고 리플레이스(replacing)해서 다시 쳐야 한다.

■ **루스 임페디먼트 (loose impediments)**
자연물로서 고정되어 있지 않고, 생장하지 않으며, 땅에 단단히 박혀 있지 않고, 볼에 달라붙어 있지 않은 것으로 다음의 것들이 포함된다.
- 돌, 나뭇잎, 나무의 잔가지, 나뭇가지 그리고 이와 유사한 것
- 동물의 똥
- 벌레, 곤충 및 이와 유사한 것들 그리고 그것들이 만든 쌓인 흙과 퇴적물
- 퍼팅그린 위에 있는 모래와 흩어진 흙
- 눈(雪)과 천연 얼음(氷)(플레이어의 선택에 따라서 캐주얼 워터 혹은 루스 임페디먼트로 취급할 수 있다)
- 이슬(露)과 서리는 루스 임페디먼트가 아니다.

인생의 장애물 : 장미꽃이 아름답지만, 가시가 있듯이, 평온한 골프장에도 골퍼를 노리는 무수한 장애물이 숨어 있다. 우리 인생사가 그러하듯이.

1m 퍼트 : 1m의 퍼트는 실수하기에 충분한 거리이고 실수하면 불명예스러운 짧은 거리이기도 하다. (필립 몽크리프, 프로골퍼)

자신 : 골프는 아침에 자신(自信)을 얻었다고 생각하면, 저녁에는 자신을 잃게 하는 게임이다. (해리 바든, 영국의 명 프로골퍼)

부 록

1. 단위 Units
2. 힘과 운동량 Force and Momentum
3. 토크 Torque

1. 단위 (Units)

부 록

■ 단 위

골프에서 거리는 야드(yard)나 피트(feet)로 나타내고, 무게나 힘은 파운드(pound)로 나타내고 있다. 이것은 우리에게 생소한 영국공학단위계의 단위이다. 지금까지 수십 년 동안 주로 미터(m), 킬로미터(km), 그램(g), 킬로그램(kg) 등에 익숙한 일반인들에게는 영국공학단위계는 매우 생소할 것이다.

이런 단위의 사용은 물리량에 대한 오랫동안 수차례에 걸친 국제회의의 결과로 1960년 제11차 국제도량형총회에서 SI(International System of Unit) 단위계를 채택한 결과이다. 이 회의에서는 일곱 개의 물리량인 길이(length), 질량(mass), 시간(time), 전류(electric current), 온도(thermodynamic temperature), 물량(amount of substance) 및 광도(luminous intensity)를 선택해 사용하기로 약속하였다.

그러나 각 나라의 전통과 관습 그리고 편의성 때문에 이 일곱 가지 기본 물리량은 또다시 mks 단위계, cgs 단위계, 영국공학단위계, mks·A 단위계, SI 단위계의 다섯 개의 단위계(unit system)로 나누어 사용하게 되었다. 따라서 이들 단위계는 일정한 규칙에 따라서 적절한 변환과정을 통해야만 환산이 가능하다.

일곱 개의 물리량과 다섯 개의 단위계는 <표 1>과 같다. 여기에서 다루는 단위변환은 우리가 일상생활에서 가장 많이 사용하는 세 가지 물리량인 길이, 질량, 시간에 대해서만 논한다.

표 1. 7개의 물리량과 5개의 단위계를 보여준다.

물리량(7) 단위계(5)	길이 (length)	질량 (mass)	시간 (time)	전류[1]	온도[2]	물량[3]	광도[4]
mks 단위계	m (meter)	kg (kilogram)	s (second)	-	-	-	-
cgs 단위계 (가우스단위계)	cm (centimeter)	g (gram)	s (second)	-	-	-	-
영국공학단위계	ft (feet)	lb (pound)*	s (second)	-	-	-	-
mks·A 단위계	m (meter)	kg (kilogram)	s (second)	A (ampere)	-	-	-
SI 단위계	m (meter)	kg (kilogram)	s (second)	A (ampere)	k (kelvin)	mol (mole)	cd (candela)

※ 파운드(pound)는 원래 질량의 단위가 아니라 힘의 단위로서 무게를 표시하는 단위이나, 질량의 단위로도 사용되기 때문에 혼동하지 말아야 한다.
1) 전류(electric current)   2) 온도(thermodynamic temperature)
3) 물량(amount of substance)   4) 광도(luminous intensity)

■ 길이에 대한 변환(보기 쉽게 하려고 단위를 띄어 사용하였다)

1 kilometer(km)	= 1,000 m	= 0.6214 mile	= 3,281 ft
1 meter(m)	= 100 cm	= 3.28 ft	= 1.094 yd
1 mile(mile)	= 1,609 m	= 1,760 yd	= 5,280 ft
1 yard(yd)	= 3.0 ft	= 0.9144 m	= 91.44 cm
1 foot(ft)	= 12.0 in	= 0.3333 yd	= 0.3048 m
1 inch(in)	= 2.540 cm	= 0.0833 ft	= 0.0254 m

■ 질량에 대한 변환(질량은 무게와는 다른 개념이다)

1 ton(t)	= 1,000 kg	= 2,205 lb
1 kilogram(kg)	= 1,000 g	= 2.205 lb
1 gram(g)	= 0.0022 lb	= 0.0353 oz
1 pound(lb)	= 0.4536 kg	= 453.6 g
1 ounce(oz)	= 28.35 g	= 0.0625 lb

1 ton(메트릭톤: metric ton)	= 1,000 kg	= 2,205 lb
1 ton(미국톤: short ton)	= 907.18 kg	= 2,000 lb
1 ton(영국톤: long ton)	= 1,016.05 kg	= 2,240 lb

■ 속도에 대한 변환(속력과 속도는 약간 다른 개념이다)

1 kilometer per hour(km/h)	= 0.2778 m/s	= 0.6214 mph	= 0.9113 ft/s
1 mile per hour(mph)	= 1.6090 km/h	= 0.4470 m/s	= 1.4670 ft/s
1 meter per second(m/s)	= 3.2810 ft/s	= 2.2370 mph	= 3.6000 km/h
1 foot per second(ft/s)	= 0.3048 m/s	= 1.0970 km/h	= 0.6818 mph

■ 힘에 대한 변환(무게는 힘의 일종이다)

1 Newton(N)	= 100,000 dyne	= 0.2248 lb	= 0.1020 kgf
1 pound(lb)	= 4.4480 N	= 453.6 gf	= 0.4536 kgf
1 gram-force(gf)	= 980.7 dyne	= 2.205×10^{-3} lb	

부 록

1 kilogram-force(kgf)	= 9.807N	= 2.205lb	
※ 1 gf	= 1 gram-force	= 1g×980.7cm/s²	= 980.7dyne
※ 1 kgf	= 1 kilogram-force	= 1kg×9.807m/s²	= 9.807N
1 gf	= 1 gram-force(1그램 중이라고 읽는다.)		
1 kgf	= 1 kilogram-force(1킬로그램중이라고 읽는다.)		

※ 1 N이란 질량 1kg의 물체를 1초 동안에 1m을 움직일 수 있는 능력이다.

다음의 모든 계산은 질량 1kg이 2.205lb이고, 또는 무게 1kgf가 2.205lb임을 기준으로 하고, 힘 1N이 0.2248 lb임을 기준으로 하여 설명하였다.

몸무게가 60kgf의 사람이 지면을 누르는 힘은 뉴턴의 제2법칙에 의해

$$60kg \times 9.8 \text{ m/s}^2 (중력가속도) = 588N$$

이 된다. 이 사람의 몸무게를 파운드로 환산하면

$$588N \times 0.2248lb = 132.2lb$$

이 되고, 이 사람의 몸무게는 60kgf(60킬로그램중) 혹은 132.2lb라고 한다.

■ 몸무게 80kgf(80kg중)인 사람의 몸무게는 몇 lb(파운드)일까?

무게 1kgf(1kg중)이 2.205lb에 해당하므로 몸무게 80kgf(80kg중)인 사람의 몸무게는 다음과 같다.

$$80kgf \times 2.205lb/kgf = 176lb$$

■ 몸무게 200 lb(파운드)인 사람의 몸무게는 몇 kgf(kg중)일까?

무게 1 lb(pound)가 0.4536 kg에 해당함으로 몸무게 200lb의 사람의 몸무게는 다음과 같다.

$$200lb \times 0.4536kgf/lb = 90.7kgf(90.7kg중)$$

그러나 몸무게는 gf(그램중) 또는 kgf(킬로그램중)을 대신해 관습상 g(그램) 또는 kg(킬로그램)을 사용한다.

2. 힘과 운동량 Force and Momentum   부 록

■ 힘과 선운동량(Linear Momentum)

힘과 운동량은 서로 떼어놓고 논할 수 있는 물리량은 아니다. 왜냐하면 뉴턴(Newton)이 힘에 관한 정의를 내릴 때 "운동량의 시간적 변화율은 힘과 같다."라고 하였기 때문이다. 일반인들에게 시간적 변화율이란 용어가 매우 생소하겠지만, 시간적 변화율이란 미분의 개념이다.

여기서 각각의 기호를 다음과 같다고 하자.

> F : 힘(force, N : 뉴턴이라고 읽는다)
> m : 질량(mass : kg)
> v : 질량 m의 속도(velocity : m/s)
> a : 질량 m의 가속도(acceleration velocity : m/s^2)
> $p=mv$: 선운동량(linear momentum : kg·m/s)
> $F(t)$: 충격력(impulsive force : N)
> J : 충격량(impulse : N·s)
> $I=mr^2$: 관성모멘트(moment of inertia : kg·m^2)
> ω : 각속도(angula velocity : rad/s)

충격량 J(impulse)는 <그림 1>과 같이 나타낸다.

이때 $F(t)$는 충격력(impulsive force)이 되고, 아래에 있는 총면적, 즉 힘 $F(t)$와 시간 s와 곱이 충격량 J(impulse)가 된다.

이 힘 F는 뉴턴의 제2법칙인 힘에 관한 정의 "운동량의 시간적 변화율은 힘과 같다."에서 질량 m이 일정하다고 가정하면 식 (1) 및 식 (2)와 같다.

$$F = \frac{dp}{dt} = \frac{d(mv)}{dt} = m\frac{dv}{dt} + v\frac{dm}{dt} = ma + 0 = ma \quad \cdots\cdots (1)$$

$$F = ma \quad \cdots\cdots\cdots\cdots\cdots\cdots\cdots\cdots\cdots\cdots\cdots\cdots\cdots\cdots\cdots\cdots\cdots\cdots (2)$$

부 록

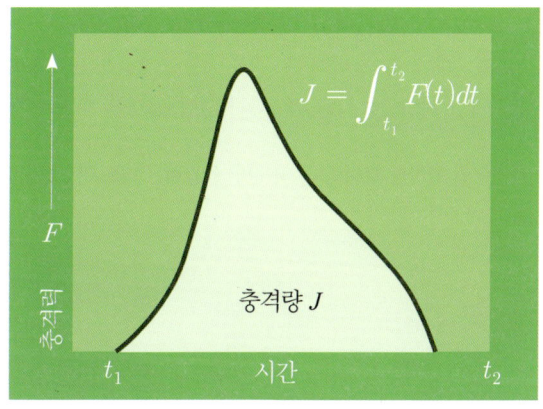

그림 1. 충격력과 충격량을 보여준다.

$F=ma$는 우리에게 아주 익숙한 힘에 관한 정의이다. 이때 질량 m의 초기속도를 v_1, 최종속도를 v_2라고 하고 p을 운동량이라고 한다면 대략 식 (3)과 같다.

$$F = ma = m(\frac{v_2 - v_1}{t_2 - t_1}) \rightarrow F = \frac{dp}{dt} \quad \cdots\cdots\cdots\cdots\cdots\cdots\cdots\cdots\cdots\cdots\cdots (3)$$

또한 지구의 중력가속도를 9.8 m/s²라 하고 질량 m의 무게를 W라 하면 $F=ma$는 식 (4)와 같이 된다.

$$F = ma \Rightarrow W = mg \quad \cdots\cdots\cdots\cdots\cdots\cdots\cdots\cdots\cdots\cdots\cdots\cdots\cdots\cdots\cdots\cdots (4)$$

따라서 무게는 힘의 한 종류이며 단위도 같다. 예를 들면 질량 m=80kg인 사람의 몸무게는 다음과 같이 나타낸다.

80kg×9.8m/s²= 784N

이때 1N은 0.2248lb이므로

784N×0.2248lb/N= 176lb(파운드)

또는 파운드가 질량으로 사용되는 경우 1kg(혹은 kgf)= 2.205lb이므로

80kg×2.205lb/kg= 176lb(파운드)

가 된다. 그러나 관습 때문에 질량과 무게가 혼용되어 질량이 80kg인 사람의 몸무게

247

도 그대로 몸무게가 80kg이라고 한다.

정확한 표현은 몸질량은 80kg이고, 몸무게는 80kgf(80kg 중) 또는 784N(뉴턴) 및 176lb(파운드)라고 해야 할 것이다. 참고로 <그림 2>의 (가) 및 (나)에서 면적이 같으면 충격량은 같지만, 주어진 시간 간격($t_1 \rightarrow t_2$)이 있으면 충격력은 (나)가 크다.

그림 2. 충격력과 충격량의 차이를 보여준다. 이 경우 충격력은 다르지만 면적이 같으므로 충격량은 같다.

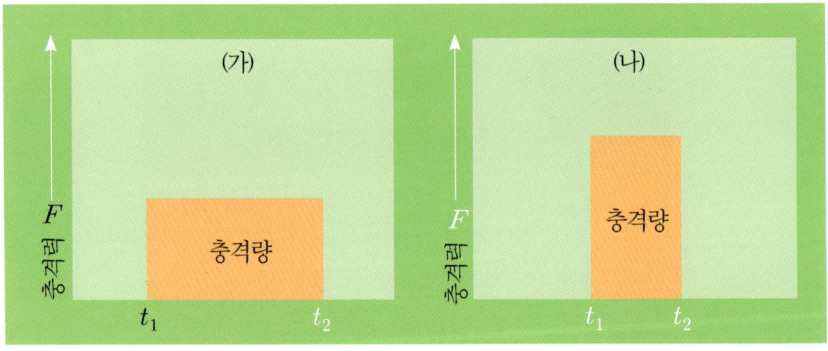

■ 선운동량(Linear Momentum)

선운동량 p는 질량 m의 물체가 속도 v로 움직일 때 $p=mv$로 정의되며,

$$F = ma = m(\frac{v_2 - v_1}{t_2 - t_1}) \rightarrow F = \frac{dp}{dt} \quad \cdots\cdots\cdots\cdots\cdots\cdots\cdots\cdots\cdots\cdots\cdots\cdots (5)$$

라고 표현할 수도 있다. 이것을 다르게 표현하면 "운동량의 시간적 변화율은 힘과 같다." 라고 할 수 있다.

그림 3. 선 운동량을 보여준다.

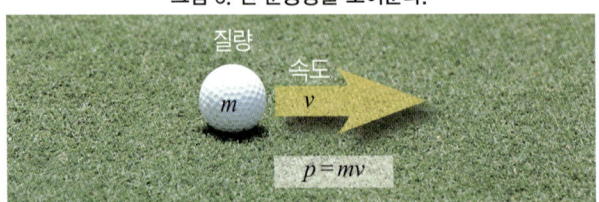

부 록

■ 각운동량(Angular Momentum)

선운동량(linear momentum) p가 질량 m에 속도 v를 곱한 물리량

$$p = mv \quad \cdots\cdots (6)$$

라고 할 때, 각운동량 L은 회전반경 r에 선운동량 p를 곱한 값 또는 관성모멘트 $I=mr^2$와 각속도 ω를 곱한 값인

$$L = r \times p = I \times \omega \quad \cdots\cdots (7)$$

로 <그림 4>와 같이 정의한다.

이때 관성모멘트 $I=mr^2$은 자동차나 기차 등의 바퀴 가장자리에 무게를 많이 배분된 원리이고, 골프클럽에서 헤드가 그립으로부터 가장 먼 거리에 있는 원리이다. 그리고 각운동량이 크다는 것은 반경이 일정할 때 회전운동의 접선속도가 크다는 뜻도 된다.

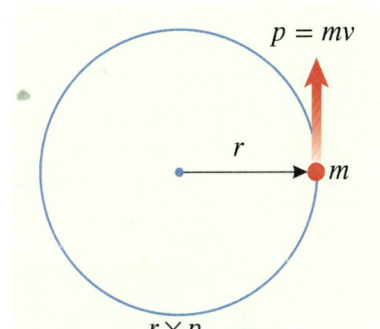

그림 4. 각운동량의 정의를 보여주고 있다.

그림 5. 각운동량이 일정할 때 반경이 1/2로 줄어들면 각속도는 4배가 된다.

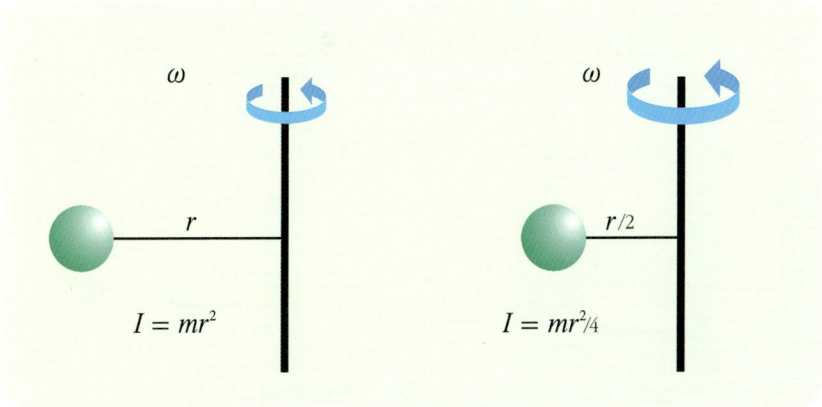

249

3. 토크 Torque

■ 토크

토크는 일반인들에게는 익숙하지 않은 개념이지만, 우리의 일상생활에서는 많이 사용되는 원리이다. 토크의 정의는 지렛점으로부터 거리 r만큼 떨어진 지점에 힘 F가 가해졌을 때 토크 τ의 크기는

$$\tau = r \times F \quad \cdots\cdots\cdots (8)$$

로 정의한다. 이해를 돕고자 아래의 <그림 6>으로 설명하겠다.

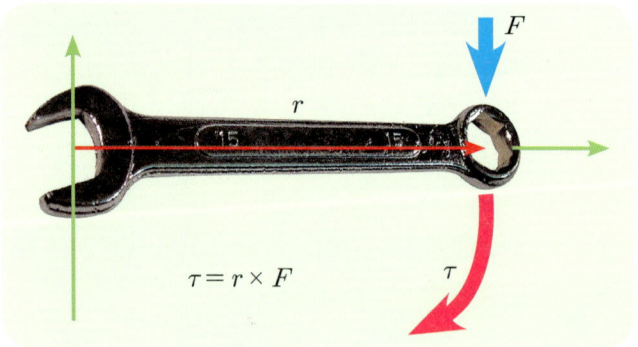

그림 6. 렌치에 힘을 가해 회전시킬 때 발생하는 토크를 보여주고 있다.

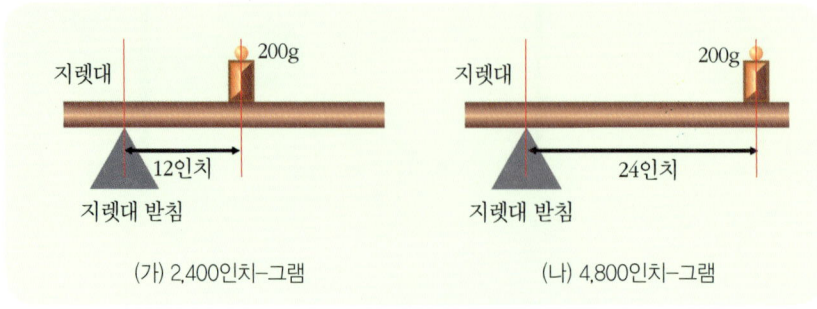

그림 7. 추의 질량 200g은 같으나 추의 위치에 따라 토크값은 (나)의 경우가 크다.

부 록

〈그림 7〉의 (가)는 지렛대 받침점에서 12인치되는 위치에 무게 200g 되는 물체를 올려놓았을 때인데, 이때 토크는 다음과 같이 나타낸다.

τ = 12인치×200그램 = 2,400인치-그램

이때 (나)는 다음과 같다.

τ = 24인치×200그램 = 4,800인치-그램

즉 〈그림 7〉 (나)의 경우가 지렛대를 시계방향으로 회전시키는 데 두 배 정도 쉽다는 것을 뜻한다.

또 다른 예를 아래의 〈그림 8〉에서 설명하면 아이언의 (가)와 (나)의 위치에서 그립을 아래 방향으로 눌러 헤드를 위로 올라가도록 하려면 (나)의 경우가 훨씬 쉽다는 것을 알 수 있다. 즉 (나)의 위치에서 토크가 (가)에서보다 크다는 뜻이다.

그림 0. 손가락으로 누르는 위치에 따라 필요한 힘이 다르다. 회전축으로부터 멀리 떨어진 (나)의 경우가 (가)보다 적은 힘으로 골프클럽의 헤드를 늘어올릴 수 있다.

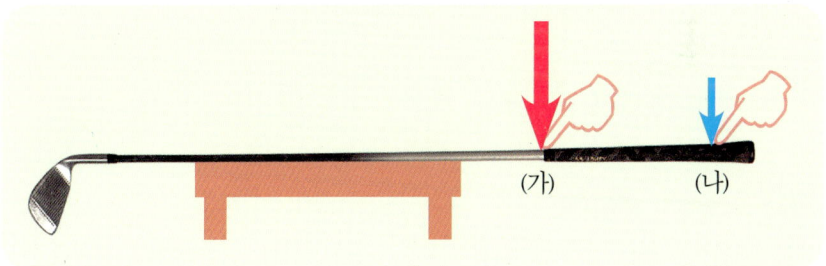

토크가 크다는 것은 같은 힘으로 회전하기가 쉽다는 뜻이다. 또는 작은 힘에 의해서도 쉽게 회전이 된다는 의미도 된다. 따라서 골프클럽에서, 특히 드라이버에서 토크가 크다는 의미는 작은 힘에 의해서도 드라이버 샤프트가 비교적 쉽게 비틀린다는 뜻이 된다.

따라서 여성 골퍼, 장년의 골퍼, 프로나 상급자 골퍼, 프로골퍼들은 토크값이 작은 골프클럽을 사용하는 것이 바람직하다. 즉 토크값이 작은 샤프트가 좋은 것이다.

■ 각운동량의 시간적 변화율은 토크와 같다

$p = mv$

$L = r \times p$

$\dfrac{dL}{dt} = \dfrac{d}{dt}(r \times p) = r \times \dfrac{dp}{dt} + \dfrac{dr}{dt} \times p$

이때 $v \times v = 0$이 되므로

$$\dfrac{dL}{dt} = r \times \dfrac{dp}{dt} = r \times F = \tau$$

즉 각운동량의 시간적 변화율은 토크 τ와 같다.

$$\tau = \dfrac{dL}{dt} \text{ (회전운동에 주로 적용)}$$

위의 식은 뉴턴의 제2법칙인

$$F = \dfrac{dp}{dt} \text{ (직선운동에 주로 적용)}$$

와 매우 유사하다

정답 및 해설

01 골프의 역사 20문항(4.0%)
02 골프용어 40문항(8.0%)
    02-1 물리용어 20문항(4.0%)
    02-2 일반용어 20문항(4.0%)
03 골프볼 31문항(6.2%)
04 골프클럽 116문항(23.2%)
    04-1 골프클럽 46문항(9.2%)
    04-2 샤프트 31문항(6.2%)
    04-3 로프트각과 런치각 10문항(2.0%)
    04-4 어택각 11문항(2.2%)
    04-5 스핀 18문항(3.6%)
05 스 윙 20문항(4.0%)
06 골프볼 탄도 31문항(6.2%)
07 클럽 피팅 46문항(9.2%)
08 볼 피팅 8문항(1.6%)
09 환경(바람, 온도 및 고도) 22문항(4.4%)
10 런치 모니터 16문항(3.2%)
11 티잉 그라운드 20문항(4.0%)
12 스루 더 그린 65문항(13%)
13 벙 커 25문항(5.0%)
14 워터해저드 10문항(2.0%)
15 퍼팅그린 30문항(6.0%)

01 골프의 역사 20문항(4.0%)   정/답/및/해/설

문제 001. ●●●   정답 ①

해설 | 골프경기의 시작은 기록이 제대로 되어 있지 않아 정확히 알 수는 없으나, 그래도 관련 기록에 의하면 1457년 당시 스코틀랜드의 왕인 제임스 2세가 국민들이 골프에 너무 몰두하여 영국과의 전쟁에서 국토방위에 요구하는 무술과 무예 및 신앙 생활에 게을리하므로 "12세 이상부터 50세까지 고우프(Gouf)를 금지한다."며 골프 금지령을 내렸다는 기록이 있을 정도이다.

문제 002. ●●●   정답 ③

해설 | 골프는 스코틀랜드 지방의 목동들에서 시작되었다. 그들은 초원에서 양을 치면서 무료함을 달래려고 초원에 여기저기 굴러다니는 돌멩이들을 양을 다루는 지팡이로 장난삼아 후려친 것이 우연히 초원에 뚫려 있었던 조그만 구멍으로 굴러 들어가게 되자 호기심에 니러 번 돌멩이를 후려쳐 보았더니 돌멩이는 비교적 일정한 거리는 날아가지만 작은 구멍에는 잘 안 들어가는 것을 보고 목동들이 서로 놀이를 하자고 제안하였던 것이 오늘날의 골프경기로 발전되었다.
그런 과정을 통하여 당시의 수많은 양이 풀을 뜯던 넓은 초원은 오늘날 잘 정비된 페어웨이(fairway)가 되었고, 당시 초원에 굴러다니던 여러 가지 크기의 돌멩이들은 오늘날 크기와 무게가 거의 일정한 골프볼이 되었고, 수많은 날을 양을 몰면서 지루함과 무료함을 달래고자 돌멩이들을 후려치던 지팡이나 막대기들은 오늘날 과학적으로 잘 계산된 길이가 다른 여러 종류의 골프클럽이 되었고, 작은 구멍이나 토끼가 살던 굴들은 오늘날 펄럭이는 깃발이 꽂혀있는 지름 10.8cm, 깊이 10cm인 홀로 바뀌었다.

문제 003. ●●●   정답 ②

해설 | 1871년에 캐디피(caddie fee)제도가 처음 도입되었다.

문제 004. ●●●   정답 ①

해설 | 1848년에 '구티(Gutty)'라고 더 알려진 구타페르카(Gutta Percha)라는 골프볼이 처음으로 등장하였다.

문제 005. ●●● 정답 ④

해설 | 1860년에 챔피언십 골프가 시작되었다. 프레스트 윅에서 첫 번째 오픈대회가 열려 윌리 파크시니어가 첫 우승을 했다. 처음에는 프로들만 출전했으나 1981년부터는 누구나 출전할 수 있는 자격을 주었다.

문제 006. ●●● 정답 ②

해설 | 1891년에 세인트앤드루스의 왕립골프클럽에서 홀의 크기를 4.25 인치(10.75mm)로 정하였다. 오늘날에는 10.75mm를 108mm(오차의 범위이다)로 사용한다. 야구공 실밥의 개수도 108개인데, 이것은 재미있는 우연한 일치이다. 백팔번뇌(百八煩惱)의 시작인가?

문제 007. ●●● 정답 ④

해설 | 1913년 프란시스 위멧(Francis Ouimet: 1889~1967)은 미국의 프로골퍼로서 〈지상 최고의 게임〉의 주인공이 되었다. 이 영화는 1913년 US 오픈 골프대회에서 바든 그립(Vardon's Grip)으로 유명한 영국의 골퍼 해리 바든(Harry Vardon)에게 승리한 캐디 출신의 아마추어골퍼 프란시스 위멧(Francis Ouimet)의 이야기를 다룬 실화 극이다. 1913년 US 오픈골프대회에서 10살 된 동네 아이를 캐디로 데리고 나온 한 아마추어 골퍼가 영국 챔피언을 상대로 승리를 거둔 정말 '믿기 어려운' 실화를 소재로 하여 디즈니사가 〈리멤버 타이탄〉, 〈루키〉, 〈미라클〉에 이어 다시 한 번 내놓은 감동의 실화를 바탕으로 한 스포츠 인간 드라마이다. 때는 1913년. 약관 20세의 블루칼라 출신 아마추어골퍼 프란시스 위멧은 전세계 골프팬들을 경악하게 만든다. 10살 된 아이를 캐디로 데리고 출전한 그가 영국 챔피언이었던 해리 바든에 승리를 거두었다. 이 사건은 어려운 삶을 살아가던 미국 노동자계층의 국민들에게 골프가 단지 엘리트그룹만의 고급 스포츠가 아님을 증명한 것으로, 프란시스는 일약 미국의 영웅으로 부상했다.

문제 008. ●●● 정답 ①

해설 | 1916년에 일본의 '다까하다'가 헤드커버를 처음 사용하였다.

정/답/및/해/설

문제 009.　●●●　　　　　　　　　　　　　　　　　정답 ①

해설 | 1920년경부터 스틸 샤프트(steel shaft)가 등장함으로써 골프의 대중화가 이루어졌다.

문제 010.　●●●　　　　　　　　　　　　　　　　　정답 ③

해설 | 1922년부터 티페그(tee peg)가 처음 사용되기 시작하였다.

문제 011.　●●●　　　　　　　　　　　　　　　　　정답 ④

해설 | 1938년에 영국왕립골프협회와 미국골프협회는 휴대클럽 수를 14개로 제한하기로 했다.

문제 012.　●●●　　　　　　　　　　　　　　　　　정답 ②

해설 | 1986년에 잭 니클라우스(Jack Nicklaus)가 마스터즈 6번째 우승으로 메이저 타이틀 20승 위업을 달성했다.

문제 013.　●●●　　　　　　　　　　　　　　　　　정답 ④

해설 | 2000년에 타이거 우즈(Tiger Woods)가 4차례 메이저대회 우승으로 그랜드슬램을 달성했다.

문제 014.　●●●　　　　　　　　　　　　　　　　　정답 ②

해설 | 1930년에 군자리골프장에서 정식경기가 시작되었다.

문제 015.　●●●　　　　　　　　　　　　　　　　　정답 ③

해설 | 1963년에 아시아골프연맹이 창설되었다.

문제 016.　●●●　　　　　　　　　　　　　　　　　정답 ③

해설 | 2005년에 최경주가 미국 PGA 투어 크라이슬러 클래식에서 우승했다.

문제 017. ● ● ●　　　　　　　　　　　　　　　　　　　정답 ②

해설 │ 2007년에 박세리가 아시아인으로는 최초로 미국 LPGA투어 명예의 전당에 이름을 올렸다.

문제 018. ● ● ●　　　　　　　　　　　　　　　　　　　정답 ④

해설 │ 2009년에 양용은 선수가 동양인 최초로 미국 PGA 챔피언십에서 우승했다.

문제 019. ● ● ●　　　　　　정답 : 훌륭한, 뛰어난, excellent, wonderful

문제 020. ● ● ●　　　　　　　　　　　　　　　　정답 : 어려움과 평균

해설 │ 다음은 보기(bogey)에 관한 노래로 어렵다는 것을 의미하는 〈보기 맨(bogeyman)〉 노래로 「잡을 수 있으면 날 잡아봐라」라는 의미이다.

"Hush! Hush! Hush!
Here comes the bogey man!
So hide your head beneath the clothes,
He'll catch you if he can."

잔잔한 호수 : 골프는 정중동의 스포츠다. 백스윙은 나비처럼, 임팩트는 무서운 맹수처럼 몸은 움직이되, 마음은 잔잔하고 호수 같아야 한다.

잘 맞은 볼, 잘못 친 볼 : 어쩌다 잘 맞은 볼은 아무도 안 보고, 잘못 친 볼은 뒤 팀까지 본다.

자신과의 싸움 : 골프란 자기의 최악의 적인 자기 자신과 함께 플레이하는 게임이다. (핀리 피 터던, 프로골퍼)

etc. 골프역사 관련자료 정/답/및/해/설

- 1502년   스코틀랜드의 제임스 4세가 퍼스(Perth) 지방에 사는 활 제작자로 하여금 골프클럽 제작을 지시했다.
- 1553년   스코틀랜드 세인트앤드루스(St. Andrews)의 대주교가 일요일에 골프 치는 것을 허락했다. 관련 자료는 세인트앤드루스대학 도서관에 보관된 양피지로 된 골프 관련 기록문헌에 있다.
- 1687년   토마스 킨케이드의 골프스윙에 관한 초기 문헌이 등장했다.
- 1744년   세인트앤드루스에서 골프규칙에 관한 모체가 되는 13개항이 제정되었다.
- 1754년   세인트앤드루스라는 골프클럽 (CC: country club)이 처음으로 창설되었다.
- 1764년   『골프의 규칙』이란 저서가 발간되었으며, 22홀에서 18홀로 줄었다.
- 1848년   구타페르카(Gutta Percha)라는 골프볼이 처음 등장했다.
- 1857년   헨리 B. 퍼니(Henry B. Farnie)의 『골프지침서(The Golf's Manual)』란 저서가 발간되었다.
- 1867년   세인트앤드루스에 첫 번째 여성골프클럽 (CC: country club)이 창설되었다.
- 1873년   제1회 브리티시오픈이 개최되었다.
- 1878년   영국의 옥스퍼드대학과 케임브리지대학 간의 골프클럽(CC) 대항경기가 시작되었다.
- 1887년   심슨(W. Simpson)의 『골프의 기술』이란 저서가 발간되었다.
- 1891년   세인트앤드루스의 왕립골프클럽에서 홀의 크기를 4.25인치로 정하였다.
- 1899년   골프 게임에 관한 전문서적이 발간되었다.
- 1913년   US 오픈골프대회에서 미국의 무명선수인 위멧(F. Ouimet)이 당대 최고의 골프 영웅인 영국의 바든(H. Vardon)을 제치고 우승하면서 골프산업은 영국에서 미국으로 건너가 급격이 발전하기 시작하였다.
- 1919년   앤드류 커컬디(A. Kirkaldy)의 『골프의 50년』이란 골프 전문서적이 발간되었다.
- 1920년   스틸 샤프트(steel shaft)의 등장으로 골프의 대중화가 이루어졌다.
- 1921년   골프볼 표준화의 시작으로 로열 앤 애인션트와 미국 PGA가 처음으로 1921년 5월 1일부터 골프볼은 무게 1.62온스(45.927g) 이상, 크기는 직경 1.62인치(41.148mm) 이하로 제정하였다.
- 1940년   바이런 넬슨(Byron Nelson)의 『이기는 골프』란 저서가 발간되었다.

- 1954년 토미 아머(Tommy Amour)의 『항상 최고의 경기를 하는 법』이란 저서가 발간되었다.
- 1957년 벤 호건(W. Benjamin Hogan)의 『골프의 기초』란 저서가 발간되었다.
- 1963년 아시아골프연맹이 창설되었다.
- 1986년 잭 니클라우스(Jack Nicklaus)가 메이저 타이틀 20승 위업을 달성했다.
- 1996년 타이거 우즈(Woods E. Tiger)가 미국 PGA에서 신인상을 수상했다.
- 2004년 밀리언야드컵은 한·일 양국 남자프로선수들의 경기로 2004년에 제1회, 2010년에 제2회, 2011년 7월 초에 제3회 대회가 개최되었다. 한국에서 일본까지의 평균거리는 약 950km이지만 910km를 기준으로 골프에서 주로 사용하는 거리인 야드로 환산해서 100만(밀리언) 야드로 명명했다.

장타 : 장타(長打)의 유혹에 이기면, 명인(名人)이 된다(보비 로크, 프로골퍼).

장타는 언제 : 볼은 잘못된 방향으로 쳤을 때 항상 더 멀리 나간다.

장학생 : 원 포인트 레슨은 옆에서 듣는 사람이 가장 빨리 배운다. (고학생이 장학생 된다.)

정확하게 : 강하게 치려고 하지 마라. 정확하게 칠 것에만 집중하라. (폴 레니언, 프로골퍼)

02 골프용어 40문항(8.0%)   정/답/및/해/설

02-1. 물리용어 20문항(4.0%)

문제 021.   정답 ④

해설 | 속도(velocity)에서는 크기(magnitude)와 방향(direction)은 반드시 말하고, 속력(speed)은 크기(magnitude)만 말한다. 즉 속력에 방향이 추가되면 속도의 의미가 된다.
  그래서 100mph는 속력이라고 하고, 부산을 향해 100mph로 달린다고 할 때는 속도라고 하는 것이 원칙이다. 그러나 일반인들은 이것을 혼용해서 사용하고 있다.

문제 022.   정답 ②

해설 | 부산은 방향을 말하고, 300km/h(속력)는 크기를 말한다.

문제 023.   정답 ③

해설 | 가속도(acceleration)는 속도(velocity)가 변화는 경우로 속력(speed)이 일정하더라도 방향이 변하는 경우이며, 일정한 속력(크기)으로 곡선운동을 하거나 혹은 원운동(circular motion)을 하는 경우도 가속도라고 한다. 주의할 점은 속력이 점차 줄어드는 경우도 가속도라고 말하지만, 즉 이 경우는 '−'(negative) 가속도인 셈이다.

문제 024.   정답 ④

해설 | 속력(speed)이 일정하더라도 방향이 변하거나, 일정한 속력으로 곡선운동을 하거나 원운동, 타원운동, 포물선운동, 쌍곡선운동 따위도 가속도의 일종이다.

문제 025.   정답 ①

해설 | 4πrad/s는 4파이 래디안 퍼 sec라고 읽는다.

문제 026.   정답 ④

해설 | 다운스윙시간이 짧을수록 각속도는 크다.

문제 027.　●●●　　　　　　　　　　　　　　정답 ③

해설 | rad/s는 래디안 퍼 sec라고 읽으며, 각속도(angular velocity)의 단위이다.

문제 028.　●●●　　　　　　　　　　　　　　정답 ③

해설 | $v = \omega r$에서 ω(각속도: angular velocity)가 일정하면 r(반경)이 클수록 v(헤드속도)는 커진다. 즉 같은 각속도라도 팔(arm)이 긴 사람이 드라이버헤드의 속도가 더 큰 이유이다.

문제 029.　●●●　　　　　　　　　　　　　　정답 ①

해설 | $v = \omega r$에서 ω(각속도: angular velocity)가 일정하면 r(반경)이 클수록 v(헤드속도)는 커진다.

문제 030.　●●●　　　　　　　　　　　　　　정답 ④

해설 | 질량(mass)과 무게(weight)는 서로 다르나 실제로는 같게 사용하고 있다. 질량은 불변이나 무게는 중력의 크기에 따라 다르다. 중력이 거의 없는 우주에서는 무게가 없어져(무게가 0이다) 떠서 다니게 된다.
달(moon)에서는 중력이 지구의 약 1/6이므로, 달에서의 무게는 지구에서의 1/6이다. 달에서는 몸무게가 지구에서의 약 1/6로 몸이 훨씬 가벼워진다. 그러나 질량을 불변이다.

문제 031.　●●●　　　　　　　　　　　　　　정답 ②

해설 | 중력(gravitation)이 0이면 무게는 0이 되지만 질량은 불변이다.
지구의 중력가속도의 크기는 g_{earth}(지구)$=9.8m/s^2$이고, 달(Moon)의 중력가속도의 크기는 지구의 1/6로 g_{moon}(달)$=(1/6)\times 9.8m/s^2=1.63m/s^2$이다.

문제 032.　●●●　　　　　　　　　　　　　　정답 ④

해설 | 달(Moon)에서의 중력(gravitation)은 지구의 1/6이기 때문에 무게는 지구에서보다 1/6로 감소한다. 그러나 질량은 변하지 않는다.

정/답/및/해/설

문제 033. ●●● 정답 ③

해설 | 운동량(momentum, p)이란 질량(mass, m)에 속도(velocity, v)를 곱한 양이다. 즉 $p=mv$로 단위는 kg·m/s이다. 운동한 분량과는 엄연히 다르다.

문제 034. ●●● 정답 ②

해설 | 운동량(momentum, p)이란 질량(mass, m)에 속도(velocity, v)를 곱한 양이다. 즉 $p=mv$로 단위는 kg·m/s이다.
운동량과 운동한 분량은 구분되어야 한다. 몸무게 혹은 몸질량이 같더라도 움직이는 속도가 크면 속도가 작을 때보다 더 많은 운동량이 요구된다.

문제 035. ●●● 정답 ④

해설 | 아래 그림은 충돌시간과 충격력(impulsive force)을 보여준다. 충돌시간에 따라 충격력 $F(t)$은 다르지만, 이 충돌시간이 매우 짧으면 충격력은 크게 느껴진다. 이때 충격량(impulse) J는 붉은 선 아래의 면적 즉 $J=F(t)·\Delta t$를 말한다. 드라이버와 골프볼의 최대충격력은 약 2톤 정도 된다.

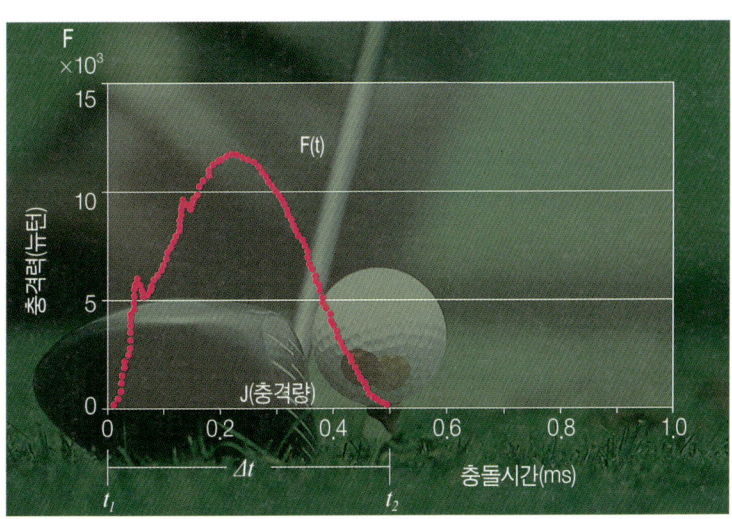

문제 036. ●●●　　　　　　　　　　　　　　　　　　　　　정답 ④

해설 │ 충격량(impulse) J는 시간에 따른 충격력 $F(t)$에 매우 짧은 시간 Δt을 곱한 값 즉 $J = F(t) \cdot \Delta t$로, 단위는 N·s이다. 문제 035번에서 곡선 아래의 면적이 충격량이다.

문제 037. ●●●　　　　　　　　　　　　　　　　　　　　　정답 ②

해설 │ 줄(joule)과 에르그(erg)는 모두 에너지의 단위이다.
1 joule=10^7 erg=10,000,000 erg=1,000만 erg이다.

운동에너지 $E = \frac{1}{2}mv^2 = (\frac{1}{2}) \times 질량 \times (속도)^2$이다

이때 에너지는 $0.5 \times 0.2 \times 50^2 = 250$줄(joule)이다.

문제 038. ●●●　　　　　　　　　　　　　　　　　　　　　정답 ①

해설 │ 클럽헤드의 에너지(energy)는 약 7%가 볼에 전달된다. 나머지는 열 및 헤드와 골프볼의 찌그러짐 등으로 소모된다.

문제 039. ●●●　　　　　　　　　　　　　　　　　　　　　정답 ④

해설 │ 클럽헤드의 진동수(frequency)와 골프볼의 진동수가 같을 때 헤드의 에너지는 볼에 가장 많이 전달된다. 이 경우 볼의 비거리가 가장 클 것이다. 이것은 또한 볼피팅(ball fitting)의 원리이기도 하다. 예를 들어 헤드가 1초에 10번 진동하고 골프볼은 8번 진동한다고 가정하면 두 물체는 항상 엇박자로 만나기 때문에 헤드의 에너지가 골프볼에 극히 일부만 전달될 것이다. 그네의 원리가 좋은 예이다.

문제 040. ●●●　　　　　　　　　　　　　　　　　　　　　정답 ③

해설 │ 토크(torque)는 돌림힘 혹은 회전력(回轉力)과 유사하다. 토크(torque)가 크다는 것은 회전시키기가 쉽다는 뜻이다. 실제로 토크값이 4.5도인 샤프트가 3도보다 회전시키기 쉽다. 일반적으로 선수들은 토크가 작은 것, 즉 샤프트가 쉽게 뒤틀리지 않는 것을 사용한다. 토크는 샤프트 중심축에 대한 뒤틀림 힘(twisting

정/답/및/해/설

force)에 대한 저항이다.

일반적으로 우드에 사용하는 스틸샤프트(steel shaft)의 토크는 2.5~3도이고, 아이언은 1.7~2.0이다. 반면에 그래파이트 샤프트는 약 4.0 이상인 경우가 많다. 회전문에서 문고리가 회전축에서 최대한 멀리(반경을 크게) 있는 이유는 토크를 크게 해서 문을 작은 힘으로도 쉽게 열 수 있도록 하기 위함이다. 그밖에 지레의 원리도 토크를 크게 하여 작은 힘으로 큰 물체를 움직이게 한다.

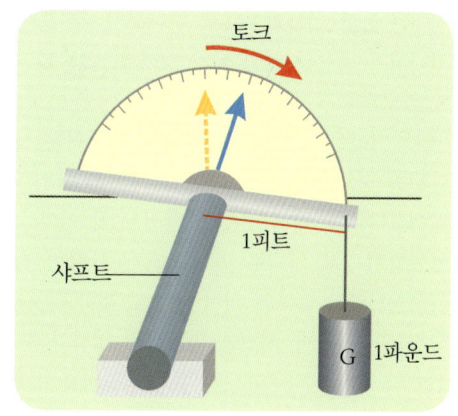

토크(torque, τ)는 $\tau = F \times r$인데, 여기서 F는 회전할 때 힘의 크기, r은 회진반경이고, 단위는 N·m(뉴턴·미터)이나 샤프트에서는 이것을 환산해서 편의상 각도(deg)의 단위를 사용한다(위쪽의 그림).

02-2. 일반용어 20문항(4.0%)

문제 041. ●●● 정답 ①

해설 | PGA는 클럽 프로와 레슨 프로를 포함한 남자 프로골퍼들의 모임으로 미국 프로골프협회이다. PGA Tour는 프로골프 리그이다.

문제 042. ●●● 정답 ②

해설 | 티 박스라고 하는 것은 잘못이다. 티잉 그라운드(teeing ground)가 옳은 표현이다.

티잉 그라운드란?
각 홀에서 골퍼가 첫 번째 샷을 날리는 지점을 티잉 그라운드라고 한다. 일반적으로

지대가 높고 직사각형으로 평탄하다. 각 홀에는 대개 3~5개의 티잉 그라운드가 있다. 시니어가 치는 시니어 티잉 그라운드, 주로 여성 골퍼들이 치는 레드 티잉 그라운드, 프로골퍼나 장거리 타자가 이용하는 블루 티잉 그라운드 등이 그것이다.

  티잉 그라운드 앞쪽에는 두 개의 티 마커(tee marker) 표시물이 있다. 골퍼는 그 표시물을 연결한 선보다 앞으로 나와서 티샷을 하면 안 된다. 또한 그 선에서 골프클럽 2개의 길이보다 뒤쪽에서 티샷을 해서도 안 된다. 가로는 좌우 티마커, 세로는 티 마커에서 골프클럽 2개 길이로 만들어진 직사각형 박스를 티 박스라고 하는데, 이것을 티잉 그라운드라고 말하는 것이 옳다. 그래서 티샷은 반드시 직사각형 박스 안에서만 하도록 규정되어 있으며, 이것을 위반하면 벌타가 주어진다. 발은 이 직사각형 밖으로 나가도 관계가 없다. 약 2.5야드의 두 클럽길이를 이용하여 자신의 비거리를 조정할 수도 있다.

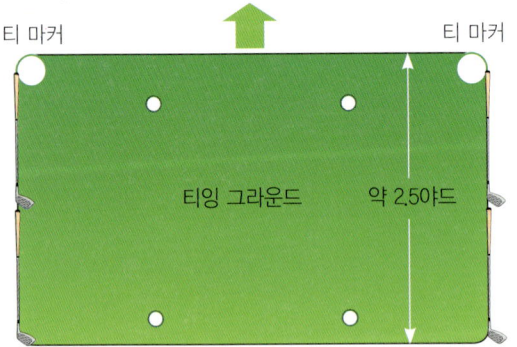

문제 043. ●●● 　　　　　　　　　　　　　　정답 ③

해설 | 라이(lie)란 브레이크(brake) 라이 또는 경사도 라이 즉 그린의 경사나 혹은 공이 굴러갈 길이 어디인가를 의미한다.

문제 044. ●●● 　　　　　　　　　　　　　　정답 ②

해설 | 골프에서 가장 먼저 골프볼을 티샷하는 사람을 오너(owner)라고 알고 있는 골퍼들이 많다. 이 경우에는 아너(honor)가 맞는 말이다. 아너는 전 홀에서 가장 적은 샷으로 홀아웃한 골퍼를 일컫는다. 다음 홀에서 가장 큰 명예(honor)를 가진 사람이어서

정/답/및/해/설

가장 먼저 샷을 한다. 우리나라에서는 돈내기가 성행해서인지 전 홀에서 가장 잘 친 사람은 돈을 딴 사람이어서 owner라고 생각하는 듯하다. 그러나 골프는 돈이 아니라 명예를 중시하는 스포츠이다.

문제 045.   정답 ③

해설 │ PGA와 LPGA는 Professional Golfers' Association과 Ladies Professional Golf Association의 약자로 혼동하지 말아야 한다. 많은 이들이 잘못 알고 있다.

문제 046.   정답 ①

해설 │ R & A는 The Royal and Ancient (Golf Club of St. Andrews)로, 정식표현은 'The'를 반드시 붙인다.

문제 047.   정답 ①

해설 │ USGA는 The United States Golf Association으로, 정식표현은 'The'를 반드시 붙인다.

문제 048.   정답 ①

해설 │ KPGA와 KLPGA는 Korea Professional Golfers' Association과 Korea Ladies Professional Golf Association의 약자로, 혼동하지 말아야 한다. 많은 이들이 잘못 알고 있다.

문제 049.

정답 · 1860년 창설: 전영(全英)오픈(The Open Championship, The Open, The British Open)
　　· 1896년 창설: 전미(全美)오픈(United States Open Championship)
　　· 1916년 창설: 미국프로선수권(PGA Championship)
　　· 1934년 창설: 마스터스토너먼트(The Masters Tournament)

문제 050. ● ● ●

정답 볼이 지면에 착지한 거리를 비거리(carry distance)라 하고, 굴러간 거리를 구름거리(roll distance) 혹은 달린 거리(run distance)라고 한다. 비거리와 달린 거리를 합친 것이 사거리(distance 혹은 total distance, 射距離)인데, 간혹 드라이브거리(drive distance)라고도 하나 사거리가 더 정확한 표현이다.

문제 051. ● ● ● 　　　　　　　　　　**정답** : 블라인드 홀(blind hole)

문제 052. ● ● ● 　　　　　　　　　　**정답** : 도미(dormie)

문제 053. ● ● ● 　　　　　　　　　　**정답** : 페이드(fade) 볼

문제 054. ● ● ● 　　　　　　　　　　**정답** : 기미(gimmie)

문제 055. ● ● ● 　　　　　　　　　　**정답** : 멀리건(mulligan)

문제 056. ● ● ● 　　　　　　　　　　**정답** : 선표적(primary target)

문제 057. ● ● ● 　　　**정답** : 라이더컵(Ryder cup), 2년마다 개최된다.

해설 │ 라이더컵은 2년마다 개최되는 미국과 유럽의 남자 골프대회로서, 1926년 전영오픈(The British Open) 골프선수권대회를 하기 전에 미국과 영국 선수들이 친선경기를 한 데서 유래되었다. 1927년 시작된 이 대회는 제2차 세계대전 때 6년 동안 중단된 적이 있을 뿐 2년마다 미국과 유럽을 오가며 빠짐없이 열렸다. 대회명칭은 순금제 트로피를 기증한 영국인 사업가 새뮤얼 라이더(Samuel Ryder)의 이름을 따서 붙인 것이다.

문제 058. ● ● ● 　　　　　　　　　　**정답** : 생크(shank)

정/답/및/해/설

문제 059. ● ● ●   정답 : 텍사스 웨지(Texas wedge)

문제 060. ● ● ●

정답 ① 마시(mashie or marshy) : 5번 아이언의 옛 이름
② 니블릭(niblick) : 9번 아이언의 옛 이름
③ 스푼(spoon) : 3번 우드의 다른 이름

제일 잘 아는 사람 : 자신 이상으로 당신의 스윙을 아는 사람은 없다. (더그 포드, 프로골퍼)

존재 이유 : 신(神)은 결코 주사위 놀이를 하지 않는다. 모든 것이 있을 만 하니까 있는 거다. (아인슈타인, 독일의 천재 물리학자)

좋은 스윙 : 좋은 스윙의 첫째 조건은 단순함이다. 스윙의 가장 중요한 포인트는 임팩트 순간 볼을 끝까지 쳐내는 것(hit through)이다. 결코 볼을 때리는 것(hit at)이 아니다. (보비 존스, 미국의 명 프로골퍼)

주특기 : 골프를 할 때면 주특기가 테니스라고 말하고, 테니스를 할 때면 잘하는 스포츠가 골프라고 말한다. (다이애나 쇼어, 프로골퍼)

03 골프볼 31문항(6.2%) 정/답/및/해/설

문제 061. 정답 ①

해설 | 골프볼이 발전된 순서는 아래 그림과 같이 깃털형(featherie type)- 쿠타형(gutta percha type)-햄머드쿠타형(hammered gutta type)-브램블형(bramble type)-딤플형(dimple type)이 있다.

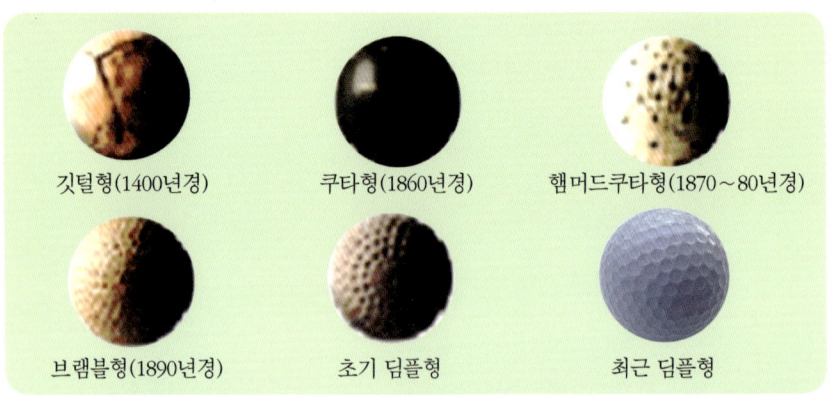

문제 062. 정답 ④

해설 | 골프볼의 구조(structure)

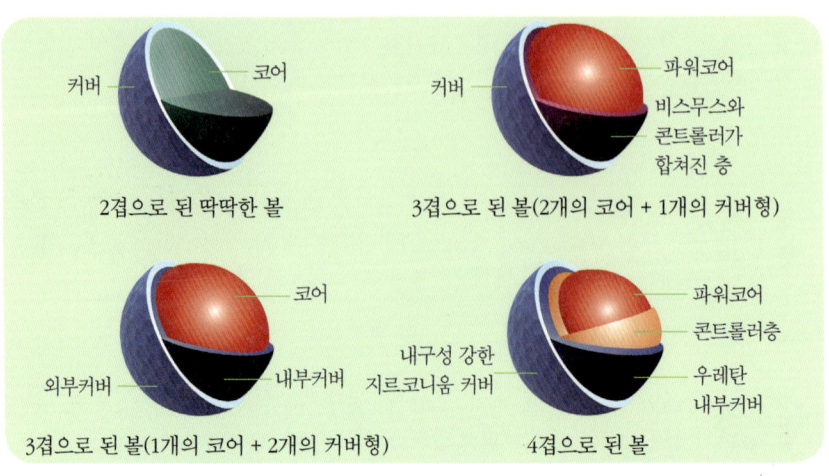

정/답/및/해/설

문제 063. ●●●　　　　　　　　　　　　　　　　정답 ②
해설 │ 골프볼에 대한 규격은 엄격히 정해져 있다. USGA는 골프볼의 무게는 최대 1.620온스(45.927g) 이하이어야 하고, 지름은 최소 1.680인치(42.672mm, 약 4.3cm) 이상이어야 한다. 측정은 23±1℃에서의 값이다.

문제 064. ●●●　　　　　　　　　　　　　　　　정답 ③
해설 │ 1.68인치(약 4.3cm) 이상이어야 한다.

문제 065. ○●●　　　　　　　　　　　　　　　　정답 ①
해설 │ 딤플(dimple)의 모양에 대한 규정은 없다.

문제 066. ○●●　　　　　　　　　　　　　　　　정답 ④
해설 │ 딤플(dimple)의 지름 및 깊이에 대한 규정은 없다.

문제 067. ○●●　　　　　　　　　　　　　　　　정답 ④
해설 │ 딤플(dimple)의 개수는 정해져 있지 않다.

문제 068. ○●●　　　　　　　　　　　　　　　　정답 ②
해설 │ 딤플(dimple)은 골프볼의 공기저항을 적게 하고, 또 위로 뜨게 한다. 딤플을 처음 창안한 사람은 테이트(P. G. Tait)라는 과학자이고, 이에 대한 원리를 처음 발견한 사람은 베르누이라는 과학자이다.

딤플모양의 일종

문제 069. ○●●　　　　　　　　　　　　　　　　정답 ①
해설 │ 골프볼에 딤플(dimple)이 없다면 골프볼의 비거리는 약 절반 이하로 줄어들 것이다. 골프볼의 속력이 약 150mph일 때 공기의 저항력은 약 1/2 줄어든다. 이것이 골프볼이 멀리 날아갈 수 있는 이유 중의 하나이다(아래 그림).

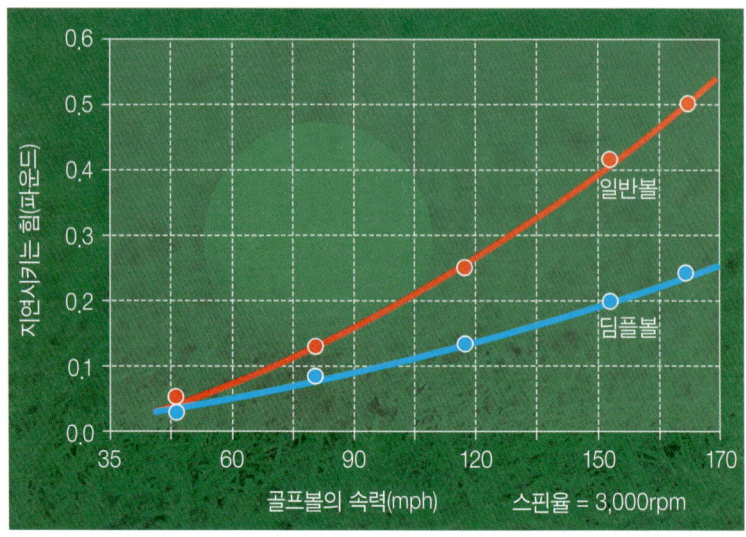

골프볼의 속력이 약 150mph일 때 공기의 상승력은 약 3배 정도 된다. 이것이 골프볼이 멀리 날아갈 수 있는 이유 중의 하나이다(아래 그림).

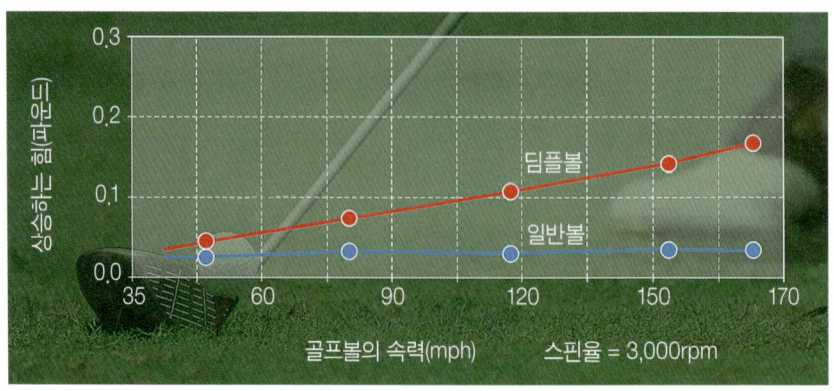

정/답/및/해/설

문제 070. ● ● ●   정답 ④

해설 | 상승력이 저항력보다 클수록 비거리는 증가한다.

아래 그림과 같이 상승계수를 지연계수(저항력으로 볼의 진행에 장애가 되는 요소이다)로 나눈 값이 증가하므로 비거리가 증대된다. 붉은 점의 번호는 골프볼의 종류를 의미한다(아래 그림).

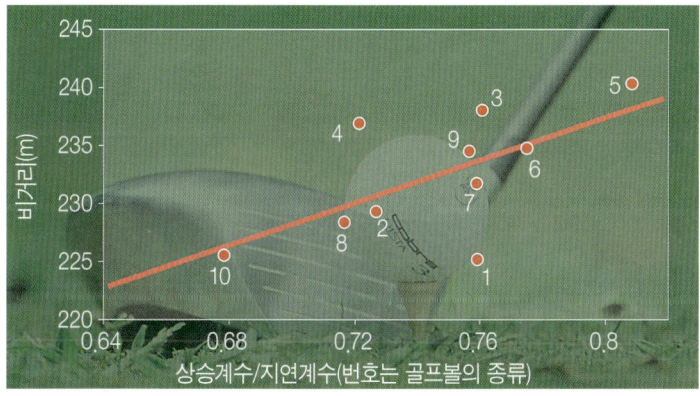

아래 그림은 27℃에서 볼속력(mph)에 따른 지연계수인데, 골프볼의 지연계수는 딤플이 없는 일반볼보다 많이 적다. 지연계수가 작을수록 저항이 작아진다.

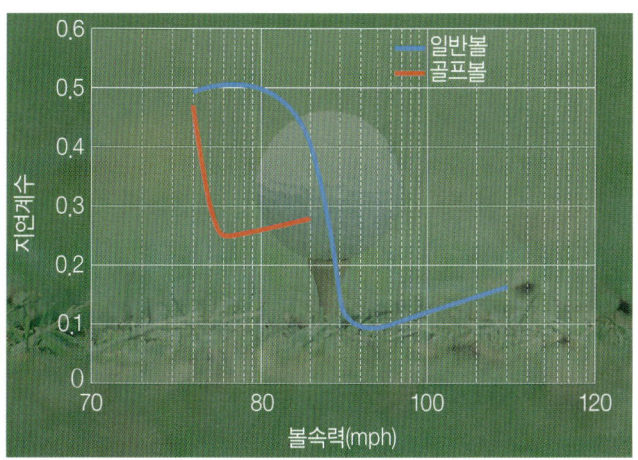

273

문제 071.   정답 ③

해설 | 베르누이의 원리는 유체동역학에서, 베르누이 방정식(Bernoulli's equation)은 이상 유체(ideal fluid)에서 유체에 가해지는 힘이 없는 경우에 유체의 속력과 압력 및 위치에너지 사이의 관계를 나타낸 식이다. 이 식은 1738년 다니엘 베르누이가 그의 저서 『유체역학(Hydrodynamica)』에서 발표하였다.

베르누이 방정식은 흐르는 유체에 대하여 유선(streamline)상에서 모든 형태의 에너지의 합은 언제나 일정하다는 점을 설명하고 있다. 비행기가 뜨는 원리, 분무기가 물을 뿜어내는 이유, 골프볼이 멀리 나가는 이유, 야구공·축구공이 휘어지는 원리이다.

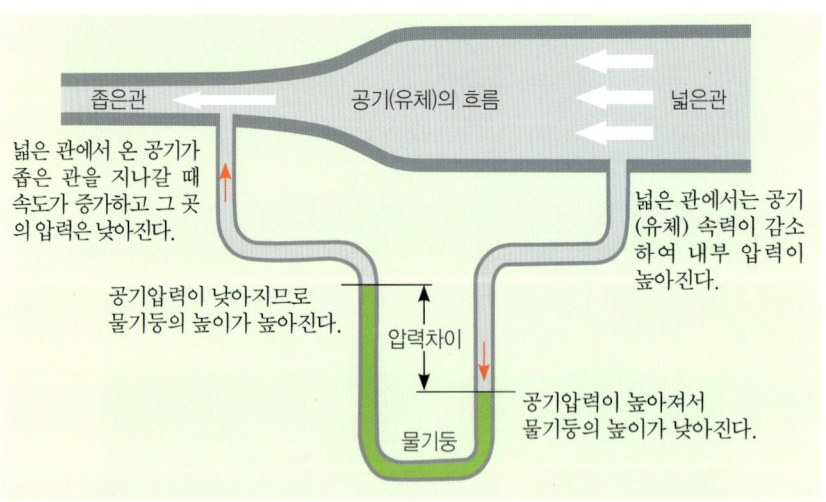

문제 072.   정답 ④

해설 | 테이트 교수(P. G. Tait)

골프볼의 딤플을 처음으로 생각하기 시작한 사람은 1887년 스코틀랜드의 에든버러대학(Edinburgh University)의 자연철학(오늘날의 물리학)과 학과장이었던 테이트(Peter Guthrie Tait: 1831~1901) 교수이다. 그는 골프볼의 회전을 연구하던 중 "골프볼 표면을 거칠게 하면 어떤 결과를 가져올까?"라는 의문을 가지고 자신의 아들과 같이 연구하게 되었다. 그 과정에서 회전하는 볼은 높이 뜨게 되고, 한편으로는 공기에 의한

정/답/및/해/설

지연현상도 있다는 것을 알게 되었다. 또한 테니스볼이 라켓에 비스듬히 맞고 휘어져 나가는 것을 보고 이런 현상을 스위스의 수학자 야곱 베르누이(Jacob Bernoulli: 1654~1705)의 정리로 설명하였다. 이 과정에서 볼의 표면을 거칠게 하는 것이 볼을 더 높게 더 멀리 날아가게 한다는 것을 알게 되어 여러 차례의 실험을 통하여 오늘날의 딤플모양을 만들었다. 한편 이때 볼이 휘어져 날아가는 것을 여러 가지 섬세한 실험을 통해 설명하였던 독일의 마그누스(Heinrich Gustav Magnus: 1802~1870)라는 사람의 이름을 본떠서 이런 현상을 마그누스 효과(Magnus effect)라고도 한다.

문제 073. ●●● 정답 ①

해설 | 골프볼은 백스핀을 해야 멀리 날아간다. 드문 경우이지만 탑스핀을 하면 비거리는 상당히 줄어든다. 드라이버헤드에서 탑스핀이 발생하는 경우는 스위트스폿 위쪽에 볼이 충돌하면 기어효과(gear effect)로 볼이 스위트스폿과 충돌했을 때보다 탑스핀에 의해 전체 백스핀값이 적어질 때이다. 빈대로 스위트스폿 아래쪽에 볼이 충돌하면 기어효과로 볼이 스위트스폿과 충돌했을 때보다 백스핀값이 증가하여 전체 백스핀값은 증가하게 된다. 퍼팅은 탑스핀이 필수적이다.

문제 074. ●●● 정답 ④

해설 | 골프볼은 백스핀을 해야 멀리 날아간다. 드문 경우이지만 탑스핀을 하면 비거리는 상당히 줄어든다. 퍼트는 탑스핀을 한다. 탑스핀과 백스핀의 경우 비거리는 아래 그림과 같다.

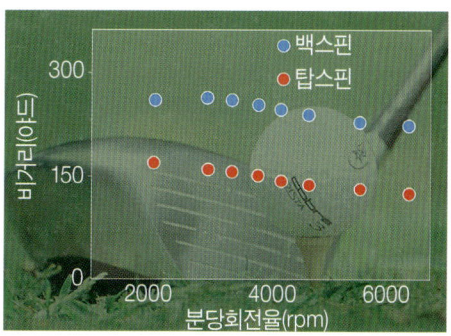

문제 075. ●●●   정답 ②

해설 │ 달에는 공기가 없으므로 딤플이 있거나 없거나 비거리는 차이가 없다. 딤플은 공기가 있는 곳에서만 그 기능을 한다.

달(Moon)에서는 골프볼의 발사각(런치각)을 45°로 하여야만 비거리가 최대거리가 된다. 물론 달에는 공기가 없어 공기의 저항, 상승시키는 힘 및 지연시키는 힘도 없다. 그리고 달의 중력은 지구중력 $9.8m/s^2$의 약 $1/6(=9.8\times1/6=1.63)$이므로 지구에서 타이거 우즈의 볼속력을 약 85m/s라고 하면 드라이버 비거리는

$$x=(v_0^2 \cdot \sin2\theta)/g=(85^2 \cdot \sin90°)/1.63=4,433m(4,898야드)$$

가 된다. 실로 엄청난 거리이다. 타이거 우즈의 지구에서의 비거리를 약 300 야드라고 할 때, 달에서는 약 16배인 4,849야드가 되는 셈이다.

문제 076. ●●●   정답 ①

해설 │ 딤플(dimple)이 있는 골프볼의 공기저항은 골프볼의 속력에 따라 다르지만 약 1/2로 준다. 문제 069번 참조

문제 077. ●●●   정답 ③

해설 │ 딤플(dimple)이 있는 골프볼은 골프볼의 속력에 따라 다르지만 약 3배 높이 뜬다. 문제 069번 참조

문제 078. ●●●   정답 ③

해설 │ 딤플(dimple)이 원형이면 원과 원 사이에 공간이 만들어지나, 딤플이 육각형(hexagon)이 되면 육각형 사이의 공간이 거의 없어진다. 간혹 오각형(pentagon)과 육각형을 혼합해서 사용하기도 한다.

문제 079. ●●●   정답 ③

해설 │ 골프볼이 휘어져 날아가는 것을 여러 가지 섬세한 실험을 통해 설명하였던 독일의 마그누스(Heinrich Gustav Magnus: 1802~1870)라는 사람의 이름을 본떠서 이런 현상을 마그누스 효과(Magnus effect)라고도 한다.

정/답/및/해/설

문제 080. ●●● 정답 ④

해설 | 물고기비늘, 새의 날개깃털, 전신수영복, 야구공의 실밥 및 축구공의 조각 등도 딤플의 일종이다.

문제 081. ●●● 정답 ②

해설 | 물고기비늘, 새의 날개깃털, 전신수영복, 야구공의 실밥 및 축구공의 조각 등도 딤플의 일종이다.

문제 082. ●●● 정답 ④

해설 | 골프볼은 일반적으로 반발계수(COR: coefficient of restitution)로 정의하지 않는다. 그러나 간혹 계산을 하려고 반발계수를 사용하기도 한다.
미국골프협회(USGA: Unite States Golf Association)에서는 골프볼에 대한 규격을 엄격히 정하고 있다. 골프볼의 무게는 최대 1.620온스(45.927g) 이하 이어야 하고, 지름은 최소 1.680인치(약 42.672mm) 이상이어야 한다. 또한 USGA는 아이언 바이론 타격머신(Iron Byron Hitting Machine)으로 드라이버헤드의 속력이 160피트/초(48.5m/s)와 런치각 10도로 골프볼을 타격하였을 때 골프볼의 초속도는 250피트/초(75.5m/s)에서 오차범위 +2%를 넘지 말아야 하며, 골프볼의 비거리는 280야드(256m)에 오차범위 +6%(= 296.8야드)를 넘지 않도록 규정하고 있다. 그러나 오늘날 이와 같은 제한이 골퍼들의 실력향상과 골프채의 성능향상, 골프볼의 성능향상 등으로 현실과 많은 차이를 보이고 있어 USGA에서는 최근에 골프클럽의 헤드속력을 120mph(176피트/초)로 하면서 최대비거리도 317야드+3야드(=320야드)(292.6m)로 수정했다.

그러나 예외적으로 국제적인 단체경기(international team competitions)에서는 골프볼의 지름이 최소 1.620인치(약 41.148mm)보다 더 작아서는 안 되는 것으로 정하고 있고, 골프볼의 속도에 대한 제한을 두지 않는다.

참고로 스코틀랜드의 세인트앤드루스(Saint Andrews)의 로열 앤드 애인션트골프클럽(Royal and Ancient Golf Club)과 미국 PGA에서는 1921년 5월 1일부터 골프볼의 무게가 1.620온스(45.927g)보다 커서는 안 되고, 크기는 지름이 1.620인치

(41.148mm)보다 작아서는 안 된다고 하는 규칙을 최초로 제정하였다.

문제 083. ●●●   정답 ③

해설 | 골프볼의 반발력은 드라이버헤드의 속력이 120mph이었을 때의 비거리로 제한한다.

문제 084. ●●●   정답 ①

해설 | 드라이버헤드의 속력이 120mph이었을 때의 최대비거리는 317+3야드(오차 범위)로 제한한다.

문제 085. ●●●   정답 ②

해설 | 헤드속력이 클수록 볼의 반발력은 커지지만, 반발계수는 작아진다.

문제 086. ○●●   정답 ③

해설 | 온도 및 볼 종류에 따라 볼의 반발력은 약간 변한다.
  온도가 증가할 때 볼의 반발력도 증가한다. 그림에서와 같이 15°C 이상에서는 약간만 증가한다(오른쪽 그림 참조).

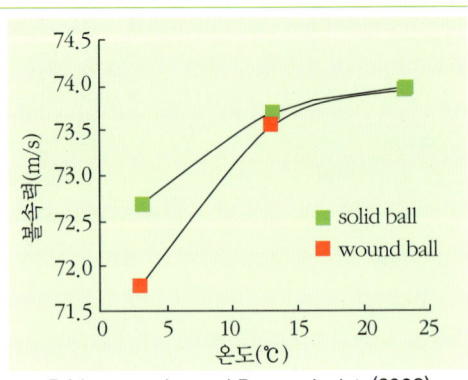

Bridgestone Internal Research data(2008)

문제 087. ○●●   정답 ①

해설 | 반발계수(coefficient of restitution)는 충돌하는 물체 및 속력에 따라 다르지만, 골프볼을 일정한 높이(h_1)에서 자유낙하시킬 때 다른 물체와 속도 v_1으로 충돌하고, 그 후 골프볼은 위로 v_2의 속도로 높이 h_2 만큼에 올라갔다면 이때 골프볼의

정/답/및/해/설

반발계수 e는 $e = (v_2/v_1) = \sqrt{h_1/h_2}$로 표현된다.

(예) 100cm의 높이에서 골프볼을 헤드와 같은 면에 떨어뜨렸는데 위로 68.89cm 만큼 올라갔다면 그때의 반발계수는 $e = \sqrt{68.89/100} = 0.83$이 된다.

그러나 실제로 반발계수는 볼의 속도에 따라 달라진다. 참고만 할 사항이다.

문제 088. ●●● 정답 ①

해설 | 일반적으로 딱딱한 다층(3~5층)의 볼이 멀리 날아간다.

문제 089. ●●● 정답 ④

해설 | 일반적으로 육각형 딤플볼, 다층볼과 다층의 딱딱한 골프볼이 좋다.

문제 090. ●●● 정답 ①

문제 091. ●●● 정답 ③

해설 | 본인의 클럽헤드 진동수와 가장 유사한 진동수를 갖는 골프볼이 가장 좋은 볼이다. 이 경우에 볼이 가장 멀리 날아간다.

즐기는 것 : 골프를 즐기는 것이 이기는 조건이 된다. (덕 올트만, 프로골퍼)

지름길은 없다 : 골프의 향상에 지름길은 없다. (스코틀랜드 속담)

04 골프클럽 116문항(23.2%)   정/답/및/해/설

04-1. 골프클럽 46문항(9.2%)

문제 092.

정답 드라이버(driver), 우드(wood), 아이언(iron), 웨지(wedge), 퍼터(putter)

문제 093.

정답 ① 드라이버(driver)   ② 우드(wood)   ③ 아이언(iron)
      ④ 웨지(wedge)   ⑤ 퍼터(putter)

문제 094.

정답 ① 헤드(head)   ② 샤프트(shaft)   ③ 그립(grip)
      ④ 버트(butt)

문제 095.

정답 ① 탑라인(topline)   ② 토우(toe)   ③ 헤드면(head face)
      ④ 리딩에지(leading edge) ⑤ 힐(heel)   ⑥ 호젤(hosel)
      ⑦ 프랜지(flange)   ⑧ 테일링에지(tailing edge)
      ⑨ 솔(sole)   ⑩ 바운스각(bounce angle)

문제 096.   정답 : 주조 아이언(casted iron) 헤드

차이 : 싱글은 1라운드에 2개의 미스 히트에 하루를 고민하지만, 초보자는 1라운드에 2개의 굿샷만으로 하루를 만족한다.

최선을 다하라 : 최선을 다해 샷하라. 그 결과가 좋으면 그만이고 나쁘면 잊어라. (월터 헤겐, 프로골퍼)

정/답/및/해/설

문제 097.   정답 : 단조 아이언(forged iron)으로 제작된 헤드

해설 | 주조 아이언(casted iron)으로 제작된 헤드(아래 그림)

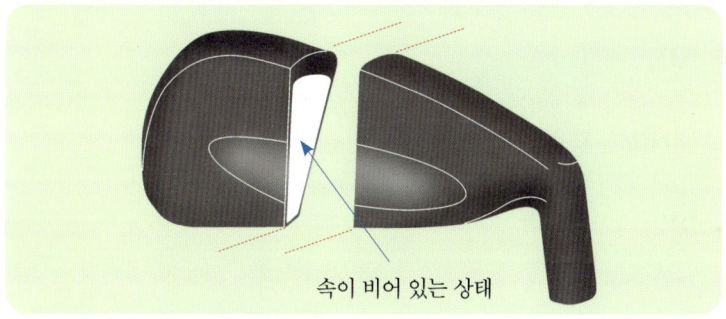

속이 비어 있는 상태

단조 아이언(forged iron)으로 제작된 헤드(아래 그림)

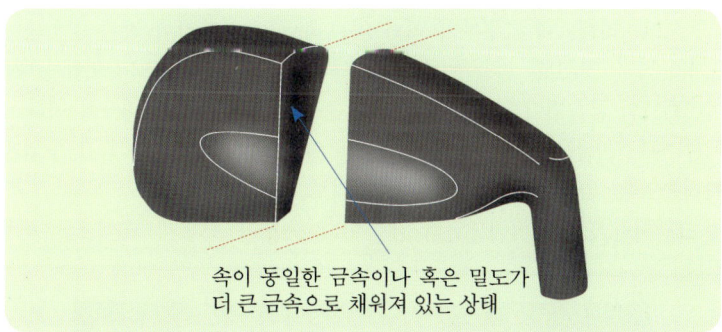

속이 동일한 금속이나 혹은 밀도가 더 큰 금속으로 채워져 있는 상태

문제 098.   정답 ①

해설 | 일반적으로 단조 아이언헤드의 스위트스폿의 면적이 작고, 헤드의 골프볼이 방향성이 좋고, 헤드의 골프볼 비거리는 주조 아이언헤드보다 약간 작다. 왜냐하면 단조 아이언헤드는 통쇠이어서 반발계수가 주조 아이언헤드보다 약간 작기 때문이다.

문제 099.

정답 ① 샤프트(shaft)   ② 호젤(hosel)   ③ 소켓(socket)
     ④ 옵셋(offset)   ⑤ 솔(sole)

문제 100. ●●● 정답 : ① 그루브(groove)

해설 | 그루브(groove)는 볼을 회전과 물기가 헤드면에 있을 때 물빠짐 역할을 한다.

문제 101. ●●● 정답 ①

해설 | 골프볼의 백 회전수를 줄여서 어프로치를 어렵게 하려고 그루브형태를 변경하였다. 그러나 그 효과는 미미한 것으로 보고되고 있다.

문제 102. ●●● 정답 ①

해설 | 그루브(groove)는 볼을 회전과 물기가 헤드면에 있을 때 물빠짐 역할을 한다.

문제 103. ●●● 정답 ①

해설 | 드라이버헤드에 그루브가 거의 없는 이유는 프트각이 작은 경우에는 볼의 회전효과가 작아 그루브를 만들게 되면 헤드면의 금속을 얇게 만들기 어렵기 때문이다. 드라이버헤드의 금속면이 얇을수록 반발계수는 크고 볼조정이 비교적 쉽다. 그러나 최근에는 헤드의 금속면 두께를 일정하게 하지 않고 중앙부위는 약간 두껍게 하고 가장자리는 약간 얇게 하는 방법을 사용하기도 한다.

아래 그림처럼 드라이버헤드면의 금속이 얇을수록 반발계수는 크고 진동수는 증가한다.

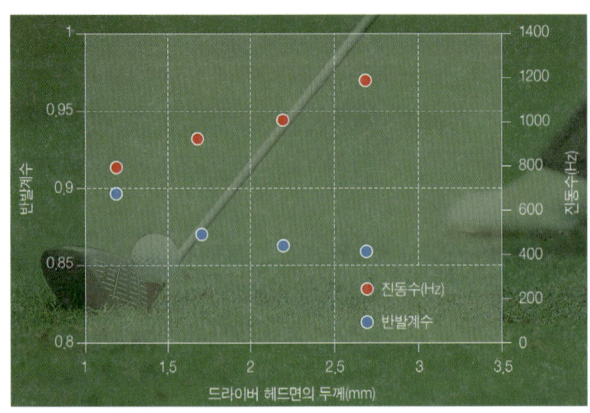

정/답/및/해/설

문제 104. ○○○
정답 ① 로프트각(loft angle) ② 로프트각(loft angle)

문제 105. ○○○ 정답 ③

문제 106. ○○○ 정답 : ① 라이각(lie angle)

문제 107. ○○○ 정답 : ① 벤딩 포인트(bending point)

문제 108. ○○○ 정답 : ① 킥 포인트(kick point)

문제 109. ○○○ 정답 : ① 페이스 프로그레션(face progression)

문제 110. ○○○
정답 ① 솔(sole) ② 솔각(sole angle)

문제 111. ○○○ 정답 : ① 바운스(bounce)
해설 | 왼쪽부터 차례로 큰 바운스, 작은 바운스, 제로 바운스 및 네거티브 바운스

문제 112. ○○○
정답 ① 열림(open) ② 직각(square) ③ 닫힘(close)

문제 113. ○○○
정답 ① 벌지(bulge) ② 롤(roll) ③ 기어효과(gear effect)를 내게 하려고 한다.
　드라이버헤드의 벌지(bulge)를 적당한 곡률로 만들어 골프볼이 헤드 중앙(sweet spot)에서 약간 빗맞아(off-center hit)도 기어효과에 의해 골프볼은 다음 그림의 b)와 같이 중앙으로 날아간다. 이것이 벌지와 롤의 기어효과(gear effect)가 필요한 이유

이다. 오른쪽 그림에서 a)는 헤드면이 평면인 경우이고, c)는 헤드면이 지나치게 볼록한 경우이다. b)가 적당한 곡률을 가진 헤드이다. F_M은 마그누스(Magnus) 힘의 방향이다.

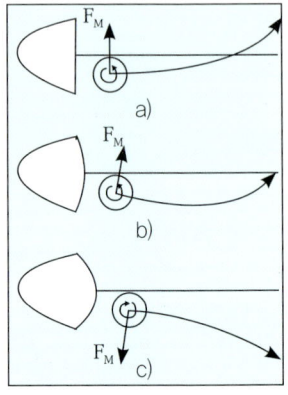

문제 114. ●●● 정답 : ① 런치각(launch angle)

문제 115. ●●● 정답 : 12방향에 가까워진다.

해설 | 이것은 기어효과의 영향이다(아래 그림).

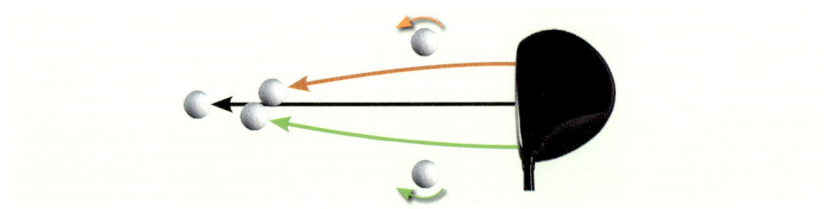

문제 116. ●●● 정답 : ②의 경우에 골프볼의 속력이 더 크다.

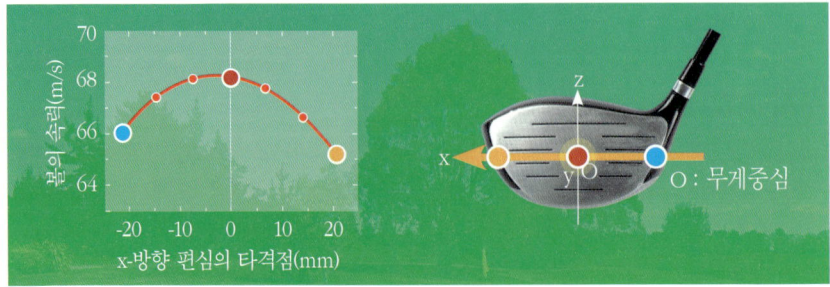

정/답/및/해/설

드라이버헤드면의 O점을 기준으로 x-축 방향으로 골프볼을 임팩트하였을 때 골프볼의 속력특성을 보여준다.

문제 117. ●●● 정답 : ①이 크다.

해설 | 기어효과에 의해 헤드의 스위트스폿 아랫부분과 충돌한 골프볼은 백스핀을 하게 되어 골프볼이 스위트스폿에 충돌할 때보다 백스핀율이 더 커지고, 헤드의 윗부분에 골프볼이 충돌할 때는 탑스핀이 걸려 백스핀율이 스위트스폿에서 보다 약간 적어지게 된다(아래 그림).

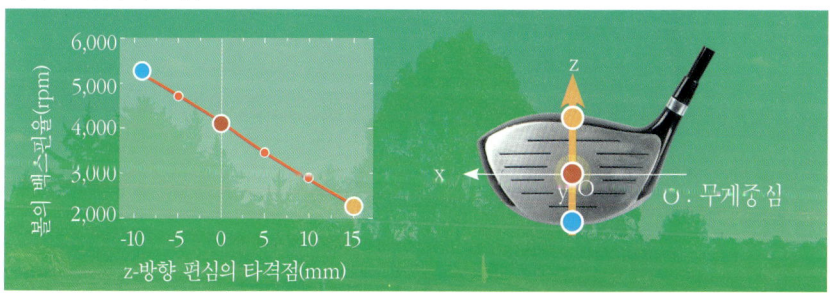

그림 O점을 기준으로 z-축 방향으로 골프볼을 임팩트하였을 때 골프볼의 백스핀 특성을 보여준다.

문제 118. ●●○ 정답 : 기어효과(gear effect)

해설 | 아래 그림은 헤드 스위트스폿의 좌우 및 상하에 골프볼이 충돌했을 때의 기어효과를 보여주고 있다. 이렇게 기어효과를 가지려면 벌지(bulge)와 롤(roll)의 곡률반경이 적절해야 한다.

- 헤드 스위트스폿의 좌우에 골프볼이 충돌했을 때 볼의 방향(아래 그림)

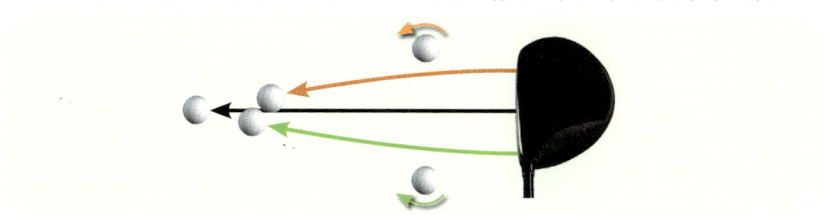

285

- 헤드 스위트스폿의 좌우에 골프볼이 충돌했을 때 볼의 방향(아래 그림)

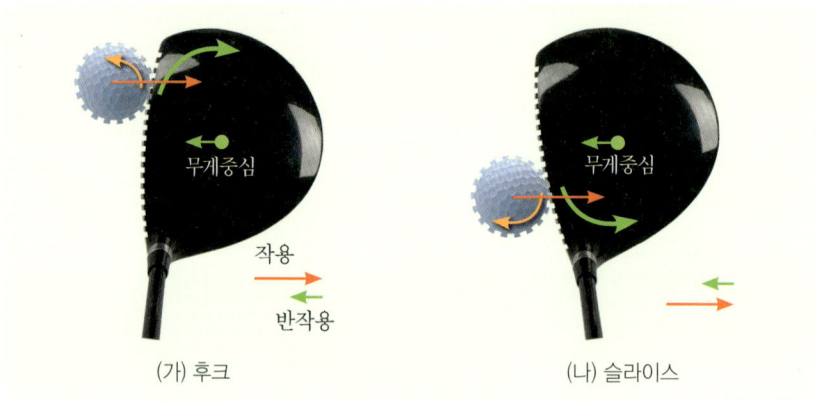

(가) 후크   (나) 슬라이스

- 헤드 스위트스폿의 상하에 골프볼이 충돌했을 때 볼의 방향(아래 그림)

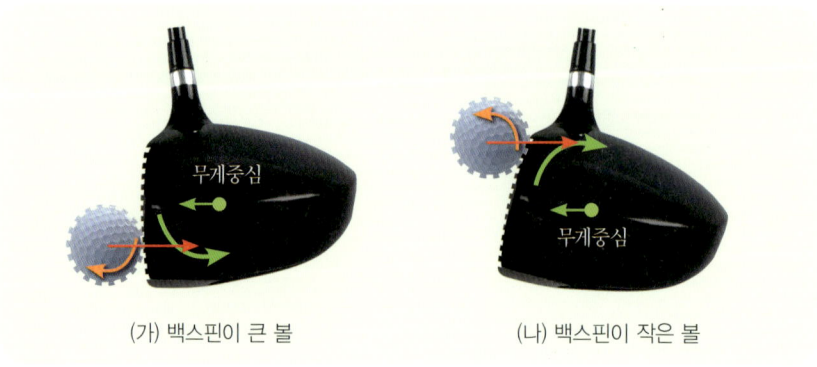

(가) 백스핀이 큰 볼   (나) 백스핀이 작은 볼

문제 119.   ●○○   정답 ①

해설 | 기어효과는 주로 드라이버와 우드에서 발생한다. 드라이버와 우드의 헤드가 골프볼과 충돌할 때 충돌한 헤드면 부분이 뒤로 물러나면서 그 반작용에 의해 기어효과가 발생하지만, 아이언에서는 기어효과가 거의 없다. 문제 118번 참조

정/답/및/해/설

문제 120.   ●●●   정답 ②

해설 | 실험 결과에 의하면 샤프트의 토크가 약 2.7도 이상이면 기어효과가 발생한다. 그러나 2.7도 미만이면 샤프트가 매우 강해 헤드부분이 골프볼과 충돌하고서도 헤드가 뒤로 거의 물러나지 않으므로 기어효과가 발생하지 않는다.

문제 121.   ●●●   정답 ③

해설 | USGA의 규정에 의하면 드라이버헤드의 체적은 460cc이지만 10cc의 제조 공차가 허용되므로 이론적으로는 470cc이다.

문제 122.   ●●●   정답 ①

해설 | 무게중심과 스위트스폿은 헤드면에서 직각으로 만나야 한다.

문제 123.   ●●●   정답 ①

해설 | 스위트스폿은 이론적으로는 점이지만 실제는 일정한 크기의 면적을 가지고 있고 실제로 지름이 10~20mm 정도이다. 또한 골프볼의 속도가 최대의 약 ±1% 변하는 위치로 정의하는 학자들도 있다.

문제 124.   ●●●   정답 ①

문제 125.   ●●●   정답 ②

해설 | 클럽의 번호에 따라 여러 특성이 달라진다(예).

클럽종류	헤드속력(m/s)	헤드무게(g)	반발계수	자연계수	상승계수	런치각(°)
1번우드	36.0	198	0.80	0.23	0.10	13
3번우드	33.9	210	0.77	0.25	0.11	15
5번우드	33.0	220	0.72	0.24	0.11	18
3번 아이언	30.9	249	0.70	0.24	0.10	21
5번 아이언	30.1	263	0.60	0.26	0.11	27
7번 아이언	29.3	277	0.50	0.26	0.11	34
9번 아이언	28.5	291	0.40	0.38	0.13	48
샌드웨지	28.5	306	0.30	0.30	0.14	54

문제 126.   정답 ③

해설 | 드라이버헤드(약 200g)가 골프볼을 타격하고 난 다음의 볼속력은 초기 헤드속력의 약 1.5배인데, 이것을 스매시팩터(smash factor) 혹은 에너지전달비율이라고도 한다. 클럽번호가 커질수록 이 스매시팩터값은 작아져서 샌드웨지에서 약 1이 된다.

각 클럽에 따른 스매시팩터(smash factor)의 변화는 아래 그림과 같다.

문제 127.   정답 ②

해설 | 드라이버헤드(약 200g)가 골프볼을 타격하고 난 다음의 볼속력은 초기 헤드속력의 약 1.5배인데, 이것을 스매시팩터(smash factor) 혹은 에너지전달비율이라고도 한다. 클럽번호가 커질수록 이 스매시팩터값은 작아져서 샌드웨지에서 약 1이 된다. 역으로 계산하면 1/1.5=0.667 ≒(약) 0.7 정도 된다.

문제 128.   정답 ②

해설 | 1. 헤드의 반발계수(COR: coefficient of restitution) 측정장치의 접촉시간 간격인 특성시간(CT: characteristic time)이 $257\mu s$-COR(0.830)을 넘지 않도록 한다. 실제로는 CT를 $239\mu s$(0.822) 넘지 않도록 하면서 허용공차를 $+18\mu s$로 하기 때문에 최대 $257\mu s$(0.830)의 값이 된 것이다. CT값이 커지면 COR 역시 증가한다. 그런데 사실 허용공차 $+18\mu s$(18/239=7.53%)는 COR 0.008 정도에 해당하는데, 이는 뜻밖에

정/답/및/해/설

도 너무 큰 값이다. 이 정도면 매우 좋은 드라이버헤드의 스위트스폿에서 토우(toe)와 힐(heel) 쪽으로 약 3/4(20mm)인치 혹은 위아래로 약 1/2인치(12.7mm)에서의 COR 값에 해당한다.

헤드의 반발계수 측정장치

2. 다음은 USGA에서 실제로 사용하는 CT와 COR의 관계를 계산하여 만든 표다.

Comparison of COR to USGA Characteristic Time Measurements

CT Measurement Equivalent	COR Equivalent	CT Measurement Equivalent	COR Equivalent
235 μ-sec	0.820	260 μ-sec	0.831
237	0.821	265	0.834
239	0.822	270	0.836
241	0.823	275	0.838
243	0.824	280	0.840
245	0.825	285	0.842
247	0.826	290	0.844
249	0.827	295	0.847
251	0.827	300	0.849
253	0.828	305	0.851
255	0.829	310	0.853
257	0.830	315	0.855

위 표는 아래 식과 같이 요약할 수 있다.

$$y(반발계수, COR) = 0.71778 + 0.0004366[CT(\mu-sec)]$$

3. 그러나 이 클럽헤드의 반발계수는 다음 그림과 같이 헤드속력이 증가함에 따라 반발계수 값은 감소한다. 엄밀하게 말하면 헤드의 이 반발계수는 헤드속력에 따라 달라져서는 안 되겠지만, 원리적으로 고속으로 헤드와 골프볼이 충돌하는 순간 에너지의

손실이 증가하므로 헤드속력이 증가함에 따라 반발계수는 감소하게 된다. 따라서 반발계수 0.83은 헤드속력이 약 100mph 일 때의 반발계수로 봐야 할 것이다.

다음은 2006년 USGA에서 5개의 골프볼을 사용해서 일정한 조건에서 실험한 결과이다.

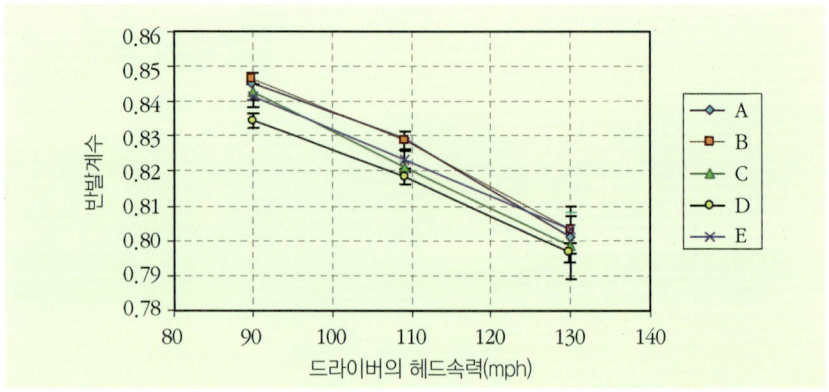

2006년 USGA에서 5개의 골프볼(USGA/R&A Calibration Ball, two-piece, Surlyn○r -covered golf ball: A, B, C, D, E)과 드라이버헤드를 충돌실험한 결과, 헤드속력이 증가할수록 골프볼과의 반발계수는 감소하는 것을 보여주고 있다(아래의 그림).

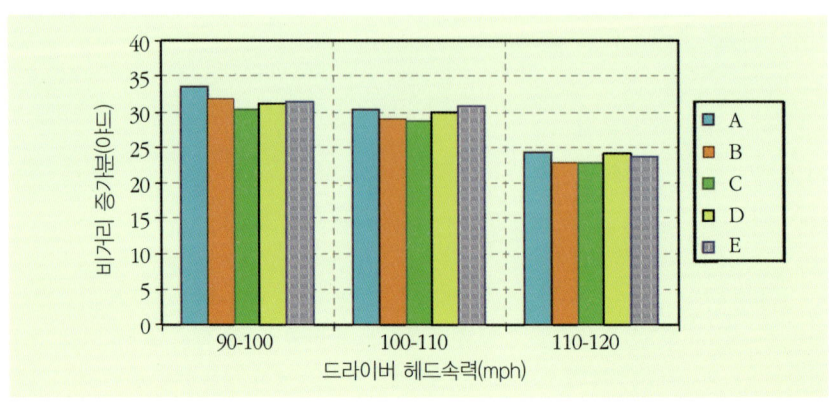

정/답/및/해/설

2006년 USGA에서는 5개의 골프볼(USGA/R&A Calibration Ball, two-piece, Surlyn®-covered golf ball: A, B, C, D, E)과 드라이버헤드를 충돌실험한 결과, 헤드속력이 매 10mph 증가에 따른 비거리의 증가분으로 헤드속력이 증가할수록 반발계수의 감소로 비거리 증가분도 5개 볼 모두가 감소하고 있다(앞 페이지의 아래쪽 그림).

4. 드라이버헤드의 반발계수는 아래 그림과 같이 헤드 중앙에서 가장 크고, 좌우로 혹은 위아래로 갈수록 작아진다. 이것은 보통 품질의 헤드의 경우이다. 이 반발계수는 차이가 0.83을 기준으로 하여 변화가 작을수록 스위트스폿의 면적이 크다는 것을 의미한다(아래 그림).

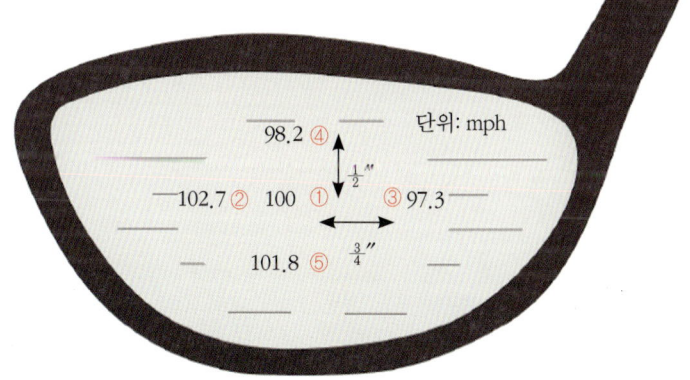

다음은 헤드면의 각 위치에 따른 반발계수, 헤드속력 스매시팩터를 보여주는 표이다. 스매시팩터는 볼속력을 헤드속력으로 나눈 값이다.

타격위치	헤드속력(mph)	반발계수(COR)	볼속력(mph)	스매시팩터 (트랙맨자료)	이론적 스매시팩터
① Center	100.0	0.83	148.0	1.480	1.480
② $\frac{3}{4}''$ Toe	102.7	0.81	150.3	1.503	1.463
③ $\frac{3}{4}''$ Heel	97.3	0.81	142.4	1.424	1.463
④ $\frac{1}{2}''$ High	98.2	0.82	144.5	1.445	1.471
⑤ $\frac{1}{2}''$ Low	101.8	0.82	149.8	1.498	1.471

5. 참고로 아래의 표는 섭씨 20도에서 측정한 여러 종류 스포츠용 볼들의 반발계수 (coefficient of restitution)이다.

Type of Ball	Coefficient of Restitution
Baseball	0.60 ± 0.01
Foam ball	0.69 ± 0.02
Tennis ball	0.81 ± 0.01
Soccer ball	0.81 ± 0.02
Basketball	0.82 ± 0.03
Golf ball	0.89 ± 0.02

문제 129. 　　　　　　　　　　　　　　　　　　정답 ②

문제 130. 　　　　　　　　　　　　　　　　　　정답 ②

문제 131. 　　　　　　　　　　　　　　　　　　정답 ②

클럽종류	헤드속력(m/s)	헤드무게(g)	반발계수	지연계수	상승계수	런치각(°)
1번우드	36.0	198	0.80	0.23	0.10	13
3번우드	33.9	210	0.77	0.25	0.11	15
5번우드	33.0	220	0.72	0.24	0.11	18
3번 아이언	30.9	249	0.70	0.24	0.10	21
5번 아이언	30.1	263	0.60	0.26	0.11	27
7번 아이언	29.3	277	0.50	0.26	0.11	34
9번 아이언	28.5	291	0.40	0.38	0.13	48
샌드웨지	28.5	306	0.30	0.30	0.14	54

문제 132. 　　　　　　　　　　　　　　　　　　정답 ②

해설 | 백스핀이 증가하므로 상승하려는 힘도 증가한다.

문제 133. 　　　　　　　　　　　　　　　　　　정답 ②

해설 | 클럽의 번호가 커질수록 타격된 골프볼의 회전(back spin)수는 증가한다. 헤드의 로프트각이 증가하기 때문이다(정답 문제 190번 참조).

정/답/및/해/설

문제 134. ●●● 정답 ③
해설 | 약지끝이 손바닥에 가볍게 닿도록 한다. 약지끝이 넘치게 닿으면 후크성 볼이 되고 모자라면 슬라이스성 볼이 된다.

문제 135. ●●● 정답 ④

문제 136. ●●● 정답 ①

문제 137. ●●● 정답 ②

04-2 샤프트   31문항(6.2%)

문제 138. ●●●
정답 ① 드라이버의 길이   ② 아이언의 길이   ③ 퍼터의 길이

문제 139. ●●● 정답 ①
해설 | 샤프트길이의 정의를 잘 알자!

문제 140. ●●● 정답 ③
해설 | 헤드의 관성모멘트가 샤프트의 관성모멘트보다 커서 헤드를 백스윙하려는 순간 헤드는 그 자리에 머물려고 하는 성질이 크기 때문이다. 이렇게 어떤 물체의 직선운동에 대해 움직이는 것을 논할 때는 관성을 말하고, 그 물체가 회전하는 경우에는 관성모멘트로 크다 작다로 말해야 한다.

문제 141. ●●● 정답 ②
해설 | 헤드속력이 샤프트속력보다 빠르므로, 즉 회전 관성모멘트의 크기 때문이다.

문제 142.　●●●　　　　　　　　　　　　　　　　　　정답 ④
해설 │ 클럽헤드에 의한 회전 관성모멘트가 샤프트보다 커서

문제 143.　●●●　　　　　　　　　　　　　　　　　　정답 ①
해설 │ 클럽헤드에 의한 회전 관성모멘트(swing inertia moment)가 커서

문제 144.　●●●　　　　　　　　　　　　　　　　　　정답 ②
해설 │ 1.0kg으로, 좀더 정확하게는 1.0kg·중(중력가속도) 즉 $1.0 kg \cdot 9.8 m/s^2$ = 9.8 Newton(뉴턴이라고 읽는다)이다.
N(Newton)은 힘의 단위이다. 엄밀히 말하면 질량 1.0kg 보다는 무게 1.0kg·중 혹은 9.8Newton이 올바른 표현이긴 하다.

문제 145.　●●●　　　　　　　　　　　　　　　　　　정답 ⑤
해설 │ 일반적으로 샤프트는 매우 강함(X-extra stiff), 강함(S-stiff), 중간의 유연함(M-medium stiff 혹은 R), 유연함(A-flexible), 부드러움(L-Ladies)으로 명칭이 나누어진다.

문제 146.　●●●　　　　　　　　　　　　　　　　　　정답 ①
해설 │ 샤프트(shaft)의 유연성(flexibility)을 X, S, R(M), A 및 L로 처음으로 분류한 사람은 톰 위슨(Tom Wishon)이다.

문제 147.　●●●　　　　　　　　　　　　　　　　　　정답 ④
해설 │ 토크(torque)는 돌림힘 혹은 회전력(回轉力)과 유사하다.
토크(torque)가 크다는 것은 회전시키기가 쉽다는 뜻이다. 실제로 샤프트 토크 값 4.5도가 3도보다 회전시키기가 쉽다. 일반적으로 선수들은 토크가 작은 것으로, 즉 샤프트가 쉽게 뒤틀리지 않는 것을 사용한다. 토크는 샤프트 중심축에 대한 뒤틀림 힘(twisting force)에 대한 저항이다.
일반적으로 우드에 사용하는 스틸샤프트(steel shaft)의 토크는 2.5~3도이고, 아이언은

1.7~2.0도이다. 반면에 그래파이트 샤프트는 약 4.0도 이상인 경우가 많다.

회전문에서 문고리가 회전축에서 최대한 멀리(반경을 크게) 있는 이유는 토크를 크게 해서 작은 힘으로도 문을 쉽게 열 수 있도록 하기 위함이다. 그밖에 지레의 원리도 토크를 크게 하여 작은 힘으로 큰 물체를 움직이게 한다.

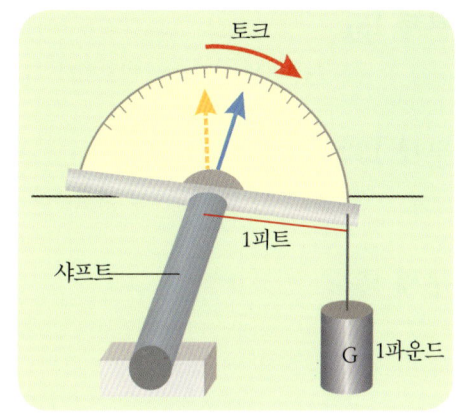

토크(torque, $τ$)는 $τ=F×r$로, 여기서 F는 회전할 때 힘의 크기, r은 회전반경이다. 단위는 N·m(뉴턴 미터)이나 샤프트에서는 이것을 환산해서 편의상 각도(deg)의 단위를 사용한다(위쪽 그림).

문제 148. ●●● 정답 ①

해설 | 드라이버의 헤드 진동수와 반발계수는 서로 반비례한다. 즉 헤드의 진동수가 증가할수록 헤드의 반발계수는 감소한다. 골프볼과 헤드가 충돌하고 나서 헤드의 진동수가 크면 헤드 자체의 에너지손실이 커지므로 반발계수는 감소하게 된다. 문제 103번 참조

문제 149. ●●● 정답 ①

해설 | 우드 헤드면의 금속두께가 두꺼워지면 반발계수는 감소하고 진동수는 증가한다. 즉 역으로 말하면 진동수의 증가가 반발계수의 감소를 가져온다. 문제 103번 참조

문제 150. ●●○ 정답 ①

해설 | 샤프트 제조회사에 따라 진동수가 다르고, 경우에 따라서는 모든 클럽의 진동수를 전체적으로 일정하게 하는 때도 있다.

문제 151. ●●● 정답 ①
해설 | 우드는 3번을 기준으로 광고한다.

문제 152. ●●● 정답 ①
해설 | 아이언은 5번을 기준으로 광고한다.

문제 153. ●●● 정답 ①
해설 | 일반적으로 토크는 아이언보다 그래파이트 샤프트가 더 크다. 즉 그래파이트 샤프트가 같은 회전력에 대해 많이 뒤틀린다는 뜻이다.

문제 154. ●●● 정답 ②
해설 | 샤프트(shaft)의 유연성(flexibility)은 제작회사마다 그 규정이 약간씩 다르다.

문제 155. ●●● 정답 ⑤

문제 156. ●●● 정답 ①

문제 157. ●●● 정답 ④
해설 | 샤프트(shaft)의 유연성(flexibility)은 제작회사마다 그 규정이 약간씩 다르다.

문제 158. ●●● 정답 ②

문제 159. ●●● 정답 ④

문제 160. ●●● 정답 ③

정/답/및/해/설

문제 161. ●●●　　　　　　　　　　　　　　　　　　정답 ④

해설 | 테니스의 클럽, 야구의 배트도 유사한 형태로 진동한다.
샤프트가 앞으로 휘어지는 것은 정상적 현상이다.

문제 162. ●●●　　　　　　　　　　　　　　　　　　정답 ①

문제 163. ●●●　　　　　　　　　　　　　　　　　　정답 ②

다운스윙을 할 때 샤프트는 회초리처럼 에너지를 축적해 두었다가 골프볼을 타격할 때 발산하지는 않는다. 일부 광고에서 이렇게 설명하는 것은 잘못이다.

문제 164. ●●●　　　　　　　　　　　　　　　　　　정답 ④

해설 | 샤프트는 스윙형태에 따라 선택해야 한다. A, B 골퍼가 헤드속력이 모두 100mph로 같더라도 골프볼을 타격하는 순간 헤드가 그대로 일직선인 경우가 있는가 하면 앞쪽으로 많이 휘어지는 때도 있다. 이렇게 헤드와 샤프트는 골퍼의 스윙형태에 따라 다르게 선택되어야 한다. A의 경우가 좋은 경우이다. B는 uncocking을 잘못한 경우로 제대로 uncocking을 했다면 헤드속도는 약 5~10mph 더 증가할 수 있다.

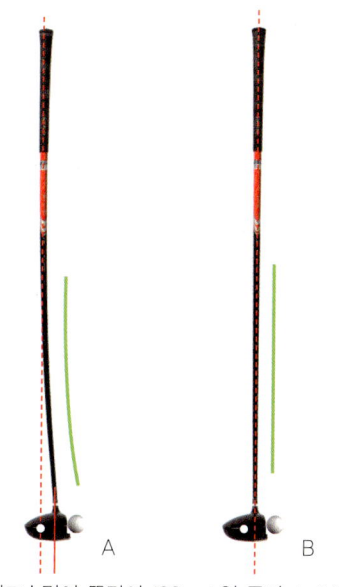

헤드속력이 똑같이 100mph인 골퍼 A, B의 샤프트 휨 정도

문제 165. ●●● 정답 ①

문제 166. ●●● 정답 ②

해설 | 그래파이트가 스틸보다 가벼워 헤드속력이 더 크기 때문이다.

문제 167. ●●● 정답 ③

해설 | 일반적으로 아이언이 그래파이트보다 더 강하므로 샤프트의 진동수가 많다.

문제 168. ●●● 정답 ④

해설 | 같은 재질의 샤프트라면 클럽번호가 클수록 진동수가 많다.

04-3. 로프트각과 런치각   10문항(2.0%)

문제 169. ●●● 정답 ②

해설 | 로프트각의 변화가 미치는 영향은 볼속력, 런치각의 변화, 백스핀의 변화 중에서 백스핀의 변화가 가장 크다.
(예) 드라이버 로프트각이 10도 및 12도 이고 헤드속력이 100mph일 때

	로프트각 10도(A)	로프트각 12도(B)	차이 C=A-B	차이% (C/A)
볼속력	148.2mph	147.8mph	0.4	0.27
볼스핀	2,778rpm	3,326rpm	548	19.7
런치각	8.9도	10.5도	1.6	18.0

문제 170. ●●● 정답 ②

해설 | 로프트각의 증가는 볼속력의 감소-백스핀의 증가-런치각의 증가를 가져온다.

문제 171. ●●● 정답 ③

해설 | 로프트각의 증가는 볼의 궤도와 볼의 높이를 다르게 한다.

정/답/및/해/설

문제 172. ●●●   정답 ④

해설 │ 로프트각(loft angle)과 런치각(launch angle)의 관계는 아래 그림과 같다. 로프트각과 런치각과의 관계식은 다음과 같다.

런치각=로프트각×(0.96-0.0071×로프트각)

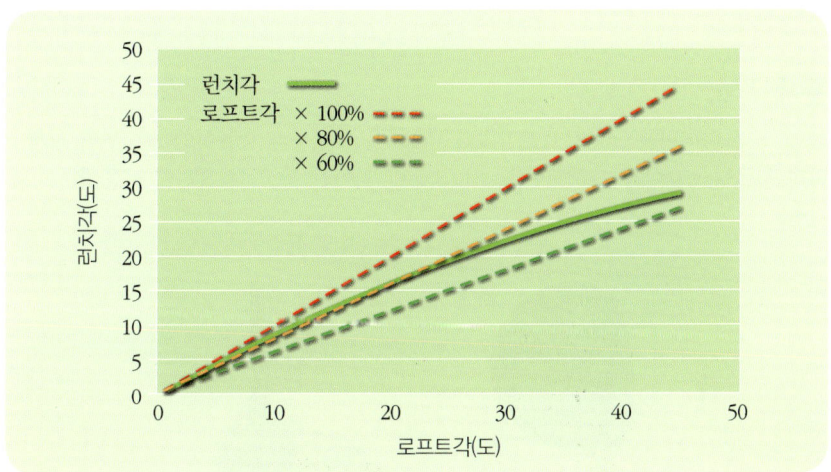

문제 173. ●●●   정답 ②

해설 │ 골프볼의 런치각(launch angle)이 로프트각(loft angle)보다 항상 작은 이유는 비탄성충돌(inelastic collision)로 에너지가 소모되며, 볼이 헤드와 충돌하면서 찌그러지고 미끄러지면서 많은 에너지를 잃으며, 헤드와 볼과의 반발계수가 100%, 즉 '1'이 아니기 때문이다. 충돌에서 반발계수가 '1'이면 에너지를 전혀 잃지 않기 때문에 완전탄성충돌이라고 한다.

문제 174. ●●●   정답 ①

해설 │ 로프트각이 같더라도 타격하는 조건에 따라 런치각이 달라지고, 골프볼이 놓인 상태에 따라서도 런치각이 달라진다. 또한 골프볼이 헤드와 충돌하는 위치에

299

따라서도 런치각이 달라진다.

문제 175. ●●● 정답 ④

해설 | 런치각(launch angle)은 헤드의 로프트각과 어택각(attack angle, 공격각)에 의해 결정된다.

문제 176. ●●● 정답 ②

해설 | 드라이버헤드의 로프트각(loft angle)은 골프볼과 충돌하는 헤드면의 위치에 따라 다르다. 그 이유는 헤드면(head face)이 휘어져 있고, 볼록하기 때문이다(아래 그림).

문제 177. ●●● 정답 ①

문제 178. ●●● 정답 ①

04-4. 어택각　11문항(2.2%)

문제 179. ●●● 정답 ③

정/답/및/해/설

문제 180. ●●●　　　　　　　　　　　　　　　　　　　　　정답 ①

문제 181. ●●●　　　　　　　　　　　　　　　　　　　　　정답 ②

문제 182. ●●●　　　　　　　　　　　　　　　　　　　　　정답 ④

문제 183. ●●●　　　　　　　　　　　　　　　　　　　　　정답 ①
해설 ｜ 최종 런치각은 어택각이 0인 경우의 런치각과 어택각을 더한 것이 된다.

문제 184. ●●●　　　　　　　　　　　　　　　　　　　　　정답 ①

문제 185. ●●●　　　　　　　　　　　　　　　　　　　　　정답 ④
해설 ｜ 어택각(attack angle)에 의해서 백스핀은 거의 달라지지 않는다(아래 그림).

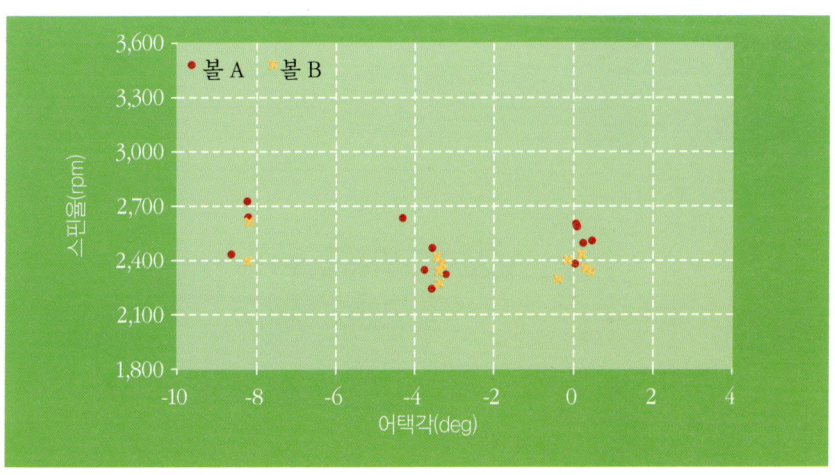

문제 186. ●●●　　　　　　　　　　　　　　　　　　　　　정답 ②

문제 187. ●○○   정답 ①

해설 | 아래 표와 같이 헤드속력과 어택각(attack angle)에 따라 비거리는 많이 달라진다.

헤드속력(마일)	공격각(도)						차이(야드)(−2 ~ +5)
	−5도	−2	0	3	5	7	
80	109	141	155	171	177	183	36
85	128	160	174	188	195	200	35
90	154	183	195	208	213	217	30
95	183	206	215	225	230	232	24
100	201	226	235	242	245	246	19
105	226	244	250	257	259	260	15
110	224	259	266	272	274	274	14
115	261	273	279	282	283	283	10
120	277	288	292	295	295	295	7

비거리의 오차범위는 약 ±2%이다. 이는 골프볼의 종류에 따라 다르다.

문제 188. ●●○   정답 ④

문제 189. ●●○   정답 ①

04-5. 스핀   18문항(3.6%)

문제 190. ●○○   정답 ④

해설 | 백스핀(N)=헤드속력(V_o)×sin(로프트각, θ)/ $2\pi r$(골프볼 반지름)

혹은 $N = \dfrac{V_0 \sin\theta}{2\pi r}$로 표현된다.

실제로 골프볼의 백스핀은 다음의 네 가지의 크기에 따라 달라진다.

정/답/및/해/설

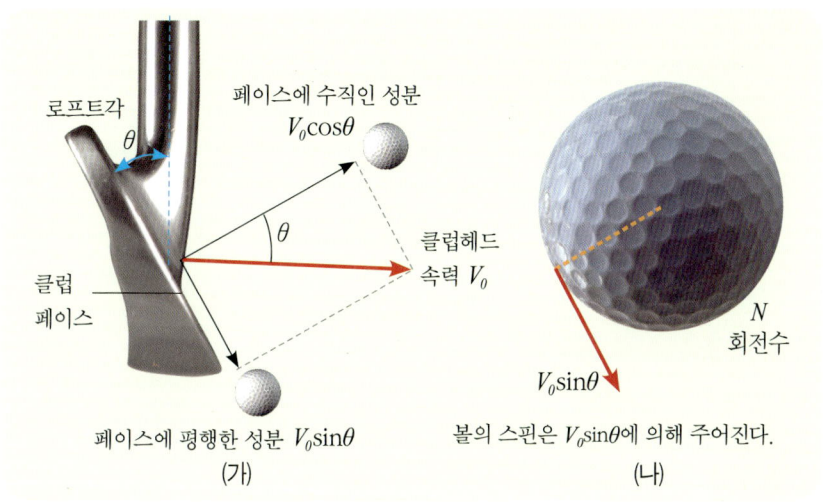

(가)   (나)

(1) 볼의 스핀 관성모멘트(MOI)가 크면 볼의 백스핀은 적게 감소한다. 즉 볼의 관성모멘트는 회전에 저항(resistance)하는 요소이기 때문에 볼의 스핀 관성모멘트가 크면 백스핀은 적게 감소한다. 일반적으로 부드러운 볼은 관성모멘트가 적기 때문에 볼의 스핀이 증가한다. 부드러운 볼은 실질적인 유효반경이 작아 관성모멘트가 작다.
(2) 클럽의 로프트각이 증가하면 백스핀은 증가한다.
(3) 클럽헤드의 속력이 클수록 백스핀은 증가한다.
(4) 볼과 클럽헤드의 마찰이 감소할수록 백스핀은 증가한다. 볼과 헤드가 충돌할 때 마찰이 작다는 것은 볼이 약간 찌그러지면서 잘 굴러간다는 뜻이다. 마찰이 크면 볼이 헤드면에서 잘 구르지 못한다.

문제 191.   정답 ②

해설 | 골프볼의 백스핀을 결정 짓는 요소는 헤드속력, 로프트각, 골프볼의 지름 이외에 골프볼과 헤드면의 마찰이 영향을 준다.
문제 190번 참조

문제 192. ●●● 정답 ②

해설 │ 아이언은 골프볼 표면의 경도(딱딱하기)가 클수록 헤드표면에서 쉽게 미끄러져 백스핀의 값은 증가한다. 반면에 경도가 작은 경우, 즉 표면이 거칠거나 부드러운 경우는 표면과의 마찰로 스핀이 작아진다. 그러나 로프트각이 큰 아이언은 상대적으로 스핀의 양은 많으나 헤드가 볼의 아래도 정석대로 들어가지 않고 찍어서 타격하는 경향 때문에 실제로는 로프트각이 작아져서 백스핀의 값은 이론적인 값보다 약간 작아진다.

문제 193. ●●● 정답 ①

해설 │ 문제 190번 참조

문제 194. ●●● 정답 ①

해설 │ 골프볼의 스핀 관성모멘트가 클수록 드라이버헤드와 충돌한 후 날아가면서 볼의 백스핀(back spin) 감소율이 상대적으로 작은데, 그 이유는 관성모멘트가 클수록 본래의 상태 그대로 있으려는 경향이 크기 때문이다.

문제 195. ●●● 정답 ②

해설 │ 문제 190번 참조

문제 196. ●●● 정답 ③

해설 │ 문제 190번 참조

문제 197. ●●● 정답 ①

해설 │ 백스핀은 비거리에 매우 큰 영향을 준다.

문제 198. ●●● 정답 ②

해설 │ 사이드스핀은 방향에 영향(방향)을 많이 주기 때문에 역으로 이용할 수도 있다.

정/답/및/해/설

문제 199. 정답 ④

해설 | 탑스핀이 필요한 경우는 퍼트할 때이다.

문제 200. 정답 ①

해설 | 드라이버의 헤드 앞부분(toe)과 뒷부분(heel)에 충돌한 골프볼의 회전방향은 기어효과에 의해 서로 반대이다.
문제 116번 참조

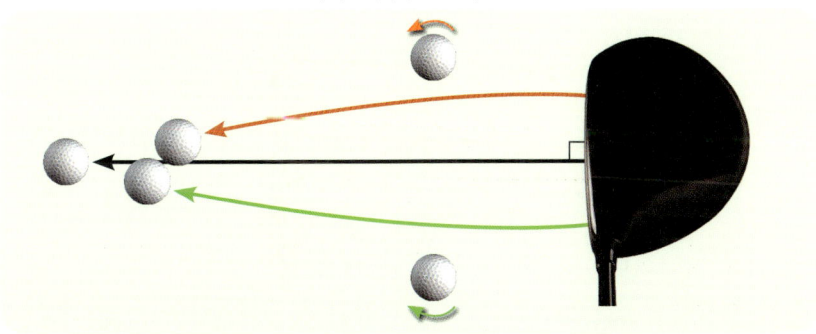

기어효과 (아래 그림)

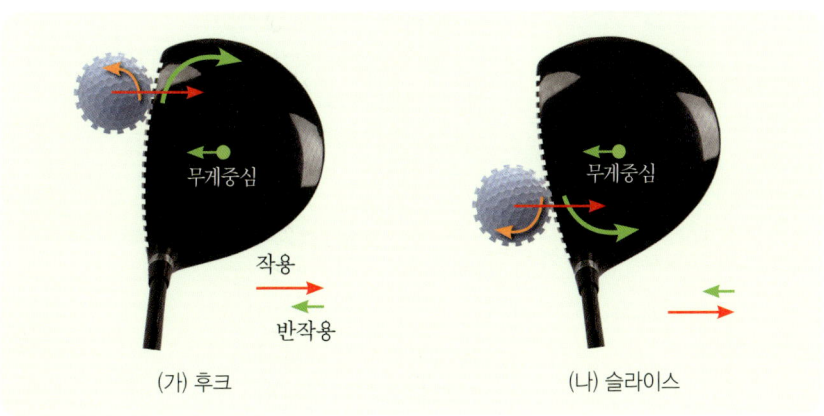

(가) 후크   (나) 슬라이스

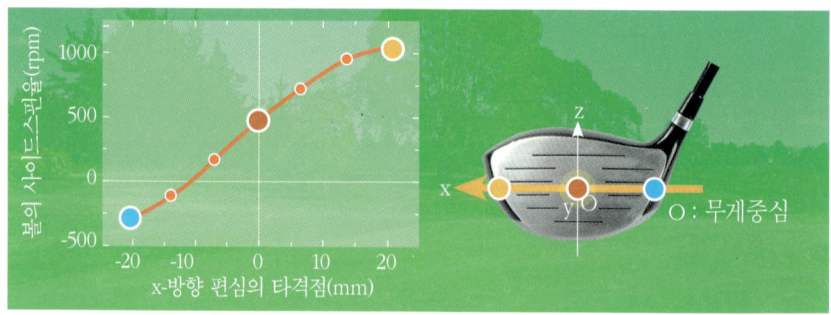

볼의 사이드스핀율(아래 그림)

드라이버헤드면의 O점을 기준으로 x-축 방향으로 골프볼을 임팩트하였을 때 골프볼의 사이드 스핀 특성을 보여준다.

문제 201. ●●●   정답 ①

해설 | 문제 115번 및 문제 200번 참조(비교해 보자). 이런 현상은 기어효과 때문이다. 헤드와 볼이 비켜듬이 충돌하는 즉 기어효과가 아닌 경우는 a에서 슬라이스 방향, c에서 후크방향의 사이드 스핀이 걸린다. 우리가 느끼는 직감적인 경우이다.

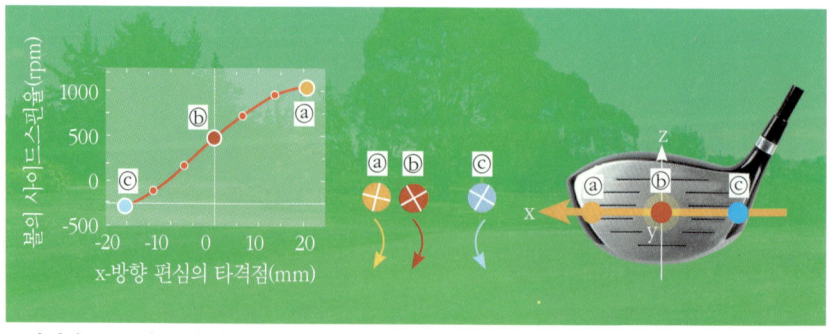

볼의 사이드스핀율(아래 그림)

그림에서 ⓐ, ⓑ와 ⓒ의 사이드스핀 방향은 다르다.

문제 202. ●●●   정답 ④

해설 | 골프볼이 헤드의 아랫부분과 충돌할 때는 골프볼이 스위트스폿과 충돌했을

정/답/및/해/설

때보다 백스핀이 증가하고, 윗부분과 충돌했을 때는 백스핀이 감소한다. 이런 현상은 기어효과 때문이다. 문제 117, 200번 참조(비교해 보자)

기어효과(아래 그림)

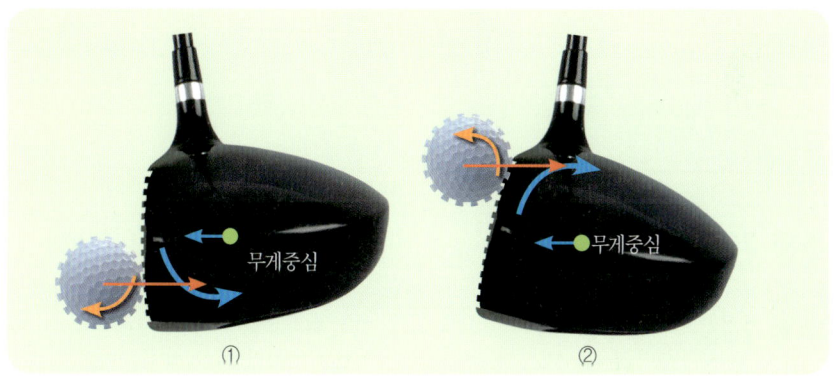

볼의 백스핀율(아래 그림)

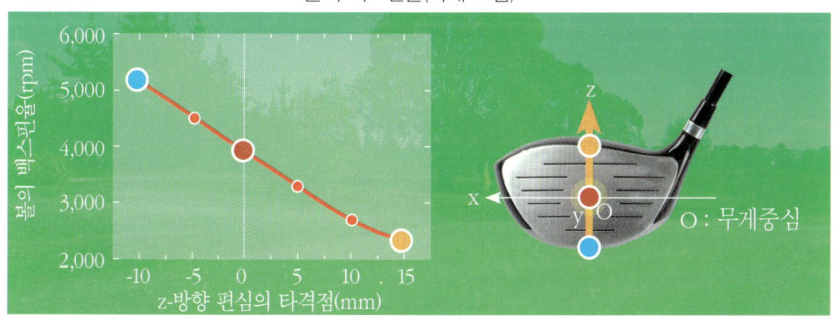

드라이버헤드면의 O점을 기준으로 z-축 방향으로 골프볼을 임팩트하였을 때 골프볼의 백스핀 특성을 보여준다.

문제 203.   ●●●   정답 ②

해설 │ 골프볼의 백스핀(back spin)이 최적의 값보다 증가하면 우드나 아이언의 비거리는 일반적으로 감소한다.

문제 204.   정답 ④

해설 | 골프볼은 백스핀(S_b)만 있는 경우는 거의 없고 사이드 스핀(S_s)도 있지만, 골프볼은 이 백스핀과 사이드스핀의 합성(S)으로 날아간다. 즉 합성된 스핀은

$$S = \sqrt{S_b^2 + S_s^2}$$

이 된다.

만약, 사이드스핀이 없다면

$$S = \sqrt{S_b^2 + S_s^2} = \sqrt{S_b^2} = S_b$$

이 된다.

문제 205.   정답 ①

문제 206.   정답 ②

문제 207.   정답 ③

침묵 : 골프를 배우는 데 가장 힘든 것은 골프에 대해 입을 다물고 있어야 한다는 것이다. (조지 휴튼, 영국의 만화가)

친구 : 나는 가끔 친한 친구들과 골프를 하지만, 그렇다고 친하게 골프를 치진 않는다. (벤 호건, 미국의 명 프로골퍼)

70대 골퍼 : 100을 치는 사람은 골프를, 90을 치는 사람은 가정을, 80을 치는 사람은 사업을 각각 소홀히 하며 그리고 70을 치는 사람은 모든 것을 소홀히 한다.

05 스윙 20문항(4.0%) 정/답/및/해/설

문제 208. ●●● 　　　　　　　　　　　　　정답 ④

해설 │ 관성(inertia)이란 뉴턴의 법칙에서 본래의 상태를 유지하려는 성질로, 관성이 크면 운동할 때 출발이 어렵고 한 번 움직이면 멈추기가 어렵다. 일반적으로 질량(혹은 무게)이 큰 것은 관성이 크다고 한다. 관성(inertia)과 관성모멘트(inertia moment)는 엄연히 다르다. 관성은 직선운동에서 적용되고, 관성모멘트는 회전이 있는 곳에서 적용된다.

문제 209. ●●● 　　　　　　　　　　　　　정답 ④

해설 │ 관성모멘트(moment of inertia 혹은 inertia moment) $I=mr^2$란 물체가 회전할 때만 생기고, 관성모멘트가 크다는 것은 처음 회전시키기가 어렵고 일단 회전시키면 멈추기가 어렵다는 뜻이다. 질량이 같더라도 회전반경이 크면 관성모멘트는 크다. 관성(inertia)과 관성모멘트(inertia moment)는 엄연히 다르다. 관성은 직선운동에서 적용되고, 관성모멘트는 회전이 있는 곳에서 적용된다. 관성모멘트(오른쪽 그림)

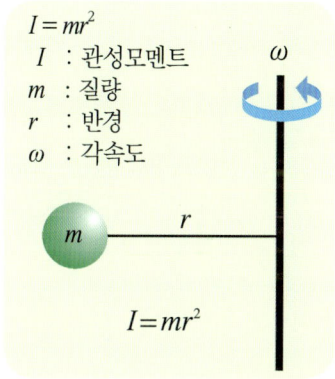

문제 210. ●●● 　　　　　　　　　　　　　정답 ②

해설 │ 문제 209 참조

문제 211. ●●● 　　　　　　　　　　　　　정답 ①

해설 │ 어느 골퍼의 클럽 회전에너지(E)는 아래의 식과 같다. 여기서 I는 골퍼가 클럽을 회전시킬 때 스윙 관성모멘트(I_{sw})이고, ω는 클럽헤드가 몸통을 중심으로 회전할 때의 헤드의 각속도(angular velocity)이다.

$$E = \frac{1}{2}I_{sw} \cdot \omega^2$$

이때 골퍼의 에너지(E)는 일정하므로 스윙 관성모멘트(moment of inertia 혹은

inertia moment) I_{sw}를 작게 하면 헤드의 각속도 ω는 증가한다. 따라서 헤드의 속력을 크게 하려면 스윙 관성모멘트를 작게 하면 된다. 이것이 손목코킹(cocking)을 늦게 푸는 이유이다.

그래서 스윙 관성모멘트 I_{sw}와 각속도 ω는 서로 반비례한다. 문제 212 참조

문제 212. ●●● 정답 ③

해설 | 어느 골퍼의 회전에너지(E)는 아래의 식과 같다.

여기서 I_{sw}는 골퍼가 클럽을 회전시킬 때 스윙 관성모멘트(moment of inertia 혹은 inertia moment, I_{sw})이고, ω는 클럽헤드의 각속도(angular velocity)이다. 그리고 m은 헤드의 질량이고, r은 어깨 회전축으로부터 드라이버헤드까지의 직선거리이다.

$$E = \frac{1}{2} I_{sw} \cdot \omega^2 \quad \leftarrow \quad I_{sw} = mr^2$$

- 골퍼는 헤드속력을 최대로 하려고 a에서 b로 갈 때 손목코킹(cocking)을 풀지 않고 있다(반경 'r'가 변하지 않고 있다).
- 헤드의 속력을 크게 하려고 스윙 관성모멘트 I_{sw}을 작게 하면 ω가 증가하여 헤드 속력 v를 증가시킨다. 이는 $\omega = vr$의 관계 때문이다.
- 골퍼의 에너지(E)는 일정하므로 스윙 관성모멘트 I_{sw}을 작게 하여 헤드의 각속도 ω을 증가시켜 헤드속력을 크게 한다(코킹을 늦게 풀어야 좋은 이유. 아래 그림).

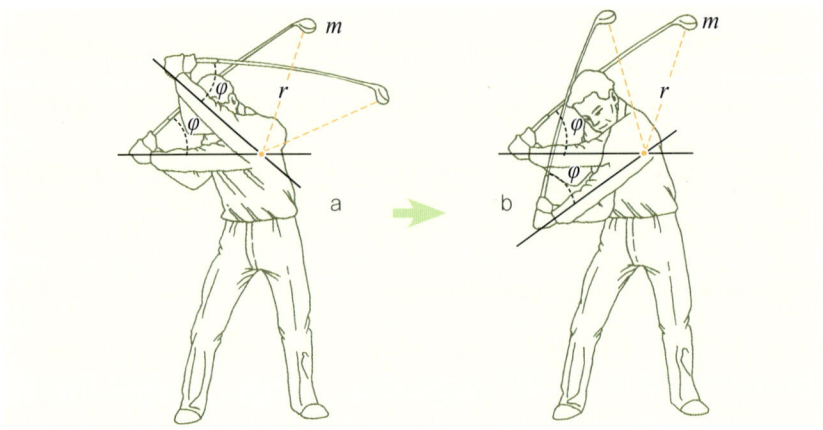

정/답/및/해/설

문제 213. ●●● 정답 ③

문제 214. ●●● 정답 ①

문제 215. ●●● 정답 ②

해설 | 클럽을 회전하는 순서는 a=허리, b=팔, c =클럽헤드이다. 각운동량(angular momentum)은 물체의 운동량(mv)과 물체와 회전축 사이의 거리(r)를 곱한 값이다. 여기서 m은 물체의 질량, v는 속도이다.

문제 216. ●●● 정답 : a=아마추어골퍼, b= 프로골퍼

문제 217. ●●● 정답 ③

해설 | 골프클럽을 회전시킬 때의 관성모멘트(inertia moment)에는 팔(arm) 자체에 대한 팔의 관성모멘트 I_a, 샤프트의 관성모멘트 I_s 및 스윙의 관성모멘트 I_{sw} 중에 스윙의 관성모멘트 I_{sw}가 영향이 가장 크다. 물론 마지막에는 이 세 가지 관성모멘트의 합으로 표현된다.

문제 218. ●●● 정답 ①

해설 | 문제 220 참조

문제 219. ●●● 정답 ④

해설 | 문제 220 참조

문제 220. ●●● 정답 ①

해설 | 스매시계수 혹은 스매시팩터라고 하는 값은 다음 쪽의 그림과 같이 드라이버는 약 1.5부터 시작하여 점점 적어져 샌드웨지는 약 1.0에 이른다. 스매시계수는 볼속력을 헤드속력으로 나눈 값으로 정의한다.

클럽에 따른 헤드속력과 볼속력의 관계는 다음 그림과 같다.

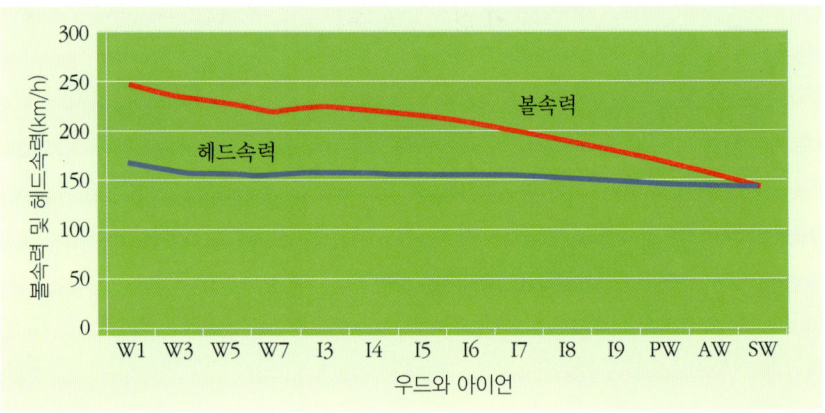

문제 221. ●●● 　　　　　　　　　　　　　　　　　　　정답 ①

해설 | 문제 220 참조

문제 222. ●●● 　　　　　　　　　　　　　　　　　　　정답 ③

해설 | 로프트각이 클수록 미끄럼 및 백스핀에 의한 골프볼의 에너지 손실이 크기 때문에 클럽번호가 커질수록 스매시계수값은 감소하게 된다.

문제 223. ●●● 　　　　　　　　　　　　　　　　　　　정답 ③

해설 | 왼쪽에 벽이 있는 것처럼 골프볼을 타격해야 하는 이유는 M(헤드)의 에너지를 m에 전달하여 V(헤드속력)의 속력을 증가시키도록 하기 위함이다. 즉 에너지 보존 법칙에 의해 V(헤드속력)는 증가한다.

문제 224. ●●● 　　　　　　　　　　　　　　　　　　　정답 ①

해설 | 타격할 때 골프볼을 왼쪽 발꿈치 앞쪽 선상에 놓을 때도 있지만, 헤드속력에 따라 왼쪽 발꿈치 앞쪽 선상에서 좌우로 조정한다. 또는 다운스윙의 형태에 따라 왼쪽 발꿈치 앞쪽 선상에서 좌우로 조정한다.

정/답/및/해/설

문제 225. 정답 ④

해설 │ 골프볼을 타격(impact)하기 위해 볼을 놓는 위치는 클럽마다 약간씩 다르게 하는 이유는 최적의 어택각으로 볼을 똑바로 멀리 보내기 위해서이다.

문제 226. 정답 ③

해설 │ 문제 225 참조. 어택각(attack angle)을 다르게 하여 볼의 비거리를 크게 하려고 클럽마다 골프볼을 놓는 위치를 약간씩 다르게 한다.

문제 227. 정답 ①

해설 │ 문제 187 및 문제 225 참조. 어택각이 다름으로써 가장 영향을 받는 요소는 거리이다.

아래의 표는 로프트각 10도인 드라이버의 어택각에 따른 비거리 차이를 보여준다.

헤드속력 (마일)	공격각(도)						차이(야드) (-2 ~ +5)
	-5도	-2	0	3	5	7	
80	109	141	155	171	177	183	36
85	128	160	174	188	195	200	35
90	154	183	195	208	213	217	30
95	183	206	215	225	230	232	24
100	201	226	235	242	245	246	19
105	226	244	250	257	259	260	15
110	244	259	266	272	273	274	14
115	261	273	279	282	283	283	10
120	277	288	292	295	295	295	7

비거리의 오차범위는 약 ±2%이다. 골프볼의 종류에 따라 다르다.

06 골프볼 탄도 31문항(6.2%) 정/답/및/해/설

문제 228. ●○○　　　　　　　　　　　　　　　　정답 ①

해설 │ 드라이버페이스(face)의 프로그레이션(progression)의 크기가 클수록 볼의 런치각은 증가한다. 헤드의 무게중심이 같고 스윙타입도 같은 경우에는 프로그레이션의 크기가 클수록 볼이 헤드와 먼저 충돌하기 때문에 볼의 런치각이 커지게 된다.

문제 229. ●●○　　　　　　　　　　　　　　　　정답 ①

해설 │ 문제 228 참조

문제 230. ●●○　　　　　　　　　　　　　　　　정답 ③

해설 │ 무게중심이 낮을수록 샤프트가 볼의 진행방향으로 벤딩(bending)되는 효과가 크기 때문에 무게중심이 낮을수록 볼의 런치각은 상대적으로 커지게 된다.
　무게중심의 위치에 따른 볼의 런치각은 아래 그림과 같다.

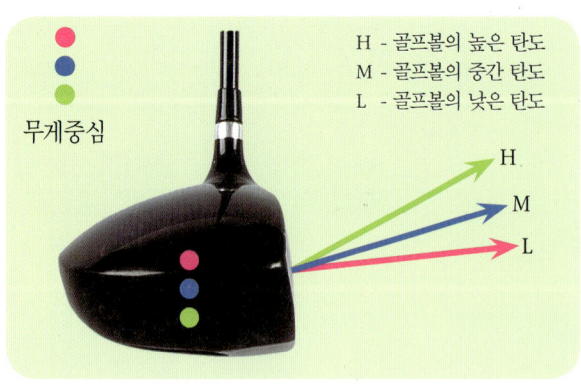
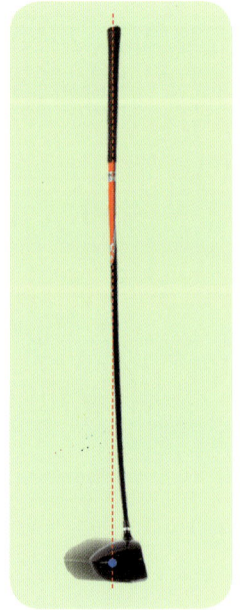

무게중심이 낮을수록 혹은 헤드의 뒤쪽에 있을수록 샤프트가 벤딩되는 정도가 커진다(오른쪽 그림).

정/답/및/해/설

문제 231. 정답 ①

해설 │ 무게중심이 헤드의 뒤쪽에 있을수록 샤프트가 볼의 진행방향으로 벤딩(bending)되는 효과가 크기 때문에 무게중심이 뒤쪽에 있을수록 볼의 런치각은 상대적으로 크게 된다. 문제 230번의 그림 참조

무게중심의 위치에 따른 볼의 런치각은 아래 그림과 같다.

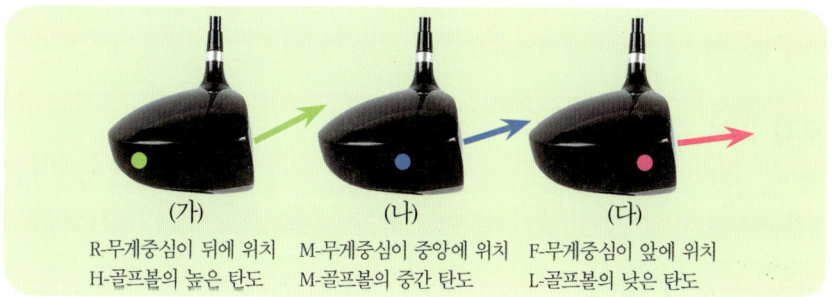

(가) R-무게중심이 뒤에 위치 / H-골프볼의 높은 탄도
(나) M-무게중심이 중앙에 위치 / M-골프볼의 중간 탄도
(다) F-무게중심이 앞에 위치 / L-골프볼의 낮은 탄도

문제 232.

정답 │ 무게 중심이 헤드 뒤쪽에 있을수록 샤프트가 볼의 진행 방향으로 벤딩(bending)되는 효과가 크기 때문에

해설 │ 드라이버를 회전시킬 때 원심력과 구심력이 같아지는 경우는 그립의 중심선과 헤드의 무게중심(center of gravity 혹은 center of mass)이 일직선으로 만날 때이다. 샤프트가 앞으로 휘어지면서 그립의 중심선과 무게중심이 일직선으로 만날 때 헤드면은 가장 많이 앞쪽으로 이동한다. 즉 샤프트가 앞쪽으로 가장 많이 휘어진다.

무게중심의 위치에 따라 샤프트의 휘어지는 정도는 오른쪽 그림과 같이 각각 다르다.

원심력선이 무게중심을 통과할 때 최대속력 지점을 지나며 샤프트의 복귀힘에 의해 속력이 감소한다.

315

문제 233. ●●●

정답 │ 무게중심이 아래에 있을수록 회전축으로부터 거리가 멀어 샤프트가 앞쪽으로 많이 휘어지므로

해설 │ 드라이버를 회전시킬 때 원심력(centrifugal force)과 구심력(centripetal force)이 같아지는 경우는 그립의 중심선과 헤드의 무게중심이 일직선으로 만날 때이다. 무게중심이 아래에 있을수록 회전축으로부터 거리가 멀어 샤프트가 앞쪽으로 많이 휘어진다. 문제 230번 참조.

문제 234. ●●●   정답 ①

해설 │ 아래 그림과 같이 골프볼은 백스핀을 할 때 볼이 좀더 높이 뜨고 가장 멀리 날아간다.

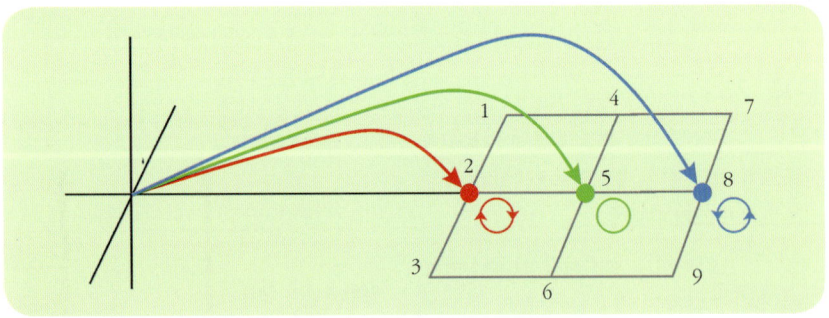

문제 235. ●●●   정답 ④

해설 │ 골프볼은 회전하는 방향으로 휘어져 날아간다. 골프볼이 휘어져 날아갈 때 휘어지는 쪽의 공기속도가 빨라져 압력을 낮추므로 골프볼의 방향이 휘어지게 된다. 이것을 베르누이의 원리라고 한다.

문제 236. ●●●   정답 ①

해설 │ 문제 237번 참조. 공기가 없다고 가정하면 골프볼은 런치각(launch angle)이 45도(deg)일 때 비거리가 최대가 된다.

정/답/및/해/설

문제 237.   ●●●   정답 ④

해설 | 런치각(launch angle)이 45도(deg)일 때 물체의 비거리가 최대가 되는 것은 공기(air)가 없을 경우이다. 야구경기에서는 런치각이 약 32도일 때 홈런이 된다.

문제 238.   ●●●   정답 ②

해설 | 헤드속력이 증가하고 로프트각은 감소할 때 비거리는 증가한다.

문제 239.   ●●●   정답 ③

해설 | 반발계수와 비거리는 대략 일차적인 비례관계가 있다. 아래 그림은 헤드속력이 100mph일 때 반발계수의 변화에 따른 비거리의 변화를 보여준다.

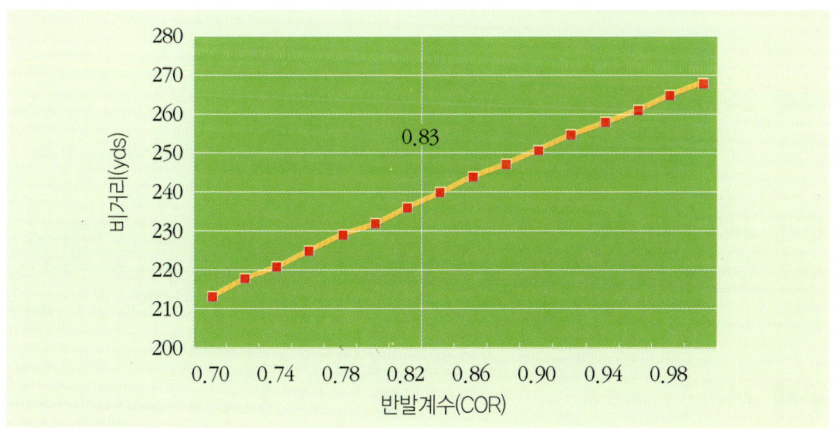

문제 240.   ●●●   정답 ①

해설 | 백스핀의 크기에 따라 비거리가 달라진다. 헤드속력이 같더라도 로프트각에 따라 백스핀은 달라지고, 그에 따라 비거리도 달라진다. 이것이 해당 헤드속력에서 최대비거리를 내기 위해서는 최적의 로프트각이 필요한 이유이다.
다음 그림은 헤드속력이 약 100mph이고 로프트각이 11도일 때의 값이다.

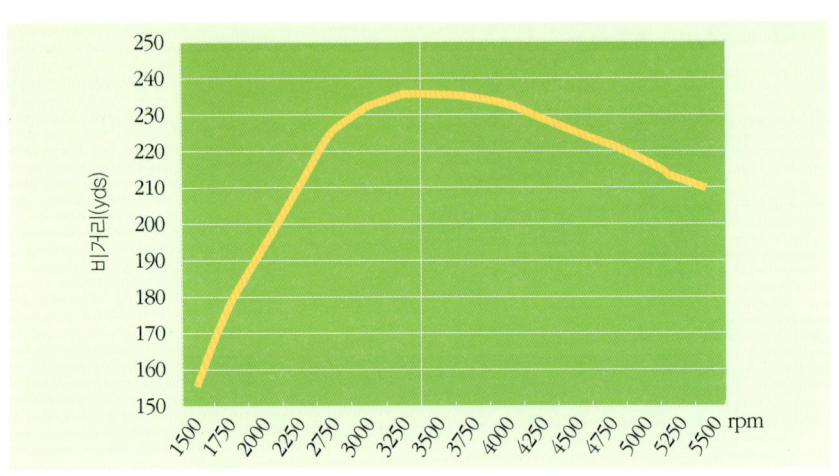

문제 241. ○○○   정답 ④

해설 | 일정한 범위에서 어택각의 증가는 캐리거리를 증가시킨다. 문제 227번 참조

문제 242. ○○○   정답 ②

해설 | 골프볼이 지면에 떨어질 때 착지각(landing angle)을 작게 해야 볼이 많이 굴러간다.

문제 243. ○○○   정답 ②

해설 | 아이언에서 골프볼에 백스핀이 매우 많이 걸리면 볼이 지면에 떨어져 먼 쪽으로 굴러가지 않고 볼을 친 방향으로 다시 굴러오는(roll 혹은 run) 경우도 있다.

문제 244. ○○○   정답 ①

해설 | 골프볼이 지면에 떨어질 때의 속도는 거의 일정하여 대략 26~30m/s (58~67mph)이다. 그 낙하속도는 클럽의 종류에 관계없이 거의 일정하다. 왜냐하면 이 경우 아래 방향의 공기저항 및 중력이 거의 일정하기 때문이다. 이는 빗방울의

정/답/및/해/설

낙하속도가 거의 일정한 원리와 같다.

아래 그림을 보면 골프볼이 헤드를 떠나고 나서 지면에 떨어지는 시간인 6~8초 사이에서 질량 m의 골프볼이 지면에 떨어질 때의 속도 v_t가 30m/sec(67mph)로 거의 일정해진다. 아래 그림은 이론적인 근삿값 계산이며, 실질적으로는 이보다는 작다.

$$v_t = \sqrt{\frac{mg}{k\rho A}}, \ f = cv^2, \ c = k\rho A$$

여기에서는 실온에서 골프볼 $m=0.043$kg, 중력가속도 $g=9.8$m/s^2, 지연계수 $k=0.25$, 공기밀도 $\rho=1.3$kg/m^3, 골프볼의 단면적 $A=0.00145$m^{2}로 계산했다.

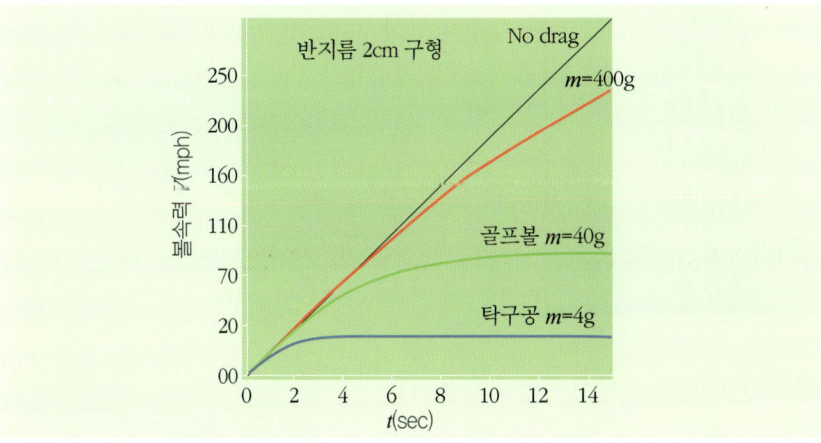

공기와의 저항 때문에 무거운 물체가 가벼운 물체보다 속도가 더 빨라진다. 공기가 없다면 떨어지는 속도는 거의 같다.

여러 종류 볼의 최종 낙하속도(terminal falling velocity)

Object	Weight(lb)	Area(ft^2)	Terminal Velocity(mph)
skydiver in free fall	180	9	125
skydiver with open parachute	180	226	25
baseball(2.88-in.diameter)	0.32	0.045	75
golf ball(1.65-in.diameter)	0.10	0.015	72
raindrop(0.16-in.diameter)	7.5×10^{-5}	1.39×10^{-4}	20

319

갈릴레오(Galieo)의 실험으로 유명한 높이 약 24m인 피사의 사탑(learning tower)에서 무게(질량) 4,500g과 450g의 물체를 동시에 떨어뜨리면 실제적으로는 공기의 저항 때문에 약 0.02sec 정도의 차이로 무거운 것이 먼저 떨어진다. 그러나 공기가 없다면 두 물체는 동시에 떨어진다.

아래 그림은 높이 약 24m인 피사의 사탑(learning tower)에서 두 물체(4,500g과 450g)가 지면에 떨어질 때의 시간은 0.02sec의 차이가 있음을 보여준다.

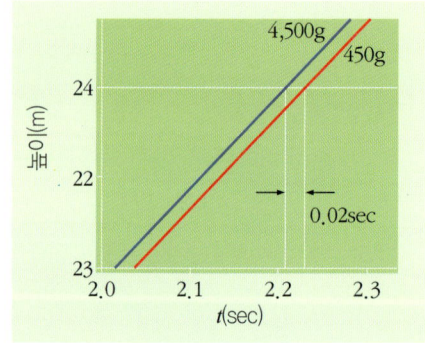

문제 245. ●●● 　　　　　　　　　　　　　　정답 ③

해설 | 빗방울의 낙하속도(20mph, 9m/s)가 거의 일정한 원리이며, 공기저항 및 중력이 거의 일정하므로 공기저항계수가 거의 일정하다. 문제 244번 참조

문제 246. ●●● 　　　　　　　　　　　　　　정답 ④

해설 | 헤드의 로프트각이 작을수록 굴러가는 거리는 증가하지만, 볼이 지면에 떨어질 때 착지각이 작을수록 굴러가는 거리도 증가한다. 또는 헤드속력이 증가할수록 볼이 굴러가는 상대적인 거리는 감소한다.

문제 247. ●●● 　　　　　　　　　　　　　　정답 ①

해설 | 최대거리를 내려면 헤드속력-스위트스폿으로 타격-어택각-상대적인 무게-

정/답/및/해/설

런치각이 적정해야 한다.

문제 248. ●●● 정답 ④
해설 | 골프볼이 최대비거리를 내기 위한 요소로서 상대적으로 영향이 큰 것은 헤드속력, 스위트스폿으로 타격, 런치각 또는 백스핀의 순서이다.

문제 249. ●●● 정답 ④
해설 | 문제 248 참조

문제 250. ●●● 정답 ①
해설 | 문제 248 참조

문제 251. ●●● 정답 ③
해설 | 문제 248 참조

문제 252. ●●● 정답 ②
해설 | 볼에 대한 저항력 및 양력이 증가하면 볼이 전진하려는 힘은 지연되고, 볼이 위로 뜨려는 힘은 상대적으로 증가한다.

문제 253. ●●● 정답 ③

문제 254. ●●● 정답 ④
해설 | 샌드웨지와 같이 로프트각이 큰 클럽으로 볼을 타격하고 나서 헤드속력은 초기 헤드속력의 70~80% 되고, 볼의 발사각은 33~50도로 높기 때문에 헤드와 볼은 부딪치지 않는다.

문제 255. ●●●   정답 ②

해설 │ GPS 거리는 2차원적인 거리만을 보여준다.

문제 256. ●●●   정답 ③

해설 │ GPS 거리는 2차원적인 거리만을 보여준다.

문제 257. ●●●   정답 ④

해설 │ 오르막 언덕에서는 직선거리에 높이차이를 더한 값보다 약간 더 보내야 한다.

문제 258. ●●●   정답 ①

해설 │ 내리막 언덕에서는 직선거리에 높이차이를 뺀 값보다 약간 적게 보내야 한다.

코스 플레이 : 대부분 골퍼는 골프를 플레이하는 것만 알고 있지만, 코스를 플레이하는 것을 잊고 있다. (토미 아머, 프로골퍼)

클럽선택 : 어느 클럽을 사용할 것인가 망설여질 때 꼭 큰 쪽을 택해 쳤을 때 결과가 나빴던 일이 거의 없다. (헨리 피거트, 프로골퍼)

타인 : 아무리 친한 동료와의 플레이일지라도 티에서 그린까지는 다른 3명이 전혀 모르는 타인처럼 보일 때가 있다. 3명이 페어웨이에 있고, 특히 자기만 숲 속을 거닐고 있을 때 더욱 그렇다. (밀튼 그 로스, 프로골퍼)

07 클럽 피팅 46문항(9.2%) 정/답/및/해/설

문제 259. ●●● 정답 ③

해설 | 클럽 피팅의 목적은 거리증대-정확성-탄도-일관성-느낌이다.

문제 260. ●●● 정답 ②

해설 | 클럽헤드 피팅의 목적은 최적의 로프트각-솔각과 솔의 폭-라이각-페이스각(우드)-관성모멘트를 최적의 상태로 하는 것을 의미한다.

문제 261. ●●● 정답 ①

해설 | 클럽샤프트의 피팅(shaft fitting)의 목적은 무게(=질량)-토크-유연성-밸런스포인트(무게분포)을 포함한다.

문제 262. ●●● 정답 ④

해설 | 문제 261 참조

문제 263. ●●● 정답 ③

해설 | 문제 261 참조

문제 264. ●●● 정답 ④

문제 265. ●●● 정답 ①

해설 | 클럽의 최종 피팅(assembled fitting)의 목적은 길이-총무게-스윙웨이트/관성모멘트-정렬이다.

문제 266. ●●● 정답 : 240Hz

해설 | Hz는 1초에 진동하는 진동수의 단위이다.

문제 267. ●●●　　　　　　　　　　　　　　　　　정답 ②

해설 │ 조립된 클럽의 진동수(frequency)를 측정하기 위해 헤드를 위아래로 진동시켰을 때 헤드가 위아래로 진동하지 않고 원 또는 타원운동을 한다면 스파인(spine)이 잘못된 샤프트라고 할 수 있다.

문제 268. ●●●　　　　　　　　　　　　　　정답 : 그렇지 않다.

해설 │ 제조시기 및 제조롯트(lot)에 따라 약간씩 다르다. 롯트(lot)란 어떤 물건이 일정 시간 동안 생산되는 것을 말한다. 물건이 생산되는 시점에 따라 물건들은 약간씩 차이를 보인다.

문제 269. ●●●　　　　　　　　　　　　　　　　　정답 ③

해설 │ 샤프트의 지름이 클수록 진동수는 증가한다. 샤프트는 일반적으로 굵어질수록 강해 진동수도 증가한다.

문제 270. ●●○　　　　　　　　　　　　　　　　　정답 ②

해설 │ 그립으로부터 가까운 위치에 추를 달수록 샤프트의 강도가 강해져서 진동수는 증가한다.

문제 271. ●●●　　　　　　　　　　　　　　　　　정답 ①

해설 │ cpm은 cycles per minute로 1분에 진동하는 횟수(왕복운동)를 의미한다. 오른쪽 그림은 1초에 100 및 200회 진동하는 모양을 보여준다. 1회 진동에 걸린시간이 0.005초라면 1/0.005=200Hz이다. 즉, 1초에 200회 진동한다는 뜻이다.

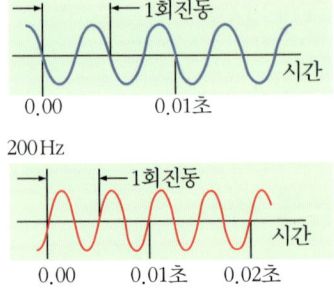

정/답/및/해/설

문제 272. ○○○　　　　　　　　　　　　　　　　　　　　　　정답 ④

해설 ｜ 시판되고 있는 진동수(frequency) 측정장치로 같은 클럽의 샤프트 진동수를 측정하면 경우에 따라서 진동수의 차이가 많은 이유는 제조사마다 측정장치의 규격 차이가 그립을 잡는 압력의 차이 또는 미세조정(calibration)을 하지 않아서이다.

문제 273. ○○○　　　　　　　　　　　　　　　　　　　　　　정답 ②

해설 ｜ 골프 샤프트 진동수 측정장치로 같은 클럽의 샤프트 진동수를 측정할 때 그립을 잡는 압력을 크게 하면 진동수는 역시 어느 정도 많아진다. 이것이 진동수 측정장치의 진동수차이를 다르게 보여주는 이유 중의 하나다. 이 문제는 그립을 잡는 압력을 규격화해야 하는 이유이다.

문제 274. ○○○　　　　　　　　　　　　　　　　　　　　　　정답 ①

해설 ｜ 드라이버 샤프트 진동수 측정장치로 같은 클럽의 샤프트 진동수를 측정할 때 헤드를 부착한 상태에서 하는데, 이때에는 헤드면이 천장을 향해 위아래로 진동시켜도 진동방향이 일정한 경우가 좋다. 그러나 현재 측정하는 사람마다 혹은 피팅샵마다 서로 다르게 측정하고 있다. 사실 이 방법에서는 물리적으로 진동을 위아래로 일정하게 하기가 매우 어렵다. 그러나 일정하다면 매우 좋은 샤프트이다. 샤프트가 가늘수록 이 조건을 맞추기가 어렵다. 그래서 샤프트가 굵어지면 이 조건을 쉽게 충족하기도 한다. 이 방법을 악용하는 사례도 있을 수 있다.

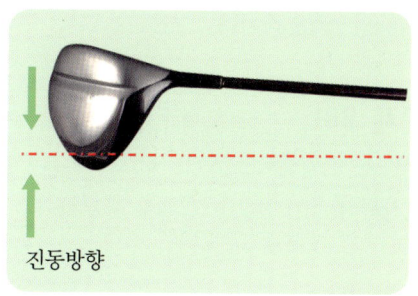

진동수를 측정하는 올바른 방법(아래 그림)

문제 275. ○○○　　　　　　　　　　　　　　　　　　　　　　정답 ③

문제 276. ●●● 정답 ④

해설 | 드라이버보다 3번 우드로 칠 때 골프볼의 비거리가 더 큰 경우가 있다. 그 이유는 헤드속력이 비교적 작은 골퍼이면서 드라이버의 로프트각이 지나치게 작고 헤드무게가 너무 크기 때문이다. 작은 로프트각은 비거리를 작게 하고 무거운 헤드는 헤드속력을 작게 한다.

문제 277. ●●● 정답 ①

해설 | 헤드속력이 작은 골퍼일수록 헤드의 로프트각이 큰 것을 선택해야 한다.

문제 278. ●●● 정답 ③

문제 279. ●●● 정답 ②

해설 | 스윙웨이트는 클럽을 스윙하는 과정에 느끼는 무거움과 가벼움으로, 스윙웨이트가 크면 회전할 때 상대적으로 무겁게 느껴진다. 스윙웨이트는 정적인 무게 개념이다.

문제 280. ●●● 정답 ②

해설 | 스윙웨이트의 개념을 처음 개발한 연구자는 1920년대 로버트 애덤스(Robert Adams)이다.

문제 281. ●●● 정답 ④

해설 | 스윙웨이트는 C1, C2…, 혹은 D1, D2…. 등과 같이 구분하는데, A0부터 시작하여 G10까지 총 77개로 구분한다.

문제 282. ●●● 정답 ②

해설 | 스윙웨이트의 값이 A에서부터 뒤쪽으로 갈수록 골퍼는 무겁게 느낀다.

정/답/및/해/설

문제 283. ● ● ●　　　　　　　　　　　　　　　　　　　　　정답 ①

해설 │ 문제 281 참조

문제 284. ● ● ●　　　　　　　　　　　　　　　　　　　　　정답 ②

해설 │ 스윙 관성모멘트가 좀더 과학적이고 동적인 개념이다. 스윙웨이트는 정적인 개념이다.

문제 285. ● ● ●　　　　　　　　　　　　　　　　　　　　　정답 ②

해설 │ 같은 헤드속력(v)에서 D1이 골프볼을 더 멀리 보낼 수 있는 이유는 $E=(\frac{1}{2})mv^2$ 에서 헤드 쪽이 상대적으로 질량 (m, 무게)이 커서 결과적으로 헤드 속력이 같더라도 헤드이 에너지가 크기 때문이다.

문제 286. ● ● ●　　　　　　　　　　　　　　　　　　　　　정답 ①

해설 │ 스윙웨이트가 D0로 일정하면서 헤드의 무게가 무거워지면 클럽길이는 짧아져야 한다. 길이를 그대로 두면 스윙웨이트는 D1, D2… 등으로 커지게 된다.

문제 287. ● ● ●　　　　　　　　　　　　　　　　　　　　　정답 ①

해설 │ 헤드는 2g, 그립은 4g, 샤프트는 8g으로 변할 때 스윙웨이트는 한 단계 달라진다.

문제 288. ● ● ●　　　　　　　　　　　　　　　　　　　　　정답 ①

해설 │ 문제 287 참조

문제 289. ● ● ●　　　　　　　　　　　　　　　　　　　　　정답 ①

해설 │ 문제 287 참조

문제 290. ●●●   정답 ②

해설 | 클럽의 휘두르기 쉬운 정도 및 어려운 정도를 판단하는 스윙웨이트 측정 저울은 현재 12인치 및 14인치 방법이 있으나, 14인치 저울을 주로 사용한다.

문제 291. ●●●   정답 ③

해설 | 문제 290 참조

문제 292. ●●●   정답 ③

해설 | 문제 290 참조

문제 293. ●●●   정답 a

문제 294. ●●●   정답 ③

해설 | 원리적으로 쉽게 구분하기 어렵다. 여러 클럽의 스윙관성모멘트가 같다는 것은 클럽을 회전시킬 때 동일한 힘에 의해 회전이 된다는 것이다. 그러므로 눈을 감고 클럽을 회전시킨다면 클럽의 번호를 구별하기 어려울 정도로 된다는 뜻이다.

문제 295. ●●●   정답 그립무게

해설 | 그립무게의 변화는 MOI에 거의 영향을 안 미친다. 이 부분이 스윙웨이트와 스윙관성모멘트의 가장 다른 부분이다.

문제 296. ●●●   정답 ①

해설 | 스윙 관성모멘트가 좀더 과학적이고 동적(dynamic)인 개념이다. 스윙웨이트는 정적(static)인 개념이다.

정/답/및/해/설

문제 297. ●●●　　　　　　　　　　　　　　　정답 : 알고 있다.

문제 298. ●●●

정답 | 80년의 전통을 가지고 있는 제조시설을 전체적으로 상당 부분을 교체해야 하고 클럽의 분류를 현재보다 더 세분해야 하는 부담이 있기 때문이다.

문제 299. ●●●　　　　　　　　　　　　　　　　　　정답 ④

문제 300. ●●●　　　　　　　　　　　　　　　　　　정답 ④

해설 | 골퍼의 스윙형태를 알아보려면 Transition(백스윙에서 다운스윙으로 바뀌는 시간), Tempo(백스윙의 시작에서 백스윙 탑까지 걸린 시간 A와 탑에서 골프볼의 타격까지 걸린 시간 B의 비율을 A/B로 하여, 비율이 1.2 정도는 느틴 Tempo이고, 비율이 1.2~1.0 정도는 평균 Tempo이고, 비율이 1.0 미만은 빠른 Tempo이다), Release(손목의 코킹을 푸는 위치) 등을 잘 조사해야 한다.

　2006년 Tom Wishon은 『Common Sense Clubfitting』이라는 책에서 1.2sec는 느린 Tempo이고, 1.2~1.0sec는 평균 Tempo이고, 1.0sec 미만은 빠른 Tempo라고 했는데, 이것은 스윙 총시간인 A/B의 비율로 말하는 것이 분명하고 더 합리적이다.

문제 301. ●●●　　정답 : Transition과 Tempo는 빠르게, Release는 늦게 한다.

해설 | Tempo는 백스윙의 시작에서 백스윙 탑까지 걸린 시간 A와, 탑에서 골프볼의 타격까지 걸린 시간 B의 비율을 A/B로 하여, 비율이 1.2 정도는 느린 Tempo로, 1.2~1.0 정도는 평균 Tempo로, 1.0 미만은 빠른 Tempo로 구분한다.

　2006년 Tom Wishon은 『Common Sense Clubfitting』이라는 책에서 1.2sec는 느린 Tempo이고, 1.2~1.0sec는 평균 Tempo이고, 1.0sec 미만은 빠른 Tempo라고 했는데, 이것은 스윙 총시간인 A/B의 비율로 말하는 것이 분명하고 더 합리적이다.

　(예) PGA와 LPGA 선수들의 Tempo는 다음과 같다(다음 쪽의 표 참조).

느린 Tempo-A/B=27/9=1.20
평균 Tempo-A/B=24/8=1.06
빠른 Tempo-A/B=21/7=0.93

여기서 27, 9 등은 사진 촬영한 프레임 개수인데, 이것을 시간(sec)으로 환산하면 다음과 같다(아래 표 참조).

No	21/7 = 3.0 Name	A/B	24/8 = 3.0 Name	A/B	29/9 = 3.0 Name	A/B
01	Jack Nicklaus	21/7	Tiger Woods(2002)	24/8	Tiger Woods(1997)	27/9
02	Gary Player	21/7	Sam Snead	24/8	Jim Furyk	27/9
03	Jeff Maggert	21/7	Phil Mickelson	24/8	Al Geiberger	27/9
04	Nick Price	21/7	Seve Ballesteros	24/8	Mike Austin	27/9
05	Cary Middlecoff	21/7	Steve Stricker	24/8	Jan Stephenson	27/9
06	Ben Hogan	21/7	Rich Beem	24/8	Susie Redman	27/9
07	Jesper Parnevik	21/7	Greg Norman	25/8	Michelle Wie	27/9
08	Darren Clarke	21/7	John Daly	25/8	Suzy Whaley	28/9
09	Hank Kuehne	21/7	Padraig Harrington	25/8	Rory Sabbatuni	28/9
10	Craig Stadler	21/7	Skip Kengall	25/8	Bobby Jones	26/9
11	Matt Gogel	21/7	Patty Jordan	25/8	David Toms	26/9
12	Bernhard Langer	22/7	Byron Nelson	23/8	Grant Waite	26/10
13	Lee Westwood	22/7	David Berganio	26/8	Bob Estes	27/8
14	Billy Ray Brown	22/7	Tom Pernice	23/7	Blaine McCallister	27/8
15	Joe Durant	22/7	Trevor Immelman	23/7	Hal Sutton	27/8
16	Jerilyn Britz	20/7	Vijay Singh(RH)	24/9	Billy Mayfair	27/8
17	Arnold Palmer	20/7	Karen Davies	24/9	Fuzzy Zoeller	28/8
18	Annika Sorenstam	20/7	Jerry Kelly	24/9	Loren Roberts	28/8
19	Tom Lehman	20/7	Ernie Els	24/9	Kirk Triplett	29/8
20	Steve Lowery	20/7	Tom Watson	24/7	Bob Tway	29/8
21	Saron Baddeley	21/8	Mark Calcavecchia	24/7	Ben Crenshaw	29/8
22	Colin Montgomerie	21/8	Ed Fryatt	24/7		
23	Thomas Bjorn	21/8	Jose M. Olazabal	24/7	30/10 = 3.0	
24	Mike Souchak	20/6	Fred Couples	25/7	Nancy Lopez	30/10
25	Fulton Allern	19/7	Sergio Garcia	25/7	Jay Haas	30/10
26			Harrison Frazar	22/8	Payne Stewart	30/9
27			Vijay Singh(LH)	21/9	Se Ri Pak	31/9

정/답/및/해/설

느린 Tempo-A/B=27/9=A(0.900sec): B(0.300sec)
평균 Tempo-A/B=24/8=A(0.795sec): B(0.265sec)
빠른 Tempo-A/B=21/7=A(0.698sec): B(0.233sec)

이때 총백스윙 시작에서 볼 타격까지 소요시간은 다음과 같다.
느린 Tempo-A(0.900sec)+B(0.300sec)=1.20sec
평균 Tempo-A(0.795sec)+B(0.265sec)=1.06sec
빠른 Tempo-A(0.698sec)+B(0.233sec)=0.93sec

이처럼 Tempo가 약 3:1일 때 확률적으로 비거리가 최대인데, 대부분의 PGA와 LPGA 선수들의 Tempo는 이 범위에 들어 있다. 연구논문에 의하면 이 3:1의 비율이 매우 과학적인 원리로 알려졌다. 우리가 참고할 만한 사항이다.

아래의 그림은 예일대학 응용물리학과(Robert D. Grober, Department of Applied Physics Yale University)와 생체역학학과(Jacek Cholewicki, Department of Biomedical Engineering, Yale University)에서 동작 감지기(motion sensor)를 이용하여 프로골퍼들을 대상으로 실험한 결과이다. 논문제목은 2006년에 발표한 "Towards a Biomechanical Understanding of Tempo in the Golf Swing"이다.

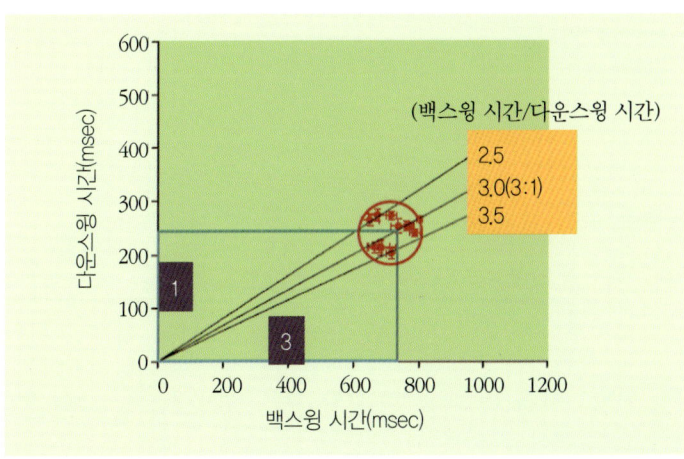

앞 쪽의 표는 PGA와 LPGA 선수들의 Tempo를 조사한 결과이다. 2004년에 1판을 발간한 John Novosel with John Carrity의 『Tour Tempo』라는 책에서 발췌 정리한 내용이다. 부제로는 "Golf's last Secret Finally Revealed"이다. 여기에서 27, 9 등은 사진 촬영한 프레임 개수이다. 시간으로는 27이 0.900sec이고, 9는 0.300sec에 해당한다.

문제 302.   ●●●   정답 : Transition과 Tempo는 느리게, 및 Release는 일찍 한다.

문제 303.   ●●●   정답 : 강한 샤프트 혹은 진동수가 많은 샤프트를 선택한다.

해설 │ Tempo는 백스윙의 시작에서 백스윙 탑까지 걸린 시간 A, 탑에서 골프볼의 타격까지 걸린 시간 B의 비율을 A/B로 하여, 비율이 1.2 정도는 느린 Tempo로, 1.2~1.0 정도는 평균 Tempo로, 1.0 미만은 빠른 Tempo로 구분한다.

2006년 Tom Wishon은 『Common Sense Clubfitting』이라는 책에서 1.2sec는 느린 Tempo이고, 1.2~1.0sec는 평균 Tempo이고, 1.0sec 미만은 빠른 Tempo라고 했는데, 이것은 스윙 총시간인 A/B의 비율로 말하는 것이 분명하고 더 합리적이다.

문제 304.   ●●●   정답 : 부드러운 샤프트 혹은 진동수가 적은 샤프트를 선택한다.

퍼트 : 쇼트 퍼트라는 것은 롱 퍼트와 마찬가지로 아주 쉽게 실패하는 것이다.
(톰 모리스, 프로골퍼)

퍼트 : 퍼트도 1타, 드라이버 샷도 1타다. 1타에 우는 자는 실로 강한 자다.
(빌리 캐스퍼, 프로골퍼)

08 볼 피팅 8문항(1.6%)   정/답/및/해/설

문제 305. ●●●   정답 ③

해설 | 헤드와 볼의 진동수가 비슷할 때 볼의 비거리는 가장 크다. 이것은 샤프트(shaft)의 일반적인 스윙진동수(swing frequency)와는 약간 다르다. 고유진동수(natural frequency)란 물체마다 갖는 고유한 특성으로, 재질과 모양에 따라 다르다. 이것은 골프볼과 헤드의 고유진동수를 일치시키는 것으로 클럽 피팅(club fitting)과 마찬가지로 "헤드와 골프볼 피팅(golf ball fitting)"이라고 한다.

문제 306. ●●●   정답 ①

해설 | 골프볼이 드라이버헤드와 충돌하여 헤드에 머무는 시간은 대략 헤드 진동수의 역수에 해당한다. 예를 들면 헤드의 고유진동수기 2,000Hz(1초에 2,000번 진동하는 것을 의미한다)이면 1/2,000=0.0005초가 되는데, 이 0.0005초가 볼이 헤드에 머무는 시간이다.

  여기서 Hz는 어떤 물체가 1초 동안에 진동하는 횟수이다. 그러므로 Hz의 역수는 $1/\sec=\sec^{-1}=\sec$(초) 이다.

  Hz는 독일인 과학자 헤르츠(Heinreich Hertz)의 이름에서 유래한 진동수의 단위로. 사이클(cycle)이라고도 한다. 예를 들어 1초 동안에 1,000개의 파동이 지나가면 초당 1,000 사이클인데, 초당 1,000 사이클을 킬로사이클(kilo cycle; kC), 100만 사이클을 메가사이클(mega cycle; MC), 10억 사이클을 기가헤르츠(gigahertz; GHz)로 표시한다. 보통 Hz를 사용하여 1kC을 1kHz(kilo hertz), 1MC을 1MHz(mega-hertz)라고 쓴다. 전자파는 빛의 속력 즉 1초에 30만km의 빠르기로 진행하므로 눈으로 그 사이클 수를 측정할 수는 없다.

문제 307. ●●●   정답 ②

해설 | 드라이버로 볼을 타격할 때 특별히 감각이 좋고 비거리가 큰 경우는 드라이버와 볼의 고유진동수가 유사하거나 일치할 때이다.

문제 308. ●●●   정답 ③

해설 | 골프볼 자체의 스핀 관성모멘트(spin inertia moment)가 일정하지 않으면

볼이 날아가는 도중에, 혹은 그린에서 굴러가는 도중에 정확히 타격한 볼이 똑바로 가지 못한다.

문제 309. ●●● 정답 ③

해설 | 문제 308 참조

문제 310. ●●● 정답 ④

해설 | 두 종류의 골프볼이 무게는 46g이고, 반지름은 21.5mm로 똑같더라도 볼의 스핀 관성모멘트(spin inertia moment)는 일반적으로 같지 않다. 그 이유는 골프볼 내부에서의 무게분포가 서로 다르기 때문이다. 일반적으로 관성모멘트가 큰 볼이 좋은 볼이라고 할 수 있는데, 이것은 백스핀의 감소율이 낮아 똑바로 멀리 날아가기 때문이다. 관성모멘트가 상대적으로 적은 골프볼은 백스핀율의 감소가 커서 비거리가 작고 바람과 같은 환경의 영향을 많이 받는다. 골프볼의 관성모멘트가 크다는 것은 외부환경에 대한 저항이 커서 변화를 잘 하지 않으려는 경향이 큰 것을 의미한다.

문제 311. ●●● 정답 ②

해설 | 골프볼의 스핀 관성모멘트(spin inertia moment)가 클수록 볼은 똑바로 멀리 날아간다. 백스핀의 감소율이 낮다.

문제 312. ●●● 정답 ①

해설 | 동일 조건에서 시간에 따라 스핀(spin)값이 가장 적게 감소하는 볼(a)이 비거리가 가장 크고, 똑바로 날아거나 굴러간다.

퍼트 : 퍼트에는 메서드(法)도 스타일(품위)도 없다. (스코틀랜드 속담)

09 환경 22문항(4.4%)   정/답/및/해/설

문제 313. ○○○   정답 ①

해설 | 일반적으로 앞바람이 불 때는 골프볼의 탄도를 낮게, 뒷바람에서는 탄도를 높게 날려보내야 한다. 이유는 앞바람에 의한 골프볼비거리의 감소가 더 크기 때문이다.

문제 314. ○○○   정답 ④

해설 | 일반적으로 앞바람(head wind)이 불 때는 골프볼의 탄도를 낮게 하고, 뒷바람이 불 때는 탄도를 높게 하여 골프볼을 날려보내야 비거리를 크게 할 수 있다. 그 이유는 높은 곳에서는 지면에서보다 바람의 속도가 크기 때문이다.

문제 315. ○○○   정답 ③

해설 | 바람의 속도가 같더라도 지면에서 바람의 속도가 높은 곳보다 작은 이유는 바람과 지면의 마찰 때문이다.

문제 316. ○○○   정답 ①

해설 | 뒷바람(tail wind)의 속도가 지나치게 크면 오히려 비거리는 줄어든다.
 아래 그림은 드라이버헤드의 속력이 70mph되는 골퍼가 친 골프볼의 비거리가 바람이 초속 10m(22.4mph)로 심하게 불 때에 뒷바람에 의해서는 줄어들고 앞바람에 의해서는 오히려 증가하는 특이한 경우이다. 이것은 우리들의 일반적인 생각과는 많이 다르다. 이런 것이 유체역학의 재미있는 물리현상이다. 비행기는 뒷바람이 심하게 불면 뜨지를 못하고, 앞바람이 많이 부는 방향으로 뜨게 된다.

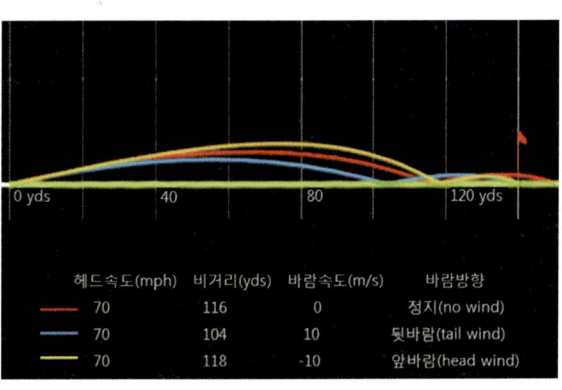

335

문제 317. ●●● 정답 ②

해설 | 뒷바람(tail wind)의 속도가 지나치게 크면 오히려 비거리가 감소하는 이유는 날아가는 골프볼 밑면의 공기속도가 커서 볼을 누르는 힘 때문에 볼이 높이 뜰 수가 없기 때문이다.

문제 318. ●●● 정답 ②

해설 | 골프볼의 탄도높이에서 바람의 속도는 지면에서 바람의 속도의 약 1.5~2배이다.

문제 319. ●●● 정답 ①

해설 | 문제 314 참조

문제 320. ●●● 정답 ③

해설 | 고도가 높아지면 공기밀도가 적어져 골프볼의 비거리는 약간 증가한다. 다음 표는 고도에 따른 공기의 밀도, 압력 및 중력의 변화를 보여준다.

고도(m)	공기의 밀도(kg/m³)	압력 1atm(1기압)	중력 1G
0	1.225	100 %	100 %
400	1.181	95.36	99.99
800	1.136	90.89	99.97
1,200	1.092	86.59	99.96
1,600	1.050	82.46	99.95
2,000	1.009	78.49	99.94
2,400	0.969	74.67	99.92
2,800	0.930	71.01	99.91
3,200	0.893	67.50	99.90
3,600	0.856	64.12	99.89
4,000	0.821	60.89	99.87
6,000	0.662	46.63	99.81
8,000	0.529	35.20	99.75

정/답/및/해/설

문제 321. ●●● 정답 ②

해설 | 20℃ Sea level에서 헤드속력 100mph인 경우
바람속도 0m/s   - 비거리 235야드
바람속도 10m/s(뒷바람) - 비거리 245야드
바람속도 10m/s(앞바람) - 비거리 202야드

20℃ 2,000m 높이에서 헤드속력 100mph인 경우
바람속도 0m/s   - 비거리 244야드
바람속도 10m/s(뒷바람) - 비거리 242야드
바람속도 10m/s(앞바람) - 비거리 229야드

　위와 같은 경우에는 뒷바람이 불어도 sea level과 2,000m에서 비거리는 245에서 242로 큰 변화가 없고, 오히려 앞바람에 의해 상대적으로(202에서 229로) 증가한다. 이것은 공기밀도(air density)가 적어져서 일어나는 재미있는 현상이다.

문제 322. ●●● 정답 ④

해설 | 고도가 높아지면 공기밀도가 적어져 골프볼의 비거리는 약간 증가한다.

문제 323. ●●● 정답 ①

해설 | 문제 322 참조

문제 324. ●●● 정답 ③

해설 | 고도가 높아지면 공기밀도와 중력크기가 작아져 골프볼의 비거리는 약간 증가하는데, 이 경우에는 공기밀도가 감소하기 때문이다.

문제 325. ●●● 정답 ①

해설 | 고도가 높아질수록 비거리는 비례하고, 공기압력은 반비례한다.

문제 326. ● ● ●　　　　　　　　　　　　　　　　　　　　　정답 ②

해설 │ 여름에는 공기밀도가 작아 골프볼과 헤드의 반발력이 아주 약간 증가한다.

문제 327. ● ● ●　　　　　　　　　　　　　　　　　　　　　정답 ④

해설 │ 문제 326 참조

문제 328. ● ● ●　　　　　　　　　　　　　　　　　　　　　정답 ①

해설 │ 문제 326 참조

문제 329. ● ● ●　　　　　　　　　　　　　　　　　　　　　정답 ③

해설 │ 문제 326 참조

문제 330. ● ● ●　　　　　　　　　　　　　　　　　　　　　정답 ③

해설 │ 문제 326 참조

문제 331. ● ● ●　　　　　　　　　　　　　　　　　　　　　정답 ①

해설 │ 온도와 골프볼의 비거리는 일반적으로 비례관계이다(아래 그림, 정답 문제 86참조).

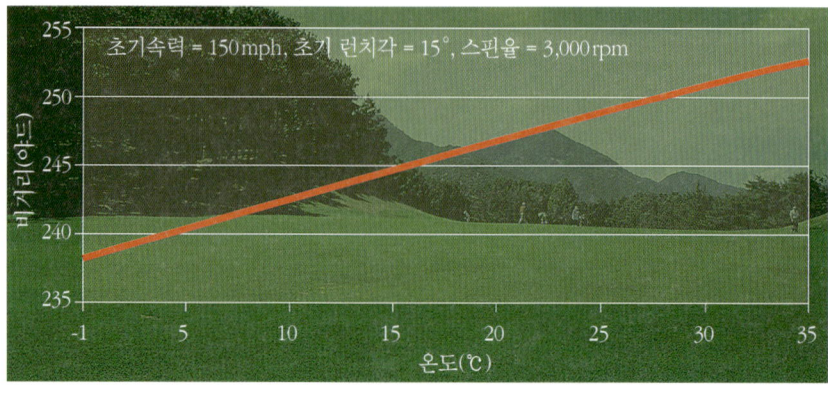

정/답/및/해/설

문제 332. ●●●   정답 ②

해설 | 비거리에 영향을 주는 것은 습도보다 온도이다.

문제 333. ●●●   정답 ②

해설 | 공기를 구성하는 O_2(산소)나 N_2(질소)의 분자 무게가 H_2O(moisture, 습기)보다 무겁기 때문이다. 일반인들의 생각과는 다르게 습도가 높은 경우에 볼의 비거리는 오히려 늘어난다. 참고로 공기는 질소 약 80%, 산소 20%로 구성되어 있다. 따라서 공기($0.8N_2 + 0.2O_2$)의 상대적인 원자질량(atomic mass)은 $14 \times 2 \times 0.8 + 16 \times 2 \times 0.2 = 28.8$인데 반해 H_2O는 $1 \times 2 + 16 = 18$정도 이다. 즉 공기 중에 H_2O가 많이 포함되어 있기 때문이다. 비(rain)와 습도(humidity)는 다르다.

문제 334. ●●●   정답 ③

해설 | 습도가 비거리에 미치는 영향은 무시할 정도로 작다. 비거리에 영향을 주는 것은 습도보다 온도이다. 문제 333 참조

퍼트 : 귀로 퍼트하라(Putt with your ears). (잭 화이틴, 프로골퍼)

하수와 고수차이 : 하수는 골프를 팔로 한다. 중간쯤 치는 사람은 골프를 다리로 한다. 고수는 팔과 다리와 허리를 다 쓰는 사람이다.

한계를 알고 : 항상 자기의 한계를 고려해 명인들의 충고를 들어라.

10 런치모니터 16문항(3.2%) 정/답/및/해/설

문제 335. ●●● 　　　　　　　　　　　　　　　정답 ①

해설 | 주로 적외선을 이용하는 센서형으로 볼속력, 런치각 등을 측정하는데, 정확도는 많이 낮다.

문제 336. ●●● 　　　　　　　　　　　　　　　정답 ②

해설 | 어치버(achiever)는 주로 적외선 레이저를 이용하는 형태이다. 적외선을 이용하는 센서형보다는 약간 위 등급의 센서이다.

문제 337. ●●● 　　　　　　　　　　　　　　　정답 ③

해설 | 임팩트라, 벡터 및 GC2는 카메라(camera)를 이용하는 형태이다. 이것은 볼 속력과 런치각은 센서형이나 어치버보다 약간 정확하지만 백스핀은 원리적으로 측정이 어려워 보정하는 형태를 많이 사용한다.

문제 338. ●●● 　　　　　　　　　　　　　　　정답 ④

해설 | 트랙맨, 젤로시티 및 플라이트스코프는 모두 전파를 이용하는 것으로, 다른 타입의 런치모니터에 비해 일반적으로 정확하나 제품에 따라 많은 차이가 있다. 이 경우 볼의 백스핀 값은 볼이 타격된 지점의 약 4~5m 뒤에서 측정한다. 이것은 원리적으로 합리적인 방법이다. 트랙맨은 해당 홈페이지의 요구조건을 보면 앞뒤 총 길이를 최소 5.2m, 최대 8m를 요구하고 있다. 이 경우 트랙맨의 위치는 골프볼 타격 지점의 약 2m 뒤에 놓을 것을 권장하고 있다.

　아래 그림은 레이더형 런치모니터의 도플러(Doppler) 원리를 설명하고 있다.

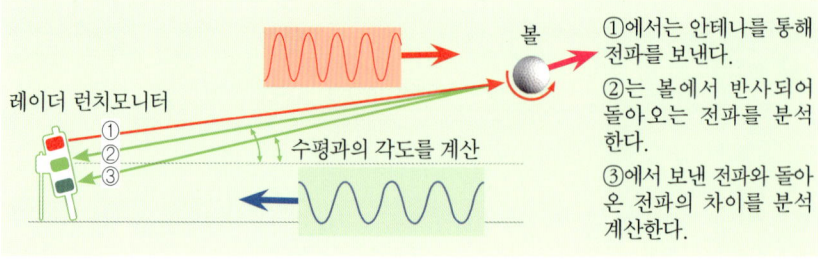

340

정/답/및/해/설

문제 339. ●●● 정답 ①
해설 | 문제 335, 문제 336, 문제 337 및 문제 338 참조

문제 340. ●○○ 정답 ④
해설 | PGA와 LPGA에서는 레이더형의 런치모니터가 많이 사용되고 있다.

문제 341. ●●● 정답 ①
해설 | 일반적으로 센서형, 레이저형 및 카메라형의 런치모니터로는 골프볼의 백스핀을 정확하게 측정하기가 어렵다. 그 이유는 골프볼이 헤드와 충돌 순간 심한 찌그러짐 때문이다.

문제 342. ●●● 정답 ④
해설 | 충돌하는 동안 딤플(dimple)은 백스핀과 관계가 거의 없다. 클럽헤드로 골프볼을 타격할 때 볼이 헤드에 머무는 시간은 약 0.0004~0.0006초 동안으로, 볼의 백스핀은 딤플이 있거나 없거나 거의 관계가 없이 백스핀은 헤드속력 및 로프트 각에 의해서만 만들어진다. 따라서 골프볼의 궤적을 구할 때는 골프볼이 공기 중을 날아갈 때 딤플에 의한 속도 함수인 지연계수(drag coefficient)와 상승계수(lift coefficient)를 반드시 고려하여야 한다.

골프볼 레이더(radar)의 경우를 보면 딤플에 의한 공기와의 관계에서 궤도방정식에 사용할 수 있는 백스핀을 보려면 볼이 5~6m를 날아가는 사이에 최소한 2.5회전을 하여야 한다. 5~6m 사이에서 검출한 백스핀을 실제 골프볼 궤도방정식에 적용할 수 있다. 즉 타격 직후에는 골프볼이 15~20% 정도 변형되고 백스핀 값을 궤도방정식에 적용하는 것은 공기와의 관계가 안정화된 decay spin rate를 고려하지 않았기 때문에 오류를 많이 범하게 된다.

따라서 4~6m 사이에서 검출한 백스핀은 골프볼이 공기 중을 날아가면서 겪게 되는 실질적인 지연계수(Cd) 및 상승계수(Cl)에 이바지한다.

참고로 골프볼 레이더로는 TrackMan, Flightscope, Zelocity가 있다. 이들에도 카메라는 있지만, 카메라가 백스핀을 측정하는 것은 아니다.

아래 그림은 골프볼이 드라이버헤드와 충돌하는 순간 변형되는 모습으로 1/100,000초로 촬영한 일부이다.

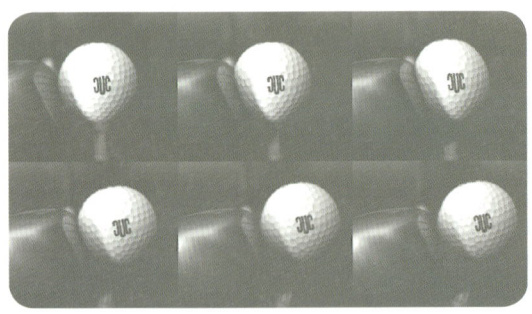

골프볼은 헤드와 충돌한 후 아래 그림의 순서와 같이 형태로 진동을 하면서 헤드를 떠난다.

아래는 1/70,000초로 촬영한 사진이다. 헤드속력은 약 100mph이고, 이때 볼속력은 약 150mph이다. 볼이 위-아래, 가로-세로로 진동하는 모습을 볼 수 있다.

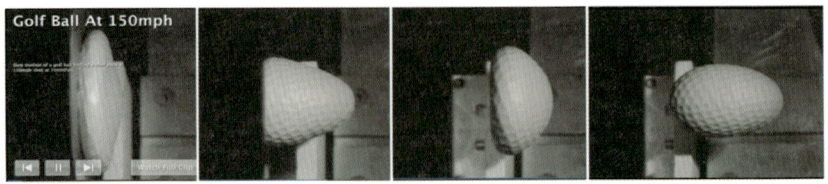

골프볼은 관성모멘트(a)나 딤플의 모양(b)에 따라 백스핀의 양은 시간에 따라 서로 다르게 변한다(5번 아이언 기준, 아래 왼쪽 그림). 이러한 이유 때문에 일정시간이 지나고

정/답/및/해/설

나서 백스핀 및 사이드회전을 측정해야 올바른 골프볼궤도를 알 수 있다(아래 오른쪽 그림).

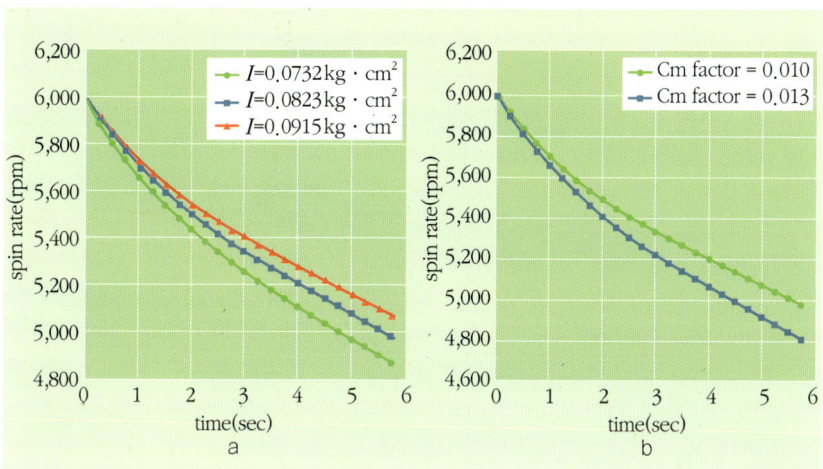

문제 343. ●●●　　　　　　　　　　　　　　　　　　　　정답 ③

해설 │ 도플러효과(Doppler effect)는 도플러(Christian Johan Doppler, 오스트리아의 물리학자 : 1803~1853)에 의해 발견된 것이다.

골프볼 레이더(radar)는 날아가는 골프볼에 전파를 보내면 그 전파가 골프볼에 반사되어 되돌아오는 특성을 이용하여 볼속력, 스핀, 고도 등을 측정하는 장비이다. 이것은 파동을 발생시키는 파원(wave source)과 그 파동을 관측하는 관측자(observer) 중 하나 이상이 운동하고 있을 때 발생하는 효과인데, 파원과 관측자 사이의 거리가 좁아질 때에는 파동의 진동수(frequency)가 더 높게(많게), 거리가 멀어질 때에는 파동의 주파수가 더 낮게(적게) 관측된다. 예를 들면 기차가 서로 다가올 때는 상대 기차의 기적소리가 높게(진동수 많다) 들리는 데 비해 서로 멀어질 때는 기차의 기적소리가 낮게(진동수가 적다) 들리는 것은 도플러효과에 의한 것이다. 미사일이나 비행기추적 등에 이용되고, 의료용으로는 초음파진단기도 이 원리를 이용하고 있다.

문제 344.   ●●●   정답 ②

해설 | 골프볼의 백스핀을 정확하게 측정한다는 레이더형 런치모니터의 백스핀 정확도는 ±125~200rpm(1초에 2~3회전)인데, 이것은 골프볼의 비행시간이 6~8초라는 것을 고려하면 약 12~25회전의 오차가 있음을 의미한다.

트랙맨(TrackMan)의 경우(아래 표)

parameter	actionable	marginal	not actionable
club head speed	<2mph	2~3mph	>3mph
club path	<1deg	1~2deg	>2deg
attack angle	<1deg	1~2deg	>2deg
spin rate	<200rpm	200~500rpm	>500rpm
carry	<2m	2~4m	>4m

젤로시티(Zelocity)의 경우(아래 표)

parameter	upper limit	lower limit	tolerance
club head speed	170mph	35mph	±.2mph
ball velocity	260mph	15mph	±.25mph
ball spin	12,000rpm	700rpm	±125rpm
launch angle	45°	1°	±.2deg

문제 345.   ●●●   정답 ④

해설 | 드라이버로 타격된 골프볼의 백스핀을 정학하게 측정한다는 런치모니터 백스핀의 회전수는 3,200±200rpm으로 표시하는 것이 비교적 좋은 방법이다. 3,221.00±0.21rpm와 같은 표현은 전혀 과학적이지 못하다.

문제 346.   ●●●   정답 ②

해설 | 도플러의 원리를 이용하는 것으로는 골프볼에 보낸 전자파와 돌아오는 전자파의 진동수차이를 이용한 골프볼 런치모니터, 미사일추적 및 초음파진단기의 원리, 우주(universe)의 별(star)의 속도를 측정하는 원리 등이 있다.

문제 347.   ●●●   정답 ①

해설 | 도플러의 원리인 것은 초음파진단기의 원리, 미사일추적원리, 다가오는

정/답/및/해/설

구급차(ambulance)의 소리는 높게(high frequency) 들리고 멀어져가는 소리는 낮게(low frequency) 들리는 것들이다.

문제 348. ●●● 정답 ④

해설 | 도플러의 원리는 오스트리아 물리학자 도플러가 1842년에 발표한 도플러 효과이다. 도플러 변위라고도 하는데, 보낸 전파와 돌아오는 전파의 진동수차이를 이렇게 말하기도 한다.

문제 349. ●●● 정답 ①

해설 | 골프로봇에 장착한 클럽헤드의 속력은 일반적으로 ±1.0~±1.5mph 정도로 변하기 때문에 골프볼을 타격할 때 어택각 등을 매번 반드시 조정해서 실험해야 한다. 다음은 골프로봇에 부착된 드라이버헤드는 약 50분이 지나고 나서야 그 속력이 98.0±1.5mph(1.5%)로 안정화되는 모습(이래 왼쪽 그림)과 골프로봇이 안정화 됨에 따라 골프볼의 속력도 약 50분 후에 146±2mph(1.4%)로 안정되는 모습이다(아래 오른쪽 그림).

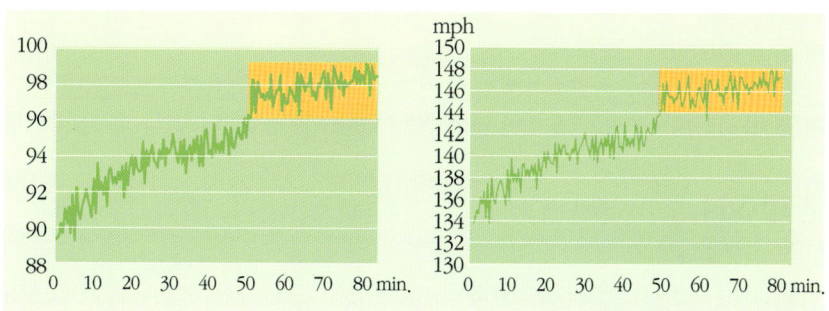

문제 350. ●●● 정답 ①

해설 | 로봇으로 하는 실험의 목적은 주로 일관성에 있지만, 헤드로 골프볼을 타격할 때 많은 진동 때문에 매회 실험마다 조건을 일정하게 하여야 좋은 실험자료를 얻을 수 있다. 잘못된 실험 때문에 옳지 않은 결과를 얻을 수 있다.

11 티잉 그라운드 20문항(4.0%) 정/답/및/해/설

본 서는 골프규정 2008년을 기준으로 했다. 골프규정은 2012년, 2016년 등 4년마다 수정·보완한다.

규칙위반에 의한 벌타와 단순 스트로크는 구분하자!

문제 351. ●●●   정답 ③

해설 | 2벌타가 부과된다.
정해진 티잉 그라운드가 아닌 곳에서 쳤기 때문에 2벌타가 가산된다. 경기자가 한 홀을 출발할 때 티잉 그라운드 밖에서 볼을 플레이한 경우 그는 2벌타를 받고 티잉 그라운드 안에서 볼을 다시 플레이하지 않으면 안 된다. 경기자가 그의 잘못을 먼저 시정하지 않고 다음 티잉 그라운드에서 스트로크하거나 마지막 홀에서는 그의 잘못을 시정할 의사표시를 하지 않고 퍼팅 그린을 떠난 때에는 경기실격이 된다(규칙 11-4b).

문제 352. ●●●   정답 ①

해설 | 무벌타이다.
볼을 타격할 의도가 없이 왜글(waggle)을 두세 번 하다가 본의 아니게 볼을 살짝 건드렸기 때문이다.

문제 353. ●●●   정답 ③

해설 | 2벌타가 부과된다.
다른 경기자의 클럽을 사용해서 한번 칠 때마다 2벌타이지만 계속해서 쳐도 최대 4벌타를 넘지는 않는다. 경기조건을 많이 개선한 경우이다(규칙 4-4b).

문제 354. ●●●   정답 ①

해설 | 무벌타이다.
티잉 그라운드(teeing ground)에 한해서는 볼의 인플레이(in play) 여부와 관계없이 티잉 그라운드의 잘못된 상황을 수정하는 것이 인정된다. 그리고 잔디바닥을 쌓거나 모래를 쌓고 나서 그 위에서 티샷하는 것도 인정된다(규칙 11-1 및 13-2).

문제 355. ●●●   정답 ②

해설 | 1벌타가 부과된다.

정/답/및/해/설

티샷했던 볼은 이미 인플레이(in play)되어 타순이 바뀐 것에 대한 벌타는 없지만, 다시 치면 처음 쳤던 볼은 분실구가 되어 1벌타를 받는다. 다시 친 두 번째 볼은 "스트로크와 거리의 벌"(규칙 27-1)에 의해 인플레이(in play)의 세 번째 샷이 된다(규칙 10-2).

문제 356.　●●●　　　　　　　　　　　　　　　　정답 ③

해설 ｜ 2벌타를 받고 올바른 티 지역 내에서 다시 티업해 경기한다(규칙 11-4b).

문제 357.　●●●　　　　　　　　　　　　　　　　정답 ①

해설 ｜ 벌타 없이 볼이 떨어진 그 자리에서 두 번째 샷을 하면 된다. 헛스윙을 해서 볼을 떨어 뜨렸으므로 그대로 1타를 계산하고 두 번째 샷을 하면 그만이다. (규칙 11-3).

문제 358.　●●●　　　　　　　　　　　　　　　　정답 ②

해설 ｜ 1벌타를 받고 다시 티업한다.
OB가 아니면서 언플레이어블(unplayable)이기 때문이다. 언플레이어블은 1벌타를 받고 다시 티업해서 경기를 진행하면 된다.

문제 359.　●●●　　　　　　　　　　　　　　　　정답 ①

해설 ｜ 무벌타로 계속 경기를 진행한다.
볼을 구역 내에서 티업하면 발의 위치(stance)는 티잉 그라운드(teeing ground) 밖이라고 해도 상관없다(규칙 11-1).

문제 360.　●●●　　　　　　　　　　　　　　　　정답 ③

해설 ｜ 2벌타를 받고 경기를 진행한다.
동반 경기자(fellow-competitor)에게 사용한 클럽을 묻는 것도, 가르쳐 주는 것도 위반이고, 가르쳐준 사람에게도 2벌타를 부과한다. 코스에서 조언을 구할 수 있는 사람은 자신의 캐디밖에 없다(규칙 8-1).

문제 361. ●●● 정답 ③

해설 | 최초의 홀에서 2벌타를 가산하고 출발한다.
공식경기에서는 경기실격이다. 단, 위원회가 "출발시각 5분 이내에 플레이(play)할 수 있는 상태로 출발지점에 도착했을 때는 최초의 홀에서 2벌타를 부과하고 출발시킨다"라고 정하였으면 위원회의 결정이 적용된다(규칙 6-3 및 33-7).

문제 362. ●●● 정답 ①

해설 | 무벌타로 그대로 경기를 진행한다.
골프규정이나 처리방법, 연못의 위치나 OB 장소, 그린까지의 남은 거리나 핀의 위치 등은 '주지의 사항'이다. 따라서 이것에 관한 질문이나 대답은 조언이 아니므로 벌타(penalty stroke)는 없다(정의 3).

문제 363. ●●● 정답 ①

해설 | 무벌타로 그대로 경기를 한다.
규정에서는 경기자(competitor)가 한 홀을 플레이(play)하는 중에 스트로크(stroke)를 연습하는 것을 금지한다. 단, 플레이를 지연시키지 않는다는 조건으로 플레이를 막 끝낸 그린, 다음 홀의 티잉 그라운드(teeing ground)에서는 간단한 퍼트나 칩샷 연습은 허용하고 있다(규칙 7-2). 그러나 오해의 소지가 있으므로 이런연습은 하지 않는것이 좋다.

문제 364. ●●● 정답 ④

해설 | 다른 경기자(fellow-competitor)의 집중력을 흐트러뜨리고 폐를 끼치는 일이므로 경기실격으로 처리된다.
전화로 코스상황을 묻는 것은 상대를 어지럽히므로 공정한 경기에 어긋난다(규칙 8-1).

문제 365. ●●● 정답 ③

해설 | 2벌타를 받고 다시 경기를 진행한다.
카트(cart)까지의 거리가 멀어 클럽을 가져오기 귀찮다고 하여 동반 경기자(fellow-competitor)의 클럽을 빌려 사용하는 것은 경기조건이 변경된 경우로 2벌타를 받게

정/답/및/해/설

된다(규칙 4-4a).

문제 366. ●●●　　　　　　　　　　　　　정답 ①

해설 | 클럽 이외의 것은 빌릴 수 있으므로 벌타 없이 그대로 경기를 한다.
볼을 모두 사용하면 동반 경기자(fellow-competitor)에게 빌려서 사용할 수 있다.

문제 367. ○●●　　　　　　　　　　　　　정답 ③

해설 | 2벌타를 받고 사용하지 않겠다고 선언하고 나서 경기를 계속한다.
15개 이상의 클럽을 가지고 출발했을 경우, 2번 홀에서는 플레이(play) 전이므로 초과한 클럽을 사용하지 않겠다고 선언하고 나서 2벌타를 받는다. 초과 클럽에 대한 벌은 1라운드에 최고 4타까지만 부과한다(규칙 4-4a).

문제 368. ○●●　　　　　　　　　　　　　정답 ①

해설 | 벌타 없이 교체할 수 있다.
15개 클럽 중에서 1개는 사용하지 않겠다고 선언한 후 통상적인 플레이를 진행하다가 샤프트가 부러져 다시 해당 클럽을 사용하는 것은 가능하다.
한편 화가 나서 클럽으로 땅을 때려 클럽이 부러진 경우는 '통상적인 플레이(play)'가 아니므로 교체할 수 없다(규칙 4-3).

문제 369. ●●●　　　　　　　　　　　　　정답 ④

해설 | 부적합한 티 사용은 경기실격의 사유가 되므로 실격된다.
티를 사용하지 않고 볼을 잔디 위에 직접 놓아도 된다. 또한 클럽으로 잔디를 높게 하고 볼을 티업하거나 모래를 쌓아 그 위에 볼을 두는 것은 인정된다(규칙 11-1). 그러나 담뱃갑과 같은 부적합한 티 사용은 경기실격사유가 충분이 된다. 골프는 예의를 갖추고 하는 스포츠이다.

문제 370. ●●●　　　　　　　　　　　　　정답 ①

해설 | 벌타 없이 그대로 경기를 한다.

12 스루 더 그린 65문항(13%) 정/답/및/해/설

> 규칙위반에 의한 벌타와 단순 스트로크는 구분하자!

문제 371. ●●● 정답 ①

해설 │ 무벌타로 경기를 진행한다.
수리지(ground under repair) 안으로 들어간 볼을 찾다가 볼을 움직인 것은 불가항력적인 경우로 볼수 있다(규칙 12-1).

문제 372. ●●● 정답 ①

해설 │ 무벌타로 마크하고 집어올리고 나서 경기를 계속한다.
스루 더 그린(through the green) 해저드에서는 플레이(play)에 방해가 되는 볼은 치우게 할 수 있다. 그리고 집어든 볼은 리플레이스(replacing)해야 한다(규칙 22-2).

문제 373. ●●● 정답 ①

해설 │ 무벌타로 볼이 정지한 곳에서 경기한다.
볼이 앞에 걸어가던 동반 경기자(fellow-competitor)에게 맞고 정지한 것은 국외자로 정의되므로 불가항력적인 경우이다(정의 47, 규칙 19-1).

문제 374. ●●● 정답 ②

해설 │ 1벌타를 받고 다시 경기를 계속한다.
나뭇가지가 방해되어 치우던 중 볼을 건드리고 말았다면 경기조건을 개선한 경우이다(18-2a(ii)).

문제 375. ●●● 정답 ①

해설 │ 무벌타로 드롭(dropping)해서 다시 경기를 진행한다.
볼이 포장된 도로 위에 멈추어 버렸다면 불가항력적인 경우로 볼수 있다. 즉 볼이 워터 해저드 안이나 래터럴 워터 해저드 안에 있을 때를 제외하고 플레이어는 움직일 수 없는 장애물에 의한 방해로부터 구제받을 수 있다(규칙24-2b).

문제 376. ●●● 정답 ①

해설 │ 무벌타로 드롭(dropping)해서 경기를 한다.

정/답/및/해/설

볼이 작은 길옆 보호망의 울타리 바로 앞에 떨어졌다면 불가항력적인 경우로 볼수 있다. 즉 볼이 워터 해저드 안이나 래터럴 워터 해저드 안에 있을 때를 제외하고 플레이어는 움직일 수 없는 장애물에 의한 방해로부터 구제받을 수 있다(규칙24-2b).

문제 377. ●●● 　　　　　　　　　　　　　　　　　정답 ①

해설 | 벌타 없이 볼을 집어 올려 식별할 수 있을 정도로 닦을 수 있다.
볼이 진흙에 덮여서 도저히 누구의 것인지 식별이 어렵다면 불가항력적이 경우로 볼 수 밖에 없다.

문제 378. ●●● 　　　　　　　　　　　　　　　　　정답 ①

해설 | 무벌타로 드롭(dropping)해서 다시 경기를 진행한다.
날아간 볼이 배수구뚜껑 위에 멈추어 있었다면 불가항력적인 경우이다.

문제 379. ●●● 　　　　　　　　　　　　　　　　　정답 ②

해설 | 1벌타를 받고 원위치로 돌아와 다시 친다.
플레이어 편이나 그들의 캐디가 볼을 찾기 시작하여 5분 이내에 볼이 발견되지 않거나 플레이어가 자신의 볼로 확인하지 못해서 볼이 분실되었다면, 플레이어는 1벌타를 받고, 원구를 최후로 플레이했던 지점에 되도록 가까운 곳에서 플레이해야 한다(규칙 27-1).

문제 380. ○●● 　　　　　　　　　　　　　　　　　정답 ③

해설 | 2벌타를 받고 경기를 계속한다.
두 번째 샷을 준비하기 위해 연습스윙을 하던 중에 나뭇가지가 방해되므로 꺾어 버렸다면 의도하는 스윙구역을 인위적으로 많이 개선한 경우이다.

문제 381. ●●● 　　　　　　　　　　　　　　　　　정답 ②

해설 | 버팀목(wooden supports)은 구제받을 수 있으나 나무뿌리는 구제받을 수 없으므로 1벌타를 받고 언플레이어블(unplayable)을 선언한 후 경기를 계속한다.
티샷한 볼이 버팀목이 있는 나무의 갈라진 뿌리 사이에 끼어 있어 두 번째 샷을 할 수 없는 상황이다(규칙 24-2b).

문제 382.　●●● 　　　　　　　　　　　　　　　　정답 ③

해설 | 2벌타를 받고 다시 경기를 계속한다.
볼 뒤에 잔디가 길게 나 있어 치기 곤란하다고 판단하여 그 풀을 밟고 볼을 친 것은 의도하는 스윙구역을 인위적으로 많이 개선한 경우이다. 언제나 경기조건을 인위적으로 개선하는 것은 불가항력적인 경우를 제외하고는 허용되지 않는다.

문제 383.　●●● 　　　　　　　　　　　　　　　　정답 ②

해설 | 1벌타를 받고 언플레이어블(unplayable)을 선언한 후 경기를 한다.
이 경우는 언플레이어블이므로 어쩔 수 없는 경우이다. 언플레이어블은 1벌타를 받고 언플레이어블 3가지 방법 중 하나를 선택한 후 다시 경기를 하면 된다.

문제 384.　●●● 　　　　　　　　　　　　　　　　정답 ③

해설 | 2벌타를 받고 자신의 볼로 다시 경기를 한다.
OB가 난 볼이 자신의 볼이 아니라 동반 경기자(fellow-competitor)의 볼인지를 확인하지 않고 친 것은 오구인 경우이다.

문제 385.　●●● 　　　　　　　　　　　　　　　　정답 ②

해설 | 1벌타를 받고 다시 경기를 진행한다.
러프(rough)에 들어간 볼을 찾다가 모르고 자신의 발로 볼을 찼다면 경기조건을 개선한 경우에 해당된다(규칙 18-2a).

문제 386.　●●● 　　　　　　　　　　　　　　　　정답 ②

해설 | 1벌타를 받고 전에 쳤던 위치로 돌아와 다시 친다.
나란히 떨어진 동반 경기자(fellow-competitor)의 볼과 자신의 볼이 상표나 번호가 같아 구별하기 어려운 상황이 되었다. 따라서 두 사람 모두 1벌타를 받는다. 따라서 두 사람 모두 1벌타를 받는다. 많은 골퍼들이 같은 상표와 모델의 볼을 사용하고 있는데 만일

정/답/및/해/설

자신의 볼을 식별할 수 없으면 분실구로 간주된다(규칙12-2 및 27-1).

문제 387. 정답 ②

해설 │ 1벌타를 받고 정지한 곳에서 경기한다.
샷한 볼이 공용으로 쓰이는 카트(cart)에 맞고 난 후 튀어서 페어웨이(fairway)에 떨어진 것은 의도하는 스윙구역을 인위적으로 많이 개선한 경우이다.

문제 388. 정답 ④

해설 │ 동반 경기자(fellow-competitor)의 휴대품으로 간주하여 국외자가 되므로 벌타 없이 정지한 곳에서 경기를 계속한다(정의 16).
샷한 볼이 동반 경기자(fellow-competitor)가 운전하는 전용 카트(cart))에 맞고 난 후 튀어서 페어웨이(fairway)에 떨어졌다.

문제 389. 정답 ②

해설 │ 1벌타를 받고 다시 경기를 진행한다.
페어웨이(fairway)에서는 볼은 이미 인플레이(in play)된 상태이다. 인플레이된 볼을 움직이면 1벌타를 받는다. 볼을 이전 위치로 되돌려서 플레이(play)를 계속한다(규칙 18-2a).

문제 390. 정답 ②

해설 │ 1벌타를 받고 다시 드롭(dropping)해서 경기를 한다.
언플레이어블(unplayable)을 선언하고 나서 1벌타를 받은 다음 드롭(dropping)을 했는데, 드롭(dropping)한 볼이 굴러가서 다시 나무뿌리들 사이로 들어가 도저히 경기를 할 수 없는 상황이 되어버렸다. 고의적인것이 아니기 때문에 언플레이어블 벌타만 받는다.

문제 391. 정답 ③

해설 │ 스윙 지역 개선으로 판단되어 2벌타를 받고 다시 경기를 진행한다.
백스윙 시에 뒤에 있는 나뭇가지가 골프클럽에 걸려 부러져버린 것은 의도하는 스윙구역을 인위적으로 많이 개선한 경우이다(규칙 13-2).

문제 392.　●●● 　　　　　　　　　　　　　　　　정답 ①

해설 ｜ 무빌타로 경기를 진행한다.
발의 위치가 OB 지역으로 들어가 볼을 칠 수밖에 없는 상황이라면 불가항력적인 경우이다.

문제 393.　●●● 　　　　　　　　　　　　　　　　정답 ②

해설 ｜ 1벌타를 받고 다시 경기를 진행한다.
수리지(ground under repair)로부터 구제를 받아 볼을 집어 올렸는데, 드롭(dropping)할 장소가 마땅치 않기 때문에 볼을 다시 원래 위치로 되돌려놓고 경기했다. 어쩔 수 없는 경우이지만 판단의 잘못이 있었기 때문에 즉 볼을 한 번 집었기 때문에 1벌타만 주어진다.

문제 394.　●●● 　　　　　　　　　　　　　　　　정답 ②

해설 ｜ 1벌타를 받고 다시 경기를 진행한다.
볼이 자연적인 영향으로 움직였더라도 볼이 정지한 상태에서 타격해야 한다(규칙 18-2b).

문제 395.　●●● 　　　　　　　　　　　　　　　　정답 ②

해설 ｜ 1벌타를 받고 원래 있던 볼을 위치에 되돌려놓고 경기를 계속한다.
러프(rough) 안에서 볼이 발견되었는데, 자신의 캐디가 경기자(competitor)의 허락 없이 마음대로 볼을 집어 올리는 행위는 불가항력적인 경우를 제외하고는 금지된 사항이다(규칙18-2a).

문제 396.　●●● 　　　　　　　　　　　　　　　　정답 ①

해설 ｜ 무벌타로 구제받을 수 있다.
비가 온 뒤 질척해진 페어웨이(fairway)에 볼이 땅에 박히게 되어 볼을 집어 올려 드롭(dropping)했지만, 또 지면에 박혔고, 다시 떨어뜨려도 같은 상황이라면 불가항력적인 경우로 볼 수 있다(규칙 25-2).

문제 397.　●●● 　　　　　　　　　　　　　　　　정답 ③

정/답/및/해/설

해설 | 오구(wrong ball) 경기로 간주하여 2벌타를 받고 다시 본인 볼로 경기를 계속한다. 확인 불가능한 러프(rough)에 있는 볼을 자신의 볼인 줄 알고 자연스럽게 어드레스를 취한 다음 볼을 쳤는데, 그 볼이 동반 경기자(fellow-competitor)의 볼인 것을 알게 되었다면, 경기조건을 인위적으로 많이 개선한 경우이다. 분명히 자신의 볼 여부를 확인후 볼을 타격해야 한다. 이 경우 경기자는 매우 부주의했다(규칙 15-3).

문제 398. ●●●   정답 ①

해설 | 동반 경기자(fellow-competitor)에게 교체의사를 통보하고 무벌타로 다른 볼로 교체한 후 경기를 한다.
자신이 사용하는 볼에 경기가 어려울 만큼 생채기(scratch)가 크게 난 상태라면 불가항력적인 경우이다(규칙 5-3).

문제 399. ●●●   정답 ②

해설 | 1벌타를 받고 전에 쳤던 장소로 되돌아가 다시 친다.
볼을 찾기 시작해서 5분이 지났다면 5분 후에 볼을 발견했다 하더라도 찾은 볼은 오구(wrong ball)로 취급되어 1벌타를 받고 전에 쳤던 장소로 되돌아가 다시 친다(규칙 15-3).

문제 400. ○●●   정답 ①

해설 | 벌타 없이 공정의 이념에 따라 볼이 떨어졌다고 생각되는 지역에서 다시 경기를 시작한다.
볼이 제3자에 의해 없어졌다는 알고 있거나 사실상 확실한 경우에 볼이 없어진 장소에서 볼을 리플레이스(replacing)하고 플레이(play)를 계속한다(규칙 18-1, 27-1).

문제 401. ○●●   정답 ②

해설 | 1벌타를 받고 다시 경기를 진행한다.
어드레스를 하고 볼을 치려는 순간 볼이 움직였다면 그대로 쳐서는 안된다. 어느 경우든 정지한 볼을 타격해야 한다. 움직이는 볼을 치면 경기조건을 개선한 경우로 1벌타를 받는다(규칙 14-5, 18-2b).

문제 402.   ●●●   정답 ②

해설 | 1벌타를 받고 다시 경기를 진행한다.
두 번째 샷을 준비하기 위해 신중하게 어드레스를 했지만, 러프(rough)에 떠 있던 볼이 가라앉아버렸다면 부주의한 경우로 1벌타를 받는다(규칙 20-3d).

문제 403.   ●●●   정답 ③

해설 | 2벌타를 받고 다시 경기를 진행한다.
헛스윙 1타와 되돌아오는 클럽에 볼이 맞혔기 때문 또 1타 합계 2타가 된다. 스트로크(stroke)란 볼을 치려고 하는 의사를 갖고 스윙하는 것을 말한다. 후방으로 치는 스윙은 스트로크는 아니지만 헛친 것은 스트로크를 한 것이므로 1타가 되고, 되돌아오는 클럽이 볼을 움직였기 때문에 1벌타를 받는다(규칙 14-4).

문제 404.   ●●●   정답 ②

해설 | 어드레스 후에 볼이 움직였으므로 OB에 대한 벌타 없이 1벌타만 받고 다시 경기를 진행한다.
잔디가 별로 없고 바람이 강한 겨울철에 골프를 할 때에는 주의를 요한다. 어드레스 후에 볼이 움직인 것은 1벌타를 받을 뿐 OB의 벌은 없다(규칙 18-2b).

문제 405.   ●●●   정답 ①

해설 | 국외자가 움직인 볼이기 때문에 벌타 없이 경기를 진행한다.
러프(rough)에서 동반 경기자(fellow-competitor)의 볼을 자신의 캐디가 실수로 차버리고 말았다면 국외자가 볼을 움직인 관계로 양쪽 경기자 모두 벌타가 없다(규칙 18-1).

문제 406.   ●●●   정답 ①

해설 | 벌타 없이 경기를 진행한다.
동반 경기자(fellow-competitor)의 볼을 밟거나 건드려도 벌타(penalty stroke)는 없고, 원래의 상태로 리플레이스(replacing)해서 플레이(play)한다. 자신의 볼을 자신이나 자신의 캐디가 밟거나 건드렸을 때는 1벌타를 받는다(규칙 18-1).

정/답/및/해/설

문제 407. ○○○ 정답 ①

해설 | 벌타 없이 볼을 집어 올려 확인한 후 다시 경기를 진행한다.
경기자(competitor)는 확인을 위해 볼을 집어 들 수 있다(규칙 12-2).

문제 408. ○○○ 정답 ④

해설 | 볼을 집어든 벌칙으로 1벌타를 받고, 볼 교체위반으로 2벌타를 받아 합계 3벌타가 부과된다.
인기 브랜드의 볼이 한곳에 모이는 경우가 있다. 그러나 인플레이(in play)된 볼은 집어드는 것도, 교체하는 것도 허용되지 않는다(규칙 15-2).

문제 409. ○○○ 정답 ②

해설 | 1벌타를 받고 다시 경기를 진행한다.
인플레이(in play)된 볼을 집어서는 안 된다. 자신의 캐디가 범한 위반은 자신이 범한 것과 같으므로 1벌타를 받고, 볼을 전의 위치에 리플레이스(replacing)한 후 플레이(play)한다(규칙 6-1, 18-2a).

문제 410. ○○○ 정답 ①

해설 | 벌타 없이 다른 볼로 교체한 후 경기할 수 있다.
플레이(play) 중에 볼이 파손되었을 때는 자신의 의사를 마커나 동반 경기자(fellow-competitor)에게 밝히고 볼의 위치를 마크하고 나서 볼을 집어들어 살펴볼 수 있다. 이때 모두가 보는 앞에서 해야 한다. 교체승인이 나면 벌 없이 다른 볼로 바꿔서 리플레이(replay)한다(규칙 5-3).

문제 411. ○○○ 정답 ①

해설 | 무벌타로 홀에 가깝지 않은 1클럽 이내에 드롭(dropping)할 수 있다.
발의 자세(stance)를 취하기 위해 스파이크로 잔디를 밟았더니 물이 스며 나와서 경기에 지장을 주는 상황이라면 불가항력적인 경우로, 무벌타로 1클럽 이내에서 드롭 후에 다시 경기를 진행할 수 있다.

문제 412. ●●●　　　　　　　　　　　　　　　　　　정답 ①

해설 | 벌타 없이 다시 드롭(dropping)한다.
볼을 드롭(dropping)했는데 정지하지 않고 낙하지점보다 2클럽 길이 범위 이상 굴러갔다면 불가항력적인 경우로 보아 벌타 없이 다시 드롭한다.

문제 413. ●●●　　　　　　　　　　　　　　　　　　정답 ①

해설 | 벌타 없이 두 번째 드롭(dropping)한 볼이 지면에 닿았던 처음 지점에 볼을 올려놓는다.
볼을 드롭했으나 경사가 급해서 좀처럼 멈추지 않는다. 낙하지점보다 2클럽 길이 범위 이상 굴러가 버려 두 번째 드롭(dropping)을 하였으나 똑같은 상황이 반복되었다면 불가항력적인 경우로 볼 수 있다.

문제 414. ●●●　　　　　　　　　　　　　　　　　　정답 ③

해설 | 2벌타를 받고 그대로 경기를 계속한다.
두 번째 드롭(dropping)한 후 리플레이스(replacing)하지 않고 세 번째 드롭을 하고 플레이(play)하면 2벌타가 부가된다. 또 드롭을 해도 볼이 멈출 것 같지 않다고 여겨 처음부터 볼을 플레이스한 후 플레이해도 2벌타를 받는다(규칙 20-6).

문제 415. ●●●　　　　　　　　　　　　　　　　　　정답 ①

해설 | 벌타 없이 다시 드롭(dropping)할 수 있다.
볼을 드롭했는데 OB로 들어간 경우는 벌 없이 다시 드롭할 수 있다. 두 번째 드롭도 마찬가지라면, 두 번째 드롭 시 볼이 코스 위에 떨어진 처음 지점에 볼을 플레이스한다.

문제 416. ●●●　　　　　　　　　　　　　　　　　　정답 ②

해설 | OB로 간주하여 1벌타를 받고 한 번 정지했던 지점에서 다시 드롭(dropping)한다.
드롭했던 볼이 그 상태로 멈추지 않고 OB에 들어가 버린 경우는 벌타 없이 다시 드롭할 수 있지만, 이 경우에는 드롭했던 볼이 한 번 멈췄고 후에 다시 움직였기 때문에 움직인 볼의 현재상태(OB)에서 플레이(play)해야 한다.

정/답/및/해/설

문제 417.   정답 ①

해설 | 벌타 없이 그대로 경기할 수 있다.
낙하지점에서부터 2클럽 길이 범위 이내이고 홀과 가까워지지 않았다면 페어웨이(fairway)라도 괜찮다.

문제 418.   정답 ②

해설 | 다시 한 번 1벌타를 받고 언플레이어블(unplayable)로 처리한다. 드롭(dropping)한 순간, 드롭한 볼은 인플레이(in play)가 된다. 두 번째 드롭은 인정되지 않는다. 경기자(competitor)는 그 볼 있는 현재의 상태에서 플레이(play)하든가, 다시 1벌타를 부과받고 두 번째 언플레이어블 처리를 해야 한다. 결국 2벌타를 받고 세 번째 스트로크를 할 수밖에 없다.

문제 419.   정답 ①

해설 | 벌타 없이 다시 드롭(dropping)한다.
드롭한 볼이 코스 위에 떨어지기 전이나 떨어진 후 경기자(competitor) 자신, 자신의 캐디, 휴대품 등에 맞았을 때는 벌 없이 다시 드롭한다. 이 경우에는 드롭을 몇 번 해도 상관없다.

문제 420.   정답 ①

해설 | 드롭(dropping)한 횟수에 포함되지 않으므로 몇 번이고 재드롭할 수 있다. 볼을 드롭할 때 지면에 떨어지기 전이나 떨어진 다음 '경기자(competitor) 자신, 자신의 캐디, 휴대품' 등의 경우로 볼 수 있다.

문제 421.   정답 ③

해설 | 2벌타를 받고 그대로 경기를 계속한다.
드롭(dropping)하는 구역을 인위적으로 개선한 경우이므로 2벌타가 부과된다(규칙 13-2).

문제 422.   정답 ①

해설 | 비정상적인 페어웨이(fairway)상태이므로 벌타 없이 구제받을 수 있다.

코스상의 일시적인 물웅덩이는 캐주얼워터(casual water)이기 때문에 비정상인 그라운드상태(ground state)로 보아 구제받을 수 있다(규칙 25-1b).

문제 423. ●●●   정답 ①

해설 | 비정상적인 페어웨이(fairway)상태로 간주하여 벌타 없이 구제받을 수 있다. 볼이 두더지 구멍 앞에 멈춰 발이 구멍에 걸렸다면 불가항력적이다(정의 1, 10, 규칙 25-1b).

문제 424. ●●●   정답 ③

해설 | 2벌타가 주어진다.
볼을 집어들어 1벌타를 받고, 리플레이스해야되는데 드롭해서 추가 1벌타를 받고 총 2벌타를 받는다(정의1, 규칙 25-1b).

문제 425. ●●●   정답 ②

해설 | 1벌타를 받고 그대로 경기를 계속한다.
규정에서는 경기자(competitor)의 클럽이 1스트로크(stroke) 중에 두 번 이상 볼에 닿았을 경우는 1스트로크에 1벌타를 더해 합계 2스트로크로 해야 한다고 규정되어 있다(규칙 14-4).

문제 426. ●●●   정답 ③

해설 | 2벌타를 받고 그대로 경기를 계속한다.
스트로크(stroke)하기 전에 잔디로 디봇자국을 매워서는 안 된다. 이 경우에는 자신의 볼을 보내고 싶은 방향으로 보내기 위한 플레이(play)선의 개선위반이 되어 2벌타가 부과된다(규칙 13-2).

문제 427. ●●●   정답 ①

해설 | 벌타 없이 자신의 볼을 다시 찾는다.
오구(wrong ball)를 스트로크(stroke)하면 벌을 받지만, 오구를 집어들어서 드롭(dropping)한 것은 벌타(penalty stroke)가 없다.

정/답/및/해/설

문제 428. ●●● 정답 ②

해설 | 1벌타를 받고 앞서 경기했던 위치로 돌아가 다시 친다.
나뭇가지에 걸려 있는 볼이 자신의 것인지 확인할 수 없을 때이다(정의 31, 규칙 27-1, 20-5).

문제 429. ●●● 정답 ④

해설 | 언플레이어블(unplayable)을 선언하고 1벌타를 받고 언플레이어블규칙에 따른다.
자신의 볼로 확인되면 분실구로 처리되지 않는다. 언플레이어블을 선언하고 1벌타(penalty stroke)를 받는다. 언플레이어블 3가지 선택 방법에 따라 규칙 28a, 28b, 28c 적용

문제 430. ●●● 정답 ③

해설 | 2벌타를 받고 그대로 경기를 계속한다.
발의 위치(stance) 자세를 취할 때 양발을 단단히 고정시키거나 지면에 무릎을 꿇어도 좋지만, 발의 위치(stance) 장소를 만드는 행위는 인정되지 않는다(규칙 13-3).

문제 431. ●●● 정답 ③

해설 | 2벌타를 받고 그대로 경기를 계속한다.
비가 오는 날은 비가 오는 대로 플레이(play)를 하는 것이 골프이다. 스윙으로 전신에 물방울을 뒤집어쓴다고 해도 사전에 그것을 제거하면 '의도하는 스윙의 구역을 개선'한 위반으로 2벌타를 받는다(규칙 13-2).

문제 432. ●●● 정답 ②

해설 | 플레이어의 볼이 우연히 플레이어 자신 그의 상대 또는 그들의 어느 캐디나 휴대품에 의하여 방향이 변경되거나 정지된 경우 플레이어는 1벌타를 받는다. 볼이 자연 고정물과 부딪치는 경우는 벌타가 아니다.(규칙 19-2).

문제 433. ●●● 정답 ②

해설 | 플레이어의 볼이 우연히 플레이어 자신 그의 상대 또는 그들의 어느 캐디나 휴대품에 의하여 방향이 변경되거나 정지된 경우 플레이어는 1벌타를 받는다. 볼이 자연 고정물과 부딪치는 경우는 벌타가 아니다(규칙 19-2).

문제 434.   ●●●   정답 ①

해설 | 벌타 없이 그대로 경기를 할 수 있다.
골프볼은 딱딱해서 위험하므로 전방에 사람이 있을 때에는 절대로 쳐서는 안 된다. 다른 사람에게 볼이 맞았다면 움직이는 볼이 국외자로 말미암아 정지한 경우가 되어 무벌타로 볼이 멈춘 곳에서 현재의 상태 그대로 플레이(play)를 계속하게 된다(규칙 19-1).

문제 435.   ●●●   정답 ①

해설 | 벌타 없이 두 사람 모두 현재의 상태에서 경기한다.
움직이는 볼이 다른 움직이는 볼에 부딪힌 경우에는 양쪽 모두 벌은 없고 부딪혀서 정지된 상태에서 플레이(play)해야 한다(규칙 19-5b).

한 번의 굿샷 : 한 번의 굿샷, 한 번의 좋은 라운드는 그리 대단치 않다. 72홀 내내 그것이 나와야 한다. (벤 호건, 미국의 명 프로골퍼)

해저드 : 해저드는 골프를 극적(劇的)으로 한다. 해저드 없는 골프는 생명도 혼도 없는 지루한 게임에 불과할 것이다. (로버트 헌터, 프로골퍼)

허영심이 그만 : 자그마한 허영심이 게임을 크게 무너뜨린다. (아놀드 파머, 미국의 명 프로골퍼)

13 벙커 25문항(5.0%)   정/답/및/해/설

> 규칙위반에 의한 벌타와 단순 스트로크는 구분하자!

문제 436. ●●●   정답 ①

해설 │ 무벌타로 경기를 진행한다.
해저드 내의 루스 임페디먼트(loose impediment)를 건드리는 행동은 허용되지 않지만, 볼을 확인하려면 볼 일부가 보이는 한도까지는 제거할 수 있다(규칙 12-1).

문제 437. ●●●   정답 ②

해설 │ 1벌타를 받고 언플레이어블(unplayable)을 선언한 후 경기를 진행한다.
티샷한 볼이 벙커에 들어가 확인해 보았더니 벙커 턱에 깊이 박혀 그대로는 경기를 할 수 없는 상황이라면 언플레이어블(unplayable)을 선언한 후 1벌타를 받고 언플레이어블 규칙을 따르면 된다.

문제 438. ●●●   정답 ②

해설 │ 1벌타를 받고 벙커 밖 홀의 후방선상에서 드롭(dropping)한 후 경기를 계속한다.
볼이 워터 해저드 안이나 래터럴 워터 해저드 안에 있을 때를 제외하고 플레이어는 비정상적인 코스 상태에 의한 방해로부터 구제를 받을 수 있다(규칙 25-1b).

문제 439. ●●●   정답 ②

해설 │ 1벌타를 받고 다시 경기를 진행한다.
벙커에서 발바닥을 고정하기 위해 스파이크를 좌우로 움직여 모래에 파묻으면서 발의 자세를 취하는 중에 볼이 움직이는 실수를 범했다. 볼이 움직이기 전의 위치에 볼을 다시 두고(리플레이스) 경기를 한다(정의 2, 규칙 18-2b).

문제 440. ●●●   정답 ①

해설 │ 무벌타로 경기를 진행한다.
벙커에 두 개의 볼이 동시에 빠져 있었다. 동반 경기자(fellow-competitor)의 볼이 약간 뒤에 있어서 먼저 두 번째 샷을 했는데, 그 샷 때문에 날아온 모래가 가까이 위치한 내 볼을 완전히 덮어버렸다면 불가항력적인 경우이다.

문제 441. ●●● 　　　　　　　　　　　　　정답 ②

해설 ｜ 1벌다를 받고 원위치에서 경기를 계속한다.
벌타 없이 볼을 확인할 수 있는 페어웨이(fairway)의 경우와는 다른 반대의 규정이므로 주의해야 한다(규칙 12-2).

문제 442. ●●● 　　　　　　　　　　　　　정답 ③

해설 ｜ 2벌타를 받고 다시 경기를 진행한다.
벙커 안에 있는 볼을 치려고 어드레스를 했을 때 실수로 클럽헤드의 솔을 모래에 댄 경우는 경기조건을 인위적으로 많이 개선한 것으로 본다(규칙 13-4b).

문제 443. ●●● 　　　　　　　　　　　　　정답 ①

해설 ｜ 무벌타로 경기를 진행한다.
사용할 클럽을 정하지 못해 벙커 안으로 가지고 들어간 2개의 클럽 중 사용하지 않는 한 개를 모래 위에 놓고 볼을 쳤다면 무벌타이다.

문제 444. ●●● 　　　　　　　　　　　　　정답 ①

해설 ｜ 벌타 없이 경기를 진행한다.
비가 오는 날의 라운드 중에, 벙커로 들어간 볼을 치려고 벙커 안으로 들어가 쓰고 있던 우산을 접어 모래에 꽂아 놓고 쳤다면 무벌타이다.

문제 445. ●●● 　　　　　　　　　　　　　정답 ③

해설 ｜ 2벌타를 받고 자신의 볼을 친다.
벙커 안에 절반쯤 묻혀 있는 볼을 자신의 볼이라고 생각하고 확인하지 않은 채 쳤는데 그것이 동반 경기자(fellow-competitor)의 볼이었다면, 경기조건을 인위적으로 많이 개선한 경우이다 (규칙 15-3b).

문제 446. ●●● 　　　　　　　　　　　　　정답 ③

해설 ｜ 2벌타가 부과된다.

정/답/및/해/설

벙커 내의 루스 임페디먼트(loose impediment)는 건드려서는 안 된다. 이를 건드렸다면 경기조건을 개선한 경우이다(규칙 13-4).

문제 447.　　　　　　　　　　　　　　　　　　　　정답 ①

해설 | 벌타 없이 볼 일부가 보이는 정도까지 모래를 제거할 수 있다.
볼 전체가 모래에 파묻혀 있다면 벌 없이 볼 일부가 보이는 정도까지 모래를 제거할 수 있다.

문제 448.　　　　　　　　　　　　　　　　　　　　정답 ④

해설 | 벙커 내에서는 볼을 건드리거나 집어들 수 없으므로 오구(wrong ball) 경기에 대한 벌칙은 없다. 따라서 벌타 없이 그대로 경기할 수 있다.
두 번째 샷한 볼이 벙커로 들어가 에그프라이가 되어 자신의 볼인지 확인할 수가 없고, 볼을 건드리면 벌칙이 더해지기 때문에 일단 그대로 친 경우이다(규칙 15-3).

문제 449.　　　　　　　　　　　　　　　　　　　　정답 ④

해설 | 벙커의 모래상태를 테스트하거나 볼의 라이 개선이 아니므로 벌타 없이 그대로 경기할 수 있다.
경사가 가파른 벙커에 들어갈 때 넘어지지 않도록 클럽을 지팡이 대신 사용해서 들어갔다면 불가항력적인 경우이다(규칙 13-4 예외 1a).

문제 450.　　　　　　　　　　　　　　　　　　　　정답 ①

해설 | 벌타 없이 그대로 경기를 한다.
움푹하게 패인 벙커 안에서 다음 샷을 하려고 들어가다가 넘어지면서 손이나 엉덩이가 모래에 닿았다면 경기자 자신의 책임이나 고의적인 것으로 볼 수 없다.

문제 451.　　　　　　　　　　　　　　　　　　　　정답 ①

해설 | 비정상적인 페어웨이(fairway) 상태인 캐주얼워터(casual water)로 간주하여 벌칙 없는 것으로 구제된다.

비가 와서 벙커 안에 물이 고여서 일시적으로 생긴 작은 물웅덩이 즉 캐주얼워터 속으로 볼이 들어가고 말았다면 불가항력적인 경우로 벌타가 없다(규칙 25-1b).

문제 452. ○●○　　　　　　　　　　　　　　　　　　정답 ②

해설 | 1벌타를 받고 홀과 볼을 연결하는 후방연장선상의 벙커 밖에서 드롭(dropping)한다. 어제 내린 많은 비 때문에 벙커 안이 침수된 상태이다. 티샷한 볼이 분명히 벙커로 들어가 물이 튀는 모습을 보았다면 확실히 볼이 벙커 안에 있다고 판단할 수 있다(규칙 25-1b).

문제 453. ○●○　　　　　　　　　　　　　　　　　　정답 ②

해설 | 1벌타를 받고 볼이 멈춘 지점에서 다시 경기를 한다.
플레이어의 볼이 우연히 플레이어 자신, 그의 파트너 또는 그들의 캐디나 휴대품에 의하여 방향이 변경되거나 정지된 경우 플레이어는 1벌타를 받는다. 볼이 자연 고정물과 부딪치는 경우는 벌타가 아니다(규칙 19-2).

문제 454. ○●○　　　　　　　　　　　　　　　　　　정답 ①

해설 | 벌타 없이 볼을 치우도록 요청할 수 있다.
플레이에 방해가 되는 볼은 벌타(penalty stroke) 없이 마크해서 치울 수 있다(규칙 22-2).

문제 455. ○●○　　　　　　　　　　　　　　　　　　정답 ①

해설 | 벌타 없이 볼이 집어 올려 모래를 털어 낼 수 있다.
형평성의 이념에 따라 벌타 없이 모래가 덮이기 전 상태로 되돌릴 권리가 있다.

문제 456. ○●○　　　　　　　　　　　　　　　　　　정답 ③

해설 | 모래의 질을 테스트하는 것으로 간주하여 2벌타가 부과된다.
넓은 벙커에서 볼이 있는 곳까지 갈 때 고무래를 벙커 안에서 질질 끌면서 걸어갔다면 경기조건을 인위적으로 많이 개선한 경우로 볼 수 있다.

정/답/및/해/설

문제 457. 정답 ③

해설 | 치는 방향을 지시한 것으로 간주되어 2벌타가 부과된다.
벙커 안에서 고무래를 빈 방향으로 향하게 하고 쳤다. 이는 경기조건을 많이 개선한 경우이다.

문제 458. 정답 ③

해설 | 모래의 질을 테스트하는 것으로 간주하여 2벌타가 부과된다.
벙커 안에서 한 번 발 위치를 정했으나 마음에 들지 않아서 발로 모래를 다시 다지고 발의 자세를 고쳐 잡았다면 경기조건을 인위적으로 많이 개선한 경우로 볼 수 있다 (규칙 13-4).

문제 459. 정답 ③

해설 | 2벌타를 받고 그대로 경기를 계속한다.
벙커에서 모래가 부드러워 에그프라이가 될 것 같아 드롭(dropping)해야 함에도 리플레이스(replacing)해서 경기를 했기 때문이다.

문제 460. 정답 ①

해설 | 벌타 없이 그대로 경기를 한다.
벙커 안에 풀이 자란 곳에 멈춘 볼을 치기 위해 어드레스 자세를 취할 때 클럽의 바닥, 솔면이 모래에 닿았다 해도 벙커안의 잔디나 풀이 자란 작은 지역은 벙커가 아니기 때문이다(정의 9, 규칙 13-4).

현재에 충실하자 : 과거에 매달리지 말고, 미래를 걱정하지 말고, 오직 지금 전력을 다해 살자. (석가모니)

14 워터해저드 10문항(2.0%) 정/답/및/해/설

> 규칙위반에 의한 벌타와 단순 스트로크는 구분하자!

문제 461. ● ● ● 정답 ①

해설 | 무벌타로 경기를 계속할 수 있다.
볼이 워터해저드(water hazards) 내에 있어도 흙 위나 있거나 물속이라도 잘 보여 어드레스를 취할 수 있다면 벌타(penalty stroke) 없이 현재의 상태에서 칠 수 있다(규칙 26).

문제 462. ● ● ● 정답 ①

해설 | 무벌타로 워터해저드(water hazards)규칙을 적용(사실상 1벌타)하고 계속 경기를 한다.
워터해저드 내의 물속에 빠진 볼은 클럽으로 찾을 수 있다. 이때 클럽 등으로 볼을 건드려도 벌타(penalty stroke)는 없지만 1벌타를 더한 후 워터해저드 2가지 방법 중 하나를 선택하면 된다(규칙 12-1).

문제 463. ● ● ● 정답 ③

해설 | 2벌타를 받고 계속 경기를 할 수 있다.
워터해저드(water hazards)나 래터럴(lateral) 워터해저드 내에 있는 볼을 칠 경우에 스트로크(stroke)하기 전에 해저드 내의 수면이나 지면, 루스 임페디먼트(loose impediment) 등에 자신의 손이나 클럽이 닿는 것은 금지되어 있다(규칙 13-4b).

문제 464. ● ● ● 정답 ①

해설 | 무벌타로 계속 경기를 할 수 있다.
경기자(competitor)가 볼의 라이를 개선하거나 해저드 상태를 테스트하는 것이 아니라면 벌타(penalty stroke)는 부과되지 않는다(규칙 13-4주).

문제 465. ● ● ● 정답 ①

해설 | 무벌타로 계속 경기를 할 수 있다.
해저드 내에 있는 낙엽은 루스 임페디먼트(loose impediment)이기 때문에 건드리거나 걷어낼 수 없다. 그러나 볼이 있는지 확인하는 것에 한해 낙엽을 치우거나 클럽으로 헤치는 것은 허용되고 있다. 루스 임페디먼트와 볼이 모두 같은 해저드 안에 있거나 접촉해 있는 경우를 제외하고 어떤 루스 임페디먼트도 벌 없이 제거할 수 있다(규칙 23-1).

문제 466. 정답 ③

해설 | 2벌타를 받고 계속 경기를 할 수 있다.
볼의 확인 때문이 아니라면 해저드 내에 있는 루스 임페디먼트(loose impediment)를 건드리거나 움직이게 할 수 없다(규칙 13-4c).

문제 467. ○●● 정답 ②

해설 | 경기자(competitor)는 1벌타를 받고 다음의 워터해저드(water hazards) 처리 방법 중에서 하나를 선택할 수 있다.
① 앞서 쳤던 지점, 두 번째 샷을 했던 벙커 내의 동일한 장소에 드롭(dropping)한다.
② 볼이 연못을 마지막으로 가로지른 지점과 홀을 연결한 후방선상에 드롭한다.

문제 468. ●●● 정답 ②

해설 | 워터해저드(water hazards)에 빠진 볼을 경기자 자신이나 자신의 캐디가 집어드는 순간 1벌타를 받는다. 확인을 위해서라도 동반경기자의 허락없이 볼을 집어들어서는 안 된다(규칙 18-2a).

문제 469. ●●● 정답 ①

해설 | 그대로 치거나 벌타 없이 구제 드롭(dropping)할 수 있다.
워터해저드(water hazards)의 한계를 넘는 경계 밖에 있는 물은 모두 캐주얼워터(casual water)이지만, 비정상적인 그라운드상태(ground state)에서의 구제를 받아 벌타 없이 집어들고 가장 가까운 구제지점부터 1클럽 길이 범위 이내의 지점이면서 홀에 가깝지 않은 곳에 드롭해야 한다.

문제 470. ○●● 정답 ④

해설 | 드롭한 시점에 처음 볼은 분실구가 되어 1벌타를 받고 오소(wrong place) 경기로 2벌타를 받아 총 3벌타를 받고 전에 쳤던 지점에서 다시 친다(규칙 20-7c).

15 퍼팅 그린 30문항(6.0%) 정/답/및/해/설

규칙위반에 의한 벌타와 단순 스트로크는 구분하자!

문제 471. ●●● 정답 ③

해설 | 2벌타를 받고 볼이 멈춘 지점에서 다음 샷을 한다.
퍼트한 볼이 꽂혀 있는 깃대 또는 그린 위에 내려놓은 깃대에 맞으면 2벌타를 받는다. 깃대를 맞힌 볼은 현재 상태인 정지한 위치에서 플레이(play)한다(규칙17-1 또는 17-2의 위반에 대한 벌).

문제 472. ●●● 정답 ③

해설 | 2벌타를 받고 경기를 계속한다.
그린 위에서 퍼트하기 전에 잔디의 결이 어느 방향인지 잘 몰라 잔디를 손으로 쓰다듬어 확인했다면 경기조건을 인위적으로 많이 개선한 경우이다.

문제 473. ●●● 정답 ①

해설 | 무벌타로 경기를 계속한다.
그린 밖에서 칩샷한 볼이 홀 가장자리와 깃대에 끼어 절반쯤 나온 채 멈췄다. 아무리 기다려도 떨어지지 않고 계속 그 상태가 유지되어 깃대를 움직였더니 볼이 떨어져 홀인되었다면 의도한 경우가 아니기 때문에 무벌타이다.

문제 474. ●●● 정답 ①

해설 | 무벌타로 그린 위의 깃발에 맞아 정지했던 곳의 바로 아래 지점에 되도록 가깝고 홀에 더 가깝지 않은 지점에 볼을 드롭 후 경기한다.
두 번째 샷한 볼이 홀 방향으로 정확히 날아가 그린 위의 홀에 세워 둔 깃대의 깃발에 맞았다. 깃대에 맞은 볼이 깃발에 엉켜 아래로 떨어지지 않고 매달려 있는 상황은 불가항력적인 경우경우로 무벌타이다.

문제 475. ●●● 정답 ①

해설 | 무벌타로 원래 위치에서 다시 경기를 진행한다.
퍼팅그린 위에서 플레이어가 루스 임페디먼트를 제거할때, 우연히 볼이나 볼 마커를 움직인 경우 그 볼이나 볼 마커는 리플레이스하지 않으면 안 된다. 볼이나 볼 마커를 움직인 원인이 바로 그 루스 임페디먼트를 제거하는 것에 있는 경우에는 벌이 없다 (규칙 23-1). 그렇지 않고 플레이어가 그 볼을 움직인 원인이 된 경우 플레이어는 규칙 18-2a에 의하여 1벌타를 받는다.

문제 476. ●●● 정답 ③

해설 | 2벌타를 받고 교체된 볼로 경기를 계속한다.
그린 위에서 볼 위치를 마크하고 집어 올리고 나서 실수로 주머니 속에 있던 다른 볼로 바꿔서 퍼트했다. 이미 홀아웃 한 상태이기 때문이다. 이 상황은 경기조건을 인위적으로 많이 개선한 경우이다.

문제 477. ●●● 정답 ①

해설 | 무벌타로 마지막 스트로크(stroke)로 홀인한 것으로 간주한다.
그린 위에 멈춰 있던 볼이 강한 바람에 의해 움직이기 시작하더니 데굴데굴 굴러서 홀로 들어가 버렸다면 한번 스트로크한 것으로 간주한다.

문제 478. ●●● 정답 ③

해설 | 2벌타를 받고 경기는 볼이 멈춘 지점에서 다음 샷을 한다.
그린 위에서 자신의 볼 마커 옆에 있던 동반 경기자(fellow-competitor)의 볼 마커에 실수로 자신의 볼을 놓고 퍼트했다면 경기조건을 인위적으로 많이 개선한 경우이다.

문제 479. ○●● 정답 ①

해설 | 퍼트한 플레이어는 무벌타고, 깃대를 치워준 동반 플레이어는 2벌타이다.
동반 경기자는 깃대에 볼이 맞으면 2벌타(penalty stroke)를 받는다는 규정을 알고 있었기 때문에 경기자(fellow-competitor)가 2벌타를 받지 않도록 도와주려는 친절한 마음에 핀을 집어들었다. 하지만 동반 경기자는 움직이는 볼에 영향을 주는 행동을 한 결과가 된다. 볼이 움직이고 있을 때는 그 볼에 영향을 끼칠 우려가 있는 장애물을 제거해서는 안 된다. 그래서 깃대를 치워준 친구는 이 홀에서 스코어(score)에 2벌타가 추가되지만, 퍼트했던 사람에게는 벌이 없다.

문제 480. ●●● 　　　　　　　　　　　　　　　　　　　정답 ③

해설 | 2벌타를 받고 그대로 경기를 계속한다.
동반 경기자(fellow-competitor)가 퍼트한 볼이 멈추지 않았는데도 그린 위에서 자신의 볼을 쳤다면 상대방의 경기조건을 나쁘게 한 경우이다. 그러나 다른 볼이 움직이고 있을 때 스트로크했더라도 그때가 그 플레이어가 플레이 할 순서라면 벌이 없다(규칙 16-1f).

문제 481. ●●● 　　　　　　　　　　　　　　　　　　　정답 ①

해설 | 벌타 없이 볼자국을 고칠 수 있다.
그린 위에서 퍼트하려고 살펴보던 중 퍼트하고 싶은 라인에 볼에 의해 생긴 움푹 들어간 자국은 없앨 수 있다.

문제 482. ●●● 　　　　　　　　　　　　　　　　　　　정답 ③

해설 | 그린면의 개선 위반으로 2벌타가 부과된다.
스파이크 자국은 조 전원이 해당 홀의 플레이(play)를 끝내고 나서 보수해야 한다.

문제 483. ●●● 　　　　　　　　　　　　　　　　　　　정답 ①

해설 | 벌타 없이 루즈 임페디먼트를 제거할 수 있다.
퍼트선상의 나뭇잎이나 벌레 등의 루즈 임페디먼트(loose impediment)를 제거할 때는 아무것도 밟지 않는다는 조건으로 퍼트선을 건드릴 수 있다(규칙 16-1a).

문제 484. ●●● 　　　　　　　　　　　　　　　　　　　정답 ③

해설 | 그린면의 개선 위반으로 2벌타가 부과된다.
돋아난 풀이나 잔디를 뽑거나 잡아 뜯을 수 없다. 잡아 뜯은 잔디는 원래 장소에 되돌려놓아도 플레이(play)조건의 개선으로 간주하여 2벌타를 부과한다(규칙 16-1a).

문제 485. ●●● 　　　　　　　　　　　　　　　　　　　정답 ①

해설 | 벌타 없이 구제받을 수 있다.
볼이 그린 위에 있고 퍼트선상에 캐주얼워터(casual water)가 있으면 비정상적인 그라운드상태(ground state)이므로 벌 없이 구제받을 수 있다(규칙 25-1b(iii)).

문제 486. ●●● 정답 ③

해설 | 경기선 개선 위반으로 2벌타를 받고 구제를 받아서 경기한다. 플레이(play)선의 개선 위반으로 2벌타가 부가된다.

공용 캐디가 위반한 경우에는 전원에게 벌타(penalty stroke)를 준다. 이것은 경기조건을 인위적으로 많이 개선한 경우로 볼 수 있기 때문이다(규칙 13-2).

문제 487. ○●● 정답 ③

해설 | 2벌타를 받고 그대로 경기를 계속한다.

서리나 이슬은 캐주얼워터(casual water)도, 루스 임페디먼트(loose impediment)도 아니므로 구제를 받을 수 없다. 이는 경기조건을 인위적으로 많이 개선한 경우이다(규칙 13-2).

문제 488. ●●○ 정답 ②

해설 | 그린 밖이므로 구제받을 수 없기에 그대로 경기를 해야 한다.

구제는 없다. 볼이 프린지나 그린 밖에 있는 경우에는 플레이(play)선상이나 퍼트선상에 캐주얼워터(casual water)가 있어도 구제받을 수 없다. 그린에 있는 캐주얼워터에서 구제받을 수 있는 경우는 볼이 그린 위에 올려져 있을 때뿐이다(규칙 25-1).

문제 489. ○●● 정답 ②

해설 | 1벌타가 부과되며 다시 경기를 계속한다.

그린 위에서는 언제라도 볼을 집어 들 수 있지만, 반드시 마크를 해야 한다. 마크를 하지 않고 볼을 건드리거나 집어들면 1벌타가 부가된다(규칙 20-1).

문제 490. ●●● 정답 ④

해설 | 골퍼로서의 자질부족으로 실격이 된다.

동반 경기자(fellow-competitor)가 볼을 마크한 위치보다 매번 몇 cm씩 훨씬 앞쪽, 홀에 가깝게 놓는다면 골퍼로서의 자질부족으로 보아야 한다.

문제 491. ●●● 정답 ③

해설 | 2벌타가 부과되며 그대로 경기를 계속한다.
오소(wrong place)에서 플레이로 2벌타를 받지만, 이 볼은 인플레이(in play) 된 것이기 때문에 계속해서 정지된 위치에서 플레이한다. 순간 잊어버렸던 실수가 떠올랐다 해도 그대로 플레이하고 홀아웃해야 한다. 2벌타는 끝나고 나서 받는다(규칙 20-1).

문제 492. ○●● 정답 ③

해설 | 2벌타가 부과되며 그대로 경기를 계속한다.
동반 경기자(fellow-competitor)가 해놓은 마커에서 쳐 버렸을 때(오소 지역에서의 플레이다)는 그대로 플레이(play)해서 홀아웃(hole out)한다. 2벌타(penalty stroke)는 끝나고 나서 추가한다(규칙 20-1).

문제 493. ○●● 정답 ①

해설 | 벌타 없이 그대로 경기를 할 수 있다.
볼을 볼 마커 앞에 바르게 놓고 경기를 했지만, 볼 마커를 집어들지 않은 채 퍼트를 해도 벌타 없이 경기를 진행한다.

문제 494. ○●● 정답 ③

해설 | 2벌타를 받고 그대로 경기를 계속한다.
퍼터면이 홀 방향으로 똑바로 향해 있는가 봐 달라고 하기 위하여 캐디를 퍼트선 뒤쪽에서 있게 한 채로 스트로크(stroke)를 하면 경기자(competitor)의 원조 위반으로 2벌타를 받는다. 스트로크하기 전에 비켜서면 된다. 그러나 캐디가 부주의하여 후방선상에서 있었을 경우에는 벌이 없다(규칙 14-2).

문제 495. ○●● 정답 ③

해설 | 2벌타를 받고 그대로 경기를 계속한다.
햇살이 눈부시고 바람이 강하다고 해서 이를 피하려고 캐디나 동반 경기자(fellow-competitor)에게 막이 역할을 하게 하는 것은 규칙을 위반하는 것으로 2벌타를 받는다(규칙 14-2).

정/답/및/해/설

문제 496. 정답 ①

해설 | 벌타 없이 그대로 홀 아웃한다.
볼이 움직인 경우, 그 원인이 바람이나 비와 같은 자연현상일 경우는 볼의 현재 상태에서 그대로 플레이(play)한다. 그러나 볼이 정지한 후 약 10초 뒤 볼이 홀에 들어간 경우에는 플레이어가 한 최후의 스트로크로 홀 아웃한 것으로 간주한다(규칙 16-2).

문제 497. 정답 ④

해설 | 1벌타를 받고 정지했던 지점에 다시 경기를 계속한다.
운이 나쁜 것이다. 홀인(hole in)이 아니다. 어드레스 후에 움직인 볼은 경기자(competitor)가 움직인 것으로 간주하여 1벌타를 받는다(규칙 18-2b).

문제 498. 정답 ③

해설 | 2벌타를 받고 그대로 경기를 계속한다.
그린 위에서 깃대 곁에 사람이 없이 홀에 꽂혀 있던 핀에 볼이 맞았을 경우에는 2벌타를 받게 된다. 볼이 정지된 현재상태에서 그대로 플레이(play)한다. 홀에 들어간 경우는 홀아웃한 것이 된다(규칙 17-3c).

문제 499. 정답 ③

해설 | 2벌타를 받고 그대로 경기를 계속한다.
볼이 홀컵 뒤쪽에 뽑아둔 깃대에 맞았다면 경기조건을 인위적으로 많이 개선한 경우이다(규칙 17-1, 주2).

문제 500. 정답 ③

해설 | 2벌타를 받고 홀 인으로 인정된다.
볼을 쳤는데 깃대 옆에 서 있던 동반 경기자의 발에 맞으면 2벌타가 부과된다. 볼이 멈춘 위치에서 플레이(play)하게 되는데 이 경우에는 홀에 들어갔기 때문에 홀 인으로 인정된다(규칙 17-3b).

저/자/소/개

김 선 웅

고려대 물리학 이학사, 이학석사, 이학박사
국방과학연구소(국방과학 대상)
고려대 과학기술대학 학장 및 의용과학대학원 원장
현 고려대 디스플레이 · 반도체 물리학과 명예교수
한국골프피팅협회 명예회장 및 피팅스쿨 3곳 수료
「골프, 원리를 알면 10타가 준다. 1, 2」의 저자
중앙일보 골프 과학칼럼 12회 연재(2007년 9~11월)
KH Golf Profiler(골프볼 궤적프로그램) 개발자
연구발표논문 총 2100여 편(SCI 50여 편)

이 근 춘

건국대학교 대학원 이학석사
건국대학교 대학원 이학박사
호서대학교 골프학과 교수
1988년 프로 입문
TJB 골프 해설위원
「눈으로 보는 골프심리학 및 골프스윙」 저자
사이언스 골프스윙분석프로그램 개발
논문 "스포츠 목표설정과 동기유발의 관계성"
 외 다수

서 아 람

연세대학교 대학원 이학박사
  (운동생리학 전공)
호서대학교 골프학과 교수
골프 국가 대표(92~94)
KLPGA 통산 3승
LPGA Class A(2009)
MBC 해설위원
KLPGA 교육위원장
SBS 레슨 투어 빅토리 출연중

임 진 한

KPGA 선수권 우승
싱가폴 요코하마 클래식 우승
일간스포츠 포카리 오픈 우승
대한골프협회 최우수 선수상 수상
대한골프협회 올해의 지도자상 수상
임진한 골프아카데미 원장
대한골프협회 국가대표 기술 자문 위원
대한골프협회 선수강화분과 위원회 위원

감/수/자/소/개

이 학

SBS 미디어북 룰 숏컷 진행
아시안투어 부회장
아시안투어 경기분과위원장
현 원아시아 경기분과위원장